欧州の排外主義とナショナリズム

――調査から見る世論の本質

Xenophobia and Nationalism in Europe: What Surveys Tell Us

中井 遼
Ryo Nakai

新泉社

欧州の排外主義とナショナリズム

――調査から見る世論の本質

中井 遼

新泉社

目次

序章

第1章　ヨーロッパの排外的ナショナリズムをデータで見る

第2章　誰が排外的な政党を支持するのか

第3章 誰が文化的観点から移民を忌避するのか

第4章 欧州各国の違いを分析する ——3パターンの排外的ナショナリズム

第5章 右翼支持者が好む反移民という建前
――フランス国民戦線支持者のサーベイ実験

第6章 ナショナリストが煽る市民の排外感情
――ラトビア選挙戦の効果検証

装丁：山原望

序　章

「ナショナリズムという幽霊が
ヨーロッパを徘徊《はいかい》している」

Guy Verhofstadt〈欧州議員〉(2018)

第1節　本書は何を問題とするのか

右翼政党の台頭や反移民感情の高揚が21世紀ヨーロッパを舞台に議論されている。このような世論の動きに対しては、しばしば貧困にあえぐ置き去りにされた人々の怒りの表れであるといった説明がなされてきた。だが、それは本当なのだろうか。本書は、いわゆる欧州難民・移民危機やユーロ危機以降のヨーロッパにおける世論データの実証的分析を通じて、そのような言説に実証的な根拠がないことを明らかにするとともに、排外的政党への支持や反移民感情が、経済的要因ではなく文化的態度などの非経済的要因によって強く規定されていることを示す。

ヨーロッパにおける排外主義の台頭——時に右傾化・保守化・ナショナリズムの言葉で形容されることもある現象——について、経済的苦境をもって説明しようとする言説は強力だ。報道を見れば「負け組になった労働者階級や貧困層が左派に失望し、外国人嫌悪や反移民を掲げる右翼や極右に流れた」（朝日新聞2018）、「失業や貧困の増加に（中略）「反移民」「反グローバリズム」「経済困窮」で「反EU」勢力が拡大」（田中2015）などと論じられている。重要なのは「右か左かではなく上か下か」（ブレイディ2016）であって、今日の保守化や排外主義化はそういった「下から」の異議申し立てなのだという理解が広まってきた。

図0.1　地域別の失業率と右翼政党支持率

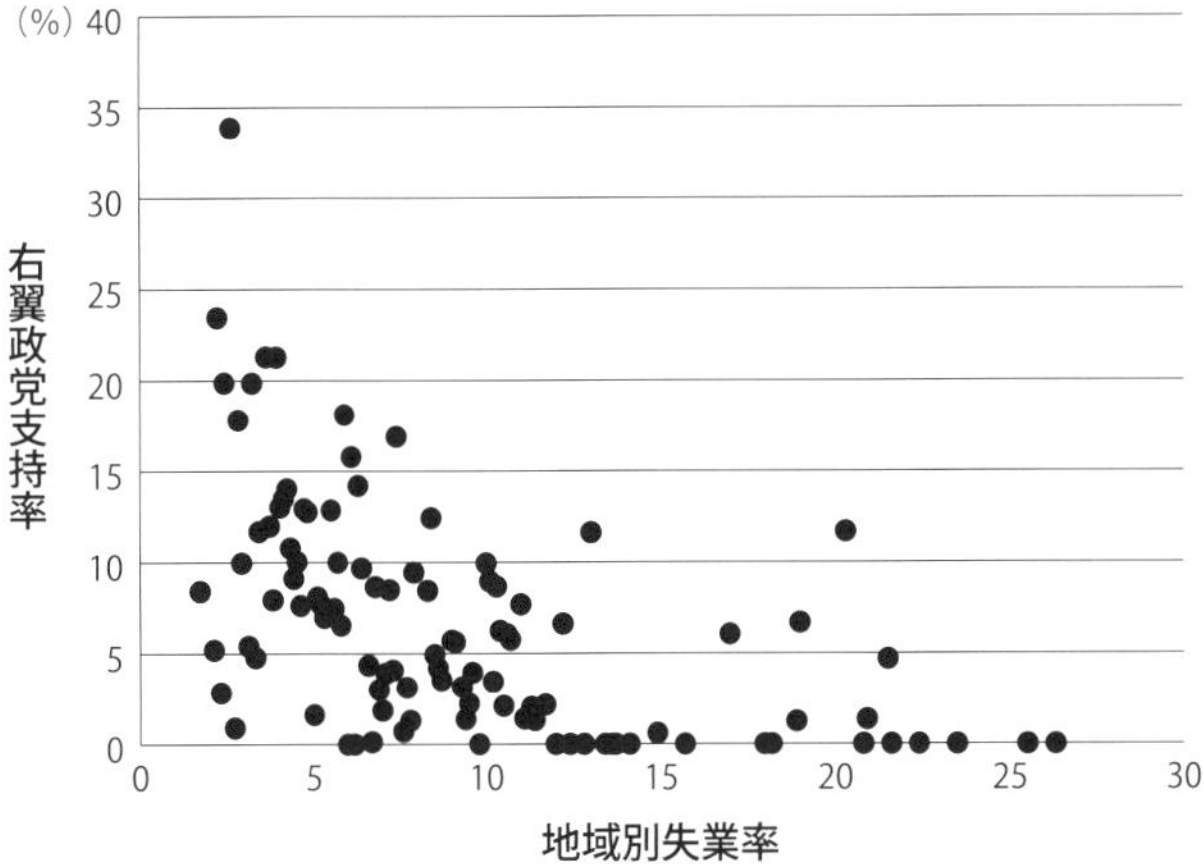

注：右翼政党の定義については第２章を参照のこと

だが、本当に経済的苦境や「置き去りにされた人々」の怒りが、現在のヨーロッパ（あるいは世界）における一国主義や排外主義、あるいは「右傾化」の原因であるかは極めて怪しい。たとえば右翼政党台頭に関する初期の研究も最近の研究も、特殊な条件を除けば、基本的に失業率が高くなればなるほど当該政党への支持はむしろ「減る」ことを発見している（Knigge 1998, Vlandas & Halikiopoulou 2019）。図０・１は本書で用いるデータから地域別失業率と右翼政党支持率を抜き出してプロットしたものだが、失業率が高い地域ほどむしろ支持率は低いことがわかる（データ詳細や右翼政党の定義などは後述する）。かねてより「スキルが十分ではない労働者に生じた怒りの政治や、失業や就労不安によって、極右政党が支持されているという考えは疑ってみる必要がある」と指摘されていた（Kitschelt & McGann 1995）。

2000年代に入るとより幅広い比較や大きなデータに基づく統計分析が増えてきたが、そこではすでに先述のような思い込みは否定されてきていた（詳細は第2章・第3章）。人々の排外主義的態度を個々人の経済的苦境に帰する議論は、根拠がないと打倒しても何度もよみがえる議論という意味で「ゾンビ理論」とさえ形容されることもあった（Hainmueller & Hopkins 2014）。本書の目的の一つも、このような「ゾンビ」を葬ることにある。

そうは言っても次のような反論があるかもしれない。「2008年の経済危機や、2015年の移民難民・移民危機以降、ヨーロッパはまったく新しい状況に突入した。2000年代の世界的不況や産業構造変化の中で、過去の知見は今日の状況を説明するには役に立たない」と。本書はまさにこういったありうべき反論の問題関心に同意する。そして、だからこそ、検証が必要であると考える。

たしかに、人の流れも産業構造も、世界は刻一刻と変化し続けている。ヨーロッパの場合、2015年の難民・移民危機がその転機の象徴となったことも間違いない。2015年の欧州難民・移民危機は、単に中東地域の紛争という外生的で一時的な要因だけではなく、グローバル化の進展に伴う大きな不可逆的な国際政治経済現象の一つの帰結でもあったからだ。SNSの普及に代表される情報通信技術の発展は、世界の普通の人々に対して、「より良い生活」が他国にあることを容易に知らしめ、またその世界に到達する方法のノウハウの共有も極めて簡単なものとさせた。[1]ヨーロッパの場合、国際的統合に伴う域内移動の簡便化がこれに拍車をかけた。現代社会にあって国内の政治や経済に不満を持つ者は、国内で発言（Voice）して改善を企図するよりも、国外に離脱（Exit）した方が、はるかに確実かつ低コストで自らの人生を改善させることができるようになった。[2]「変化とは自国にとどまって政府を変えることではなく、自国を離れて国を変えることである」（クラステフ２０１８：34）ことが通常かつ可能なオプションとなる時代がやってきたからだ。この不可逆で大きな変化の後にあって、過去の知見はまったく無意味であるのかもしれない。そういった視点に立てば、欧州における排外的ナショナリズムの席巻をして、新しい怒りの政治の時代の先触れであるかのように警鐘を鳴らす議論にも、傾聴すべき部分はあるだろう。だからこそ本書は、ロジックと理屈だけではなく、データと証拠をもって、実際はどうなっているのかを明らかにすることを目指す。

しかしながら、本書の結論を先取りして言えば、ポスト難民危機期の世界に焦点を絞った大量データを用いて実証的に分析したところ、失業者や低所得者、あるいは自分の人生や経済に不満を持つ人が（それ以外の人々と比べて）、より右翼政党を支持したり、より移民を忌避す

1　世界のインターネット利用率は２０１８年ごろに50％を突破した（UN 2018）。検閲や防壁があるとはいえ、人類は歴史上初めてその過半数が単一の情報源に接続される時代へと突入した。
2　かつてハーシュマン（１９７０／２００５）は、人は、所属する組織やコミュニティに問題がある際、離脱する選択肢と発言する選択肢があることを整理して論じた。

るといった傾向は見出されず、部分的にあったとしても弱い効果でしかなかった。それに対して本書の分析結果は、排外的な右翼政党支持の原因として重要だったのは、移民によって自国の文化が損なわれる（自国の経済ではなく！）といったアイデンティティ上の不安感や欧州統合への反発、あるいは伝統や自由を重視するという非経済的な性向であったと示す。移民が自国文化を棄損するという警戒感を抱かせる要因として、個々人の経済状況以上に特に強い効果を持っていたのはEU統合への反発であった。

ヨーロッパの排外的ナショナリズムの台頭は、打ち捨てられた人々の怒りや苦しみの発露によるものではない。むしろ、多様な階層を含む文化的意識の問題である。人は、経済的利害ではなく非経済的信念によって政治的・社会的行動をとっている。このエビデンスを無視して、安直に、貧しさから来る怒りの表明などと説明する言説は、問題をわかりやすく一面的に切り取っているにすぎない。根拠がないという意味で実証的に妥当でないだけではなく、現実の問題の複雑さに目を背けているとも言える（さらに言えば、より良き社会の構築を阻害すらしている）。目を塞ぎながら幽霊がそこにいると声高に叫んでも許されるのは幼児だけである。

誤解のないように断っておけば、本書は、経済的苦境やそれに基づく怒りによって一定の政治的態度をとる人々の想いや存在自体が嘘であると言いたいわけではない。そのような理由から排外的感情を正当化する個人は現実に存在するだろう。一つの声はたしかにそれ自体がかけがえのない意見であり想いである、しかし社会のすべてではない。社会の誰もがメディアに声を届けられるわけでもなければ、質問に理路整然と返答できるわけでもない。一つの声は尊重されるべきだが、一つの声だけに過剰に共感して社会全体の声と見ることは、それ以外の多様な想いや意見をないがしろにすることでもある（ブルーム２０１８）。それに対し世論調査等を用い「定量化するということは、すべての命を等しく価値あるものとして扱うということでありそこに道徳的意味もある」（ピンカー２０１９：１７３）。そのような想いから本書ではデータを中心としたエビデンスのある議論を展開する。

もちろんデータに基づく分析は全体的傾向を示すだけなので、個別の事例を説明するには向いていない、しかしだからこそ一つ一つの事例を見ているだけではわからない全体的な構造を明らかにしてくれる。木を見なければ森はわからないが、木だけを見ていても森はわからない。

第2節　本書が論じることと論じないこと

欧州諸国の比較研究であること、欧州外にも含意ある研究であること

本書はヨーロッパの多くの国々を対象に分析するものである。分析の途中では、各国ごとの特徴を描き出す部分もあるし、本書後半では一国に着目した分析を行うが、あくまで全体との比較の文脈においてである。個別具体的な国の細かい歴史的事情や特殊事情については、あまり深入りして議論を行わない。

だが予め断っておけば、本書の目的は、いわばヨーロッパ全体の政治地図を描き、大きな見取り図を、根拠をもって見出すことにある。Ａ３サイズに描かれたヨーロッパの地図を広げたときに、あの都市の観光名所を描いていないではないかという指摘は、事実としてはその通りだろうが生産的な批判ではない。それはその都市により特化した地図が担うべき役割であり、大きな縮尺の地図にはそれ固有の役割が存在する。分析にはそれぞれ設定に応じた適切な縮尺、あるいはレンズの倍率がある。「正しい一般化は、飛行機の操縦士が大陸横断に使うような、広い地域を対象とする大縮尺の地図に似ている。詳しい地図にもそれなりの目的があるように、このような地図は一定の目的のためには必要不可欠である」（ムーア１９６６／２０１９：14）。

別のたとえを用いるならば、本書の役割は正しい目的地に読者を導く地下鉄の路線図のようなものだ。地下鉄の路線図は極めて単純な直線と記号のみで構成されることが多い。それは決して現実の複雑なカーブや駅間の距離を詳細にも正確にも反映していないが、目的地への到達や筋道を示すうえでは十二分な情報を提供してくれる（Clarke and Primo 2012: 52-60）。あなたが初めて訪れる外国の都市で地下鉄に乗る際、測量家が使うような正確だが複雑な地形図を渡されても、いたずらに混乱するだけで迷子になり、きっと目的地にはたどり着けないだろう。複雑な社会現象の要点をつなぎ合わせるにあたっては、シンプルな地図の方が役に立つ場合もある。

本書はヨーロッパ政治の分析だが、欧州外の民主主義国、とりわけ本書が流通する日本の状況に対しても大きな含意を有している。本書が執筆された２０１０－２０２０年代の日本は、比率を度外視して絶対数だけ見れば、世界７位もしくは５位の移民流入を抱える移民大国であって（芹澤２０１８、望月２０１９）、東京都新宿区の新成人はすでに半数近くが外国人である（鬼室２０１９）。いずれ、国内の移民や外国人をめぐって、より過激な態度を有した政党や運動が、これまで以上にもっと強く広く見られるようになるだろう。その時に、元来が移民国家／移民社会である北米の事例などは参考とならず、むしろ日本社会と親縁性があるのはヨーロッパの諸社会であるから（竹沢２０１１）、先行事例としてはヨーロッパの経験・事例こそが参照するに足るものとなる。本書の知見はその正確な理解に貢献することを目指している。

実際、その端緒はすでに見られ、排外主義的な主張を展開する「日本第一党」とその党首に対する支持率が漸増傾向にある。そういった保守的な政党への支持規定要因や、移民に対する排外主義や移民による影響認知の実証分析が着実に行われているところである（松谷２０１９ａ、五十嵐２０１９、濱田２０１９）。たとえば日本でも、職の競合や「敗者の不満」は外国人排外感情につながっていないという結果が出ており（永田２０１３、樋口２０１４）、むしろ無職や生活に不満を持つ人の方が、外国人への排外主義は「低く」、その社会的権利付与にも「賛成している」という結果が出ている（五十嵐２０１９、永吉２０１９ａ）。排外主義的主張を支持する者や、いわゆる「ネット右翼」は、経営者や正規雇用者等といった、社会経済的にはむしろ安定した地位にある人たちによって担われていることが、繰り返し指摘されるようになっているところである（古谷2013、永吉2019b）。

アメリカでも、2016年の大統領選挙を受けて、トランプ支持層についてかつては「取り残された労働者」や苦しむ貧困層がそうだとする理解が広がっていた。それを裏付けるようなルポやインタビューもあった。しかし実際には彼の支持者は、家を持ち平均所得以上の稼ぎがある、むしろ豊かな階層であることが明らかになり、「神話が打破される時が来た」という分析が進んでいる（Carnes & Lupu 2017, Kuper 2020）[3]。飯田（2020）も、実証的研究をレビューしたうえで、トランプ勝利は労働者貧困層からの支持ではなく、人種的反感という要素の方が大きいことを論じている。

このように本書の内容は、決してヨーロッパ政治に特別な側面を切り取ったものではなく、民主主義国全般に見られる排外主義とナショナリズムを考えるうえでも重要な含意を持つことになる。

さらに言えば、本書の知見は自らが移民として過ごす人にも含意を提供できる。近年、日本で移民問題に意識を向ける議論の多くは、日本が（あるいは「日本人」が）移民を「受け入れる」側という前提での議論が多くなされている。だが、これは移民をめぐる二つの側面の一つしか論じていない。長期的な歴史を見れば、日本は移民を「送り出す」国としての歴史も長く、1973年までは国策として移民を送り出していた（永吉2020：22-24）。中長期的に考えれば、日本に住まう私たちの相当数が、また私たちの友や子の多くが、日本を出て移民（immigrantではなくemigrant）として生きていくことになるだろう。読者の中にはすでにそのようにして国外に住む日本語読者もいるに違いない。移住先の国家において移民に対する警戒感や排外主義的なナショナリズムの炎が燃え上がれば、私たちや私たちの友や子らは、その迫害や憎悪の客体となる。本書が示す知見は、そのような迫害や憎悪を向けてくる人々が、決して社会の周縁に位置する低階層の人々ではないことを示す。「社会経済的に高い地位や能力を持って国外移住を行えば、そのような憎悪や迫害とは無縁のコミュニティに属することができるだろう」といったような楽観視を、残念ながら否定するのが本書の知見である。接し、付き合う、そうして一人一人を見極めながら人間関係を構築する必要があるという（そう表現すればあまりにも自明な）ことを本書の結論は含意する。

一方において移民を受け入れる側の社会の分析を射程内に置き、他方において移民送り出し先の社会の分析を念頭に置くことによって、本書はどちらの側にも立つ可能性のある日本語読者に対して意味ある知見を提供できると信じている。[4]

3　ゲスト（2019）はそれらを含む主観的剝奪感の効果を論じている。

4　なお拾いきれない問題として、自国人／外国人の二分法で認識することによって取りこぼされる論点については、たとえば下地ローレンス（2019）の議論などが詳しい。

ナショナリズムの一側面を切り取ろうとすること

本書が対象とするテーマはヨーロッパにおける排外主義的でナショナルな政治意識が、何によって規定されているかである。このテーマと関連し、時には同一視されることも多いものの、同時に線引きもきちんと整理しておかなければならない概念がある。ナショナリズム、右派ポピュリズム、権威主義化（民主主義の後退）の3点である。

本書は先進民主主義国におけるナショナリズムの一部を分析しているが、そのすべての面を論じるわけではない。ナショナリズムは多様な顔を持つ現象であり、機能としても多義的であり、善悪の価値判断に関しても両義的である。

ナショナリズムの本質は、政治的単位と文化的単位を一致させようとする動きや運動である（Gellner 1983）。それは複数の社会集団を一つの単位にまとめ上げようとする包摂の論理になることもあれば、特定の政治的単位において何かしらの集団を除去・同化しようとする排除の論理になることもある。それは、ナショナルな共有幻想や公共文化を共有しない人々やそれに基づく政治政策に同意できない人に対し特定の生や価値観を強制し、不平等と不自由を正当化する論理になってきた一方で、文化を共有する者を同じ政治的メンバーとみなし、階級や血筋という歴史的蹉跌《さてつ》から離れて人々を（少なくとも形式的には）平等に扱い自由をもたらしてきた。ミル、ミラー、キムリッカといった各時代の政治思想家たちは、民主的・市民的討議、福祉国家と相互扶助など、人々を自由にするための政治メカニズムが、ナショナルな一体感による基盤とは切り離せない側面を議論してきた（ミル1861／2019、ミラー2007、キムリッカ2012）[6]。むしろ今日の世界のナショナリズムをめぐる争点で重要さを増しているのは、このリベラルな原則とナショナリズムの結託（「リベラル・ナショナリズム」）である（富沢編2012）。ナショナリズムには単一の容貌や側面といったものがなく、多様な側面や顔を持つならば、本書が対象とするような現象がどこにあるのか見定めなければならない。

ヤームは、実際のデータ分析からナショナリズムが「ナショナル・プライド、ナショナル・アイデンティティ、ゼノフォビア」の3要素に分類できることを示した（Hjerm 1998）。日本語において田辺（2011）がナショナリズムの諸側面をデータから分類整理する中で、「愛国主義・純化主義・排外主義」という三分類法を提唱したのとおおよそ対応するだろう。「自らのネーションを他から線引きし保持しようと努めるイデオロギーである」（Bieber 2020）ナ

5 ナショナリズムの諸相については、Anderson（1983）、Smith, Anthony（1983）、Eriksen（2010）、田辺（2001）、塩川（2008、2015）も見よ。

6 だから、昨今の世界情勢を指して「自由主義（リベラリズム）から離れてより狭量なナショナリズムへと舵を切りつつあるように思われる」というフクヤマ（2019：12）の理解は、現状分析の妥当性はさておき、そもそも概念理解として間違っている。ナショナリズムは平等・自由の原理と結節することもあれば、その反対となることもあり、本来は別次元の問題だからだ（ただしこれはnationalismという言葉がアメリカではやや特殊な用法で用いられている影響も受けていると思われる）。

ショナリズムにあって、どのような基準で線を引くのか、[7] 引かれた対象にどのような愛着を抱くのか、保持するためにどの程度他者を排除するのか、これらの3要素が析出されたことは、それぞれがナショナリズムという多様な現象の一部をなしつつも、それぞれが個別に別の要素であることを示している。本書が着目するのはこの中の特に排外主義に当たる。排外主義とは「(その真偽にかかわらず) 自分が属するグループとは一定程度異なる個人や集団に対する否定的な態度もしくは恐れ」(Hjerm 1998, 341) であり、「外国に出自を持つ集団は国民国家の脅威であるとするイデオロギー」(Mudde 2007) である。

このようなヨーロッパにおけるナショナリズムや排外主義の流布を、偶発的な出来事に対する一時的な病理現象として見ることなく、EU統合（というグローバル化）の進展に伴って必然的に発生しうるものとして、2004年の段階で予言していたのが、チェルゲーとゴーリアーである (Csergő & Goldgeier 2004)。二人は、EU拡大が旧共産主義陣営にまで及び、「もはや国境の意味は消えてナショナリズムが過去のものになる」といった楽観論が流行していた時期にあって、欧州統合によってナショナリズムが消えることはなく、むしろその多様化と変質化をもたらすと予言した。欧州地域統合は主権国家の役割を退潮させるため、たしかに伝統的な国民国家型のナショナリズムを後退させる効果を持つ。だが、国家より小さな単位で発生する地域主義ナショナリズム、国家という単位を横断して発生する主権横断型ナショナリズム、国家を超えて加速する人の移動に対して国民文化を保護しようとする保護主義型ナショナリズムの3つが台頭するというのが彼女らの予見であった。最後の保護主義型ナショナリズム――「ナショナルな文化と領域や、その文化的再生産のプロセスを、急速な変化をもたらす危険性を持った集団や制度から保護すること」（同著中井訳2019：164）は欧州諸国における右翼政党や反移民運動がまさに主張していることである。[8]

このような本書が関心を寄せる現象について、「排外」という言葉で表現するか「保護」という言葉で表現するかで、受け手が感じるニュアンスは変わるにちがいない。しかし両者は同じコインの裏表である。種々の顔を持つナショナリズムという多様な現象の中では、排外主義が最も負の側面としての影響が強烈であることが指摘できる。その負の側面がどのような人々によって担われ、どのようなメカニズムによって支えられているのか分析すること――経済なのか非経済なのか、権威主義的反動なのか新たなリベラル・ナショナリズムの台頭なのかを明らかにすること――は、社会的意義の観点からも重要なことである。

7　ナショナリズム論でしばしば言及される、エスニックかシビックかの二分法（Kohn 1967）は、この線引きの基準の話であり、本書が対象とする排外主義的側面とは直接には関わらない。

8　近年のヨーロッパ政治現象を念頭に置いた再国民化（Renationalization）という表現による議論も（Sutcliffe 2011, 高橋・石田2016）、基本的にはこれらの現象を経験的に分析しているものであると言える。

右翼ポピュリズム・権威主義（そして民主主義）との関係

本書の分析対象は、排外的な政治社会的態度だ。これらの運動が政治的なモーメントを持つと、しばしば「右翼ポピュリズム」というような言葉で形容されることもある。先に本書の立ち位置を述べておくと、本書の分析対象には右翼ポピュリスト政党や運動も含まれるが、それだけが分析対象となるわけではない。

ポピュリストの定義はいくつかあるが、既存の政治勢力を腐敗したエリートとみなし、自らだけを高潔な人民の代表者として政治的な多元性の存在を否定する勢力を指す、という定義が最大公約数的に用いられている（Mudde 2004, Ziller & Schübel 2015, 水島２０１６）。ポピュリストは、社会を「腐敗したエリート」と「清廉な普通の人々」の二つにわけ、自分たちだけが後者全体の意思を実現できると主張する。本来、多様で利害も背景も信念も違うばらばらの人々を、単一の「普通の人々」の名の下にまとめ上げ擬制するには、そこに共通する何かしらの論理や正当化が必要となる。その際に、民族性・ネーションという結合の論理を通じて一体性を主張する勢力が「右派ポピュリスト」と呼称される（ゆえに、ポピュリスト＝右派とは限らない）。無論、ナショナルな一体性で人々を結びつける論理として用いること自体は、右翼ポピュリストに限ったことではないし、すでに述べた通りナショナリズムと民主主義は切っても切れない関係にある（Lecours & Moreno eds. 2014）。だが右翼ポピュリストの場合、「普通の人々」の内側にあるはずの多様性を許容せず、異論や異分子を排撃し攻撃する点で大きく異なっている。ポピュリズムの反対語としてプルーラリズム（多元主義）の言葉があてられるゆえんである（Norris & Inglehart 2019）。

だが、本書の対象は右翼ポピュリストだけに限定されるものではない。詳細は第2章と第4章に譲るが、右翼ポピュリストはその運動の性質上、既存の政治勢力に対するチャレンジャーとしての側面を持つから、政治・社会運動としては「新参者」の顔を持つ。一方、排外主義的な言説を呈する勢力は、古くから既存の政治勢力（先述との対比で言えば「古参」）として存在している例も多々ある。本書の対象は、いわゆる「右翼ポピュリスト」のような新しい現象だけではない、より広い対象までを検証の射程に収める。

そもそも、右翼とは何かということも、若干の検討を加えておく必要があるかもしれない。一般に右派の意味は広く、ナショナリズム・非自由主義・保守主義などの要素が含まれるから（松谷2019b）、本書が対象とする排外主義やナショナリズムよりは広範な含意である。だが特に政治現象に関して言えば、ヨーロッパで「右翼政党」という言葉ないし概念が広く使われる際、多くの先行研究は、排外主義や自民族中心的な原理を掲げる保守政党を指して、単に右翼政党と呼んでいる。端的に右翼政党の中核イデオロギーはナショナリズムとする者もいる（Gomez-Reino & Llamazares 2013）。本書でもこれ以降、特に先行研究などに言及する中での混乱をさけるため、排外主義的な政党を指す呼称として右翼政党という言葉も頻繁に用いることとする。

右に触れたことと関係するが、右翼の言葉の含意には民主主義を否定し権威主義的な政治志向を含める場合もある。しかし本書は、欧州における民主主義の喪失や、権威主義化に関する議論は行わない。排外主義運動や右翼政党のすべてが即座にそういった反民主的傾向を持つわけではなく、ほとんどの排外主義政党・右翼政党は民主的原理を否定していない。中には自由民主主義への強いコミットメントを示している排外主義政党も多く、むしろ先述のように民主的な意思表明の名の下に排斥を正当化している面もある（Brubaker 2017）。

本書が取り扱っているのは、民主主義の後退や喪失といった現象ではなく、むしろ逆に、民主主義の過剰が必然的に持つ、少数派への排斥の問題の方にこそある。本書は、移民に対する排他的な態度や、欧州懐疑・反EU感情も取り扱っているが、まさにそれは世論・民意という言葉で表現されることもある人々の態度の一部である。こういった「民意」がいかにして規定されているのか分析することが大事なのは、民主主義体制においては世論や民意がその政治的決定に大きな影響を与えるからだ。そもそも民主主義体制でなければ、最初からこのような民意の問題は問題たりえない[9]。

民主主義体制における多数決原理においては常に少数集団への排斥や排除の可能性が、民主主義の原理に予め内包されている危険性の一部として存在している。本書は民主主義下における少数派排斥という、古くて新しい根源的な問題を、21世紀ヨーロッパを題材として実証的観点から取り扱っているとも言える。

第3節　本書の構成

本書は以下次のような構成をとる。前半では欧州全体の分析を行い、後半では特定の国やトピックに絞った分析を提示する。初めの第1章では、ヨーロッパ全体の排外主義の状況を概観する。そもそもヨーロッパで「右傾化」が起きているのか検討し、本書前半で主に用いるデータについても紹介する。結論を先取りすれば、右翼政党支持は増えているが反移民感情は高まっておらず、これはヨーロッパ社会の争点が変化してきたことに由来するということを明らかにする。併せて本書が用いる回帰分析などについての考え方を述べるが、ここは普段あまり統計分析・実証分析の考え方に慣れていない読者に向けて用意したものである。ヨーロッパ政治やデータ分析に慣れている読者にとっては、基本的な事項であるため、適宜読み飛ばしてもらって差し支えない。

続く第2章では、ヨーロッパ全体で右翼政党に対する支持がどのような要因によって規定さ

9　民意に拘束される頑健な民主主義諸国の方が、そうでない国々と比べて難民申請受け入れが抑制的であることもわかっている（Higashijima & Woo 2020）。ただし独裁国家であればあるほど難民受け入れが多くなるわけではなく、高度な独裁になると再び受け入れは減る。

れているのか分析を行う。ここでは、経済的な苦境ではほとんど右翼政党支持を説明できないことが示される一方、移民によって自国文化が損なわれるといった危惧感や、欧州統合に対する反発や懐疑意識の方が、右翼政党支持の主たる原因となっていることを示す。すなわち、経済的争点というよりは非経済的争点の問題だということが示される。

第3章では、そのような移民によって文化が損なわれるという感情が、どのような要因によって説明されるのか示す。ここでもやはり、経済的な苦境や不安定感は主たる説明要因ではないことを示し、欧州懐疑感情との関連が強いことを示す。移民が自分たちの職業を危うくするから移民を忌避するのではなく、移民受け入れを可能としている欧州統合への反感こそが重要であることを示す。併せて、移民が域内移民か域外移民かによって、すなわち文化的距離の差によって、移民受け入れ政策に対する人々の意識が異なっていることも確認する。

第4章では、右翼政党支持と反移民感情について、国ごとの分析結果を確認し、欧州諸国内にあるパターンと特徴づけを試みる。さらに、反移民感情や欧州懐疑感情が右翼政党支持に先行するという前提を崩し、この3つの三角関係について検討を行う。ヨーロッパ諸国の排外的ナショナリズムは、その右翼政党との連結の在り方の差で、大きく3つのパターンにわかれうることを提唱する。それは、反移民・反EU・反既存政治が強く一本化されたポピュリズム的ナショナリズムのパターン、伝統的ナショナリズム勢力と反移民・反EUが機会主義的に離合しているパターン、ソフトなナショナリストが徐々に排外化し反移民言説を弄しながらも反E

Uが本質であるパターン、である。それぞれの背景には政党政治の構造的差異が関係している。

本書後半では、一つ一つ独立した論考でありつつも、先述の3つの諸要素間について、より深い分析を（特定の国に着目しつつ）行い、本書前半で得られた知見をより多面的に発展させる。第5章は、社会経済的地位と右翼政党支持が人々の本音の部分でどのような関係にあるのか、実験的手法を用いた分析を行う。分析対象は、ヨーロッパの排外主義政党の代表とも言える、フランスの国民戦線（現：国民連合）支持者である。対面での世論調査やインタビューなどにおいて、人々は必ずしも自分の意見を正直に答えてくれるとは限らない。より率直な態度を明らかにする政治学実験によって、実際には国民戦線支持者の反移民感情が強くない可能性があることや、社会経済的地位の高い層の内心の反移民感情も強いことを示す。この結果は、なぜ私たちが、排外主義は弱者の怒りと誤解するのか、一つの含意を示してくれる。本章は、第4章で示された、西欧に多いポピュリスト型の排外的ナショナリズムの分析にもなっている。

第6章では東欧のラトビアを対象に、排外主義が政党支持につながるのではなく、政党支持が排外主義につながる可能性について検討する。もし政党支持が排外主義を醸成するのならば、それは政党の動員が最も強烈な選挙期間に見られるだろう。そこで実際に選挙の前後に継続的に世論調査をし続けることで、選挙のタイミングが人々の排外主義にどのような影響を与えるのか分析した。ラトビアは、ヨーロッパで最もナショナリズムが普段から重要争点として根差している国でもある。すなわち、ラトビアでは選挙運動程度で人々のナショナリズムが最も変化しづらい国であるため、そこで得られた結果は他のヨーロッパ諸国にも適用できる可能性があるのだ。その分析結果からは、政治に関心が高い無党派層が、選挙時期に中東など一部からの移民受け入れを忌避する態度を高めていることが明らかになる。すなわち、政治的動員を通じて排外主義的態度を高めるのは、（時に偏見を持って語られる）無知・無見識の人々なのではなく、むしろ政治的に「意識の高い」人々であるということが示される。

第7章は、かつて移民に対する態度が欧州内でも寛容だったにもかかわらず、急速に反移民感情が高まったポーランドを取り扱う。二大政党的な政党間競争と極右の参入がある中、中道右派がいかにしてその右傾化を強めるのか、反EU言説や国内政治との関わりを分析する。ポーランドの歴史的な背景や、法と正義の戦略変化などを追うことで、欧州統合やEU政治への反感を結節点として、右翼政党が反移民的言説を政治的方便の一つとして活用し、そのフレーミング変化が支持者の排外主義を醸成していくプロセスを追っていく。換言すれば、従来嫌悪されていなかった集団が、「魔女狩り」の対象となっていく過程を追うものである。

最後の第8章で議論の全体をまとめ、本書の結論が持つ限界や、より幅広い研究との接続を議論しつつ、本書が読まれる現実の政治社会に対して与える含意も検討する。

第1章

ヨーロッパの排外的ナショナリズムをデータで見る

人間一般を識ることは、
個々の人間を識ることよりたやすい

F. ラ・ロシュフコー（1665）『箴言《しんげん》と考察』

本書前半では、ヨーロッパ全体を対象として、排外主義的なナショナリズムの表れや、その個人レベルの規定要因を分析する。その準備として第1章では、通時的な傾向とその背景について確認・検討し、本書の前半が主に依拠するデータであるところの欧州社会調査（European Social Survey）を紹介し、用いる統計分析についての基本的な考え方について説明する。データを通じて状況・トレンドを見ることは、個別具体的な現象に基づく印象論を排して、全体像を把握するためには必要不可欠な営みである。

第1節　ヨーロッパは排外主義化しているのか

２０１０年代のヨーロッパにおける政治社会の変動が語られる際には、ヨーロッパ政治が排外主義化・右傾化しているという論調で着目されることがしばしばある。本書が着目するのは、誰がそういった態度を有しているのかという点にあり、その変化が進展しているかどうかは重要ではないものの、大きな社会的状況ないし背景を確認しておくことは重要だろう。

まず、排外的ナショナリズムの政治的担い手と見られる右翼政党の支持率はこの十数年で増加したのだろうか。図１・１はヨーロッパの右翼政党支持を分析した、ジョルジャドゥらによって作成された過去15年程度の右翼政党支持分析だ。彼らは、ファシズム的で非民主的な傾向を帯びている政党と、ポピュリズム的手法を用いて台頭してきた右翼政党の双方を含めて、そ

図1.1　右翼政党支持の通時的トレンド（極右政党得票率）

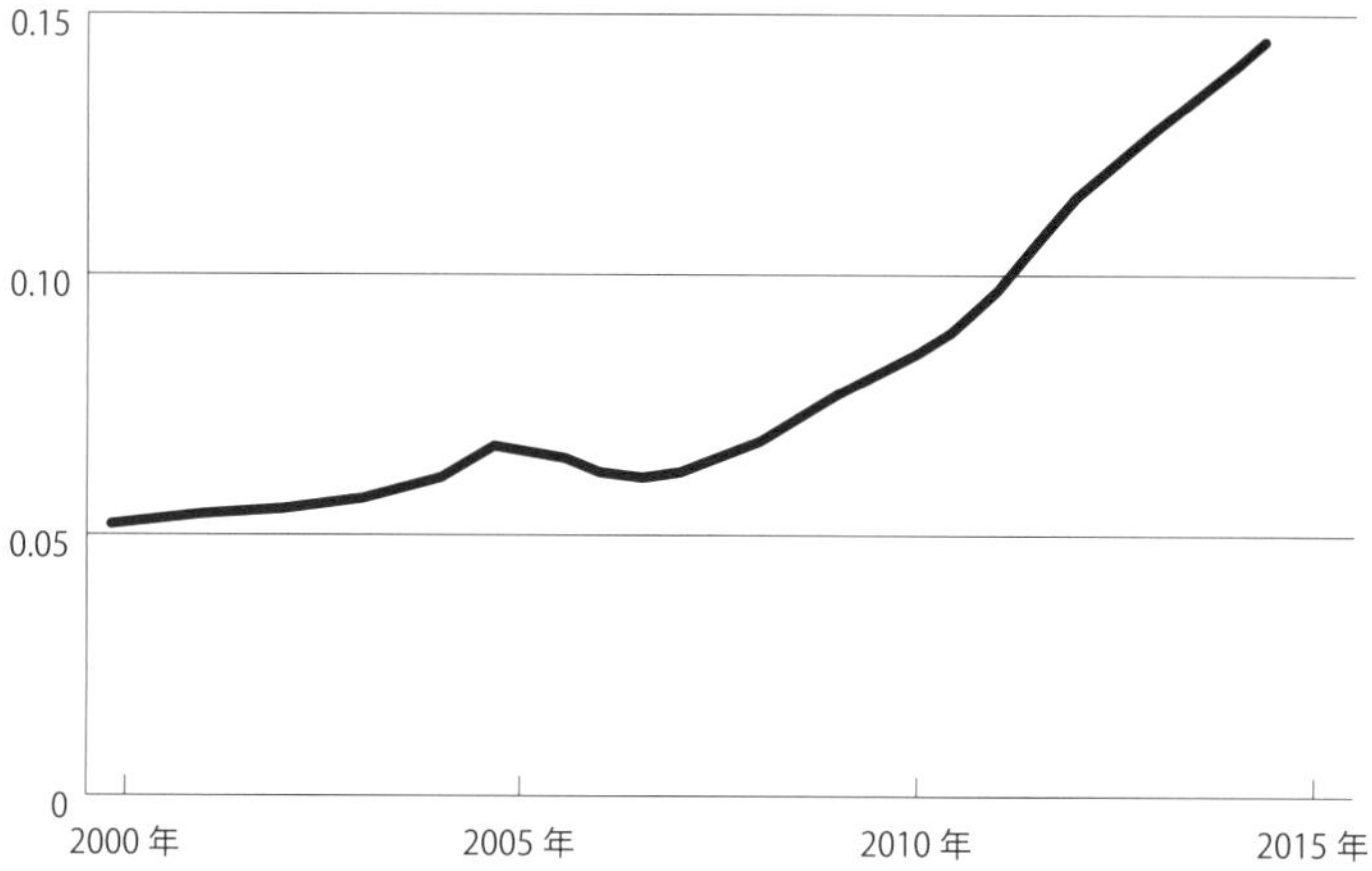

出典：Georgiadou et al. (2018) p.108 を編集。欧州議会選挙結果をもとにしている。

の得票率が徐々に増加傾向にあることを示している。右翼政党の定義には研究者間で一定の違いがあり、程度の強さや権威主義性（民主的原理への否定）に応じて、様々な論者が「極右政党」「急進右翼」「ファシスト政党」などの言葉をそれぞれの基準で呼びわけ使いわけている現状があるが、[10] いずれにしてもこれら右翼政党への支持率が概ね上昇傾向にあるということについては広範な合意がある。

反移民感情はどうだろうか。デニソンとゲデスは、移民に対する拒否感は難民危機以降であっても、ヨーロッパ内での移民とヨーロッパ外からの移民とにかかわらず、あまり変化しておらず、国によってはむしろやや寛容になっているということを明らかにしていた（Dennison & Geddes 2019; なお同論では国ごとで分析しても傾向は変わらないことを論

図1.2　移民による経済悪化懸念・文化侵蝕懸念の通時的トレンド

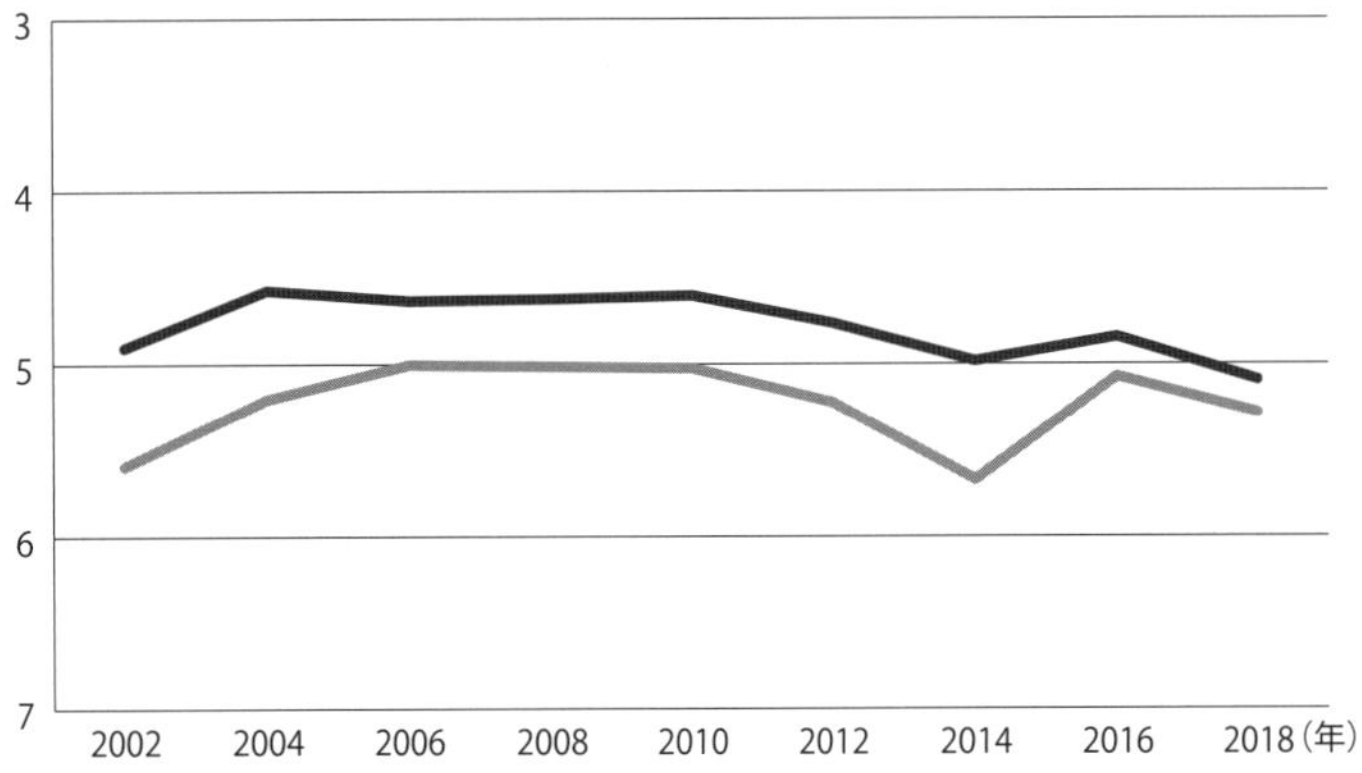

欧州社会調査より筆者作成。数値が小さいほど移民によって経済・文化が破壊されるとの意見が強い。各国の人口構成比率の歪みはウェイト調整済み（ウェイトデータ提供のない第9波は除く）。

じている）。

同じことは本書前半でもっぱら用いる欧州社会調査のデータでも確認できる。移民が自国に与える影響についての態度の推移を見ると、そこに大きな変化はなく、むしろ移民に対して経済的にも文化的にも好感へと転じている傾向すらある。図1・2は、移民が自国の経済や文化を、破壊するか豊かにするかと問うたうえで、0から10までのスコアをつけてもらったときの平均値である（数値が小さくなるほど移民への反感が増すデータなので、わかりやすくグラフでは縦軸を逆転させている）。2016年調査の際には難民危機の効果でいくらか移民への懸念が表れているが、2018年にはふたたびその前から続く傾向が復活している。通時的に見た際、移民に対する排外感情が高まっているとは言えない。図からは割愛したが、意見の分散度合いにも通時的に変化はほとんど見られなかった。つまり、移民争点をめぐる人々の態度が、より分極化しているということも言えない[11]。

つまり大きなトレンドを見る限り、ヨーロッパでは、排外的主張を掲げる政党に対する支持は増えているが、移民に対する排外的感情は高まっていない（むしろ減少傾向にさえある）。これらのことは、そもそも排外主義的な感情のレベルと、排外主義的な政党支持のレベルを、安直にイコールとして結びつけられないことを示している。

しかしなぜ、反移民感情が高まっていないにもかかわらず、反移民を唱道する右翼政党への支持が増加しているのだろうか。先述のデニソンらは、全体的に人々の反移民感情そのものが高まったからではなく、移民争点への着目が高まった結果、一部の人々が対移民認識と右翼政党支持を明確に結びつけるようになったからだと仮説づけている。

重要なのはこの結びつけや争点設定である。そもそも、政党の側も、当の排外主義政党ですら、かつてはさほど非経済的争点を重視していなかった。その誕生にあって必ずしも伝統的価値観を前面に押し出していたわけではなかった（古賀２０１４、２０１９）。左派政党であっ

10　ただしこれらの用法の差で何かグループや学閥が形成されているというわけではない（Arzheimer 2018a）。
11　なお、ここで示した質問項目以外にも、欧州社会調査では、２００２年と２０１４年だけ非常に様々な指標を用意して、移民に対する様々な態度を計測している。それらの別指標でも反移民感情は変動していない、もしくは受容的になっていることが報告されている（Heath & Richards 2016、宮島・佐藤２０１９）。

ても右派政党であっても、政党マニフェストで移民問題に言及している比率が増えており、80年代まではマニフェスト文章全体で1％以下だったものが4％前後にまで増えてきている（Dancygier & Margalit 2020）（世論側の変化は後述する）。かつて移民問題は周辺的な事項でしかなかったが、いまや移民をめぐる処遇や、それに象徴される、どのような国であるべきかという争点が、重要な争点として掲げられていくようになってきている。

政治という営みにおいては、すでに明示されている争点をめぐって賛否を争い、利害を代表して議論を戦わせ、調整するだけではなく、何を争い、調整すべき争点として顕在化させるかを左右することも含まれる（いわゆる「三次的権力」）。右翼政党が議席を増やしてきたのは、その態度が支持されてきただけではなくて、彼らが自分たちに有利な競争のフィールドを用意するのに成功してきたという面もある。メギドは、西ヨーロッパの新興右翼ポピュリスト政党台頭の原因を研究する中で、それら新興右翼が新たに設定した新しい争点に、既存の大政党が対抗してきたか否か（いわば新興右翼が用意した戦場に既存政党が乗っかってきたか）が、その成否に大きく影響したことを明らかにしている（Meguid 2005, 2010）。既存政党が、新興右翼政党が設定した移民争点を黙殺すると、かえってその論点で新興右翼の独壇場を許しそうなものだが、実際の現象は逆である。新興右翼政党が設定した移民問題という争点に既存政党が反論したりすることにより、当該争点が政治争点の主軸に置かれることになり、そのため、翻って右翼政党への支持が増える。それはいわば右翼政党の設定した土俵で戦ってしまうようなもので、そこで戦おうとしている右翼政党とその争点への着目を強めることになる。政治に限らず競争一般においては、戦場で有利に戦うことよりも、有利な戦場で戦うことの方が、何倍も大事なことであることが思い起こされる知見である。

第2節　ヨーロッパの政治的対立軸の変化

実はこのような争点の変化については、かねてより指摘されてきていた。政治の分野で代表的なものがキッチェルトらの指摘である（Kitschelt 1995, de Lange 2007）。従来、政治における重要争点は経済的な分配をめぐる問題であり、またそれによって社会を分断する「左右」が定義されてきた。しかし、経済成長によって物質的利害が満たされる中で非物質的争点が顕在化し、また国際化（とヨーロッパの文脈では欧州統合）の推進により一国内で決定できる経済的争点の幅が狭まっていくと、社会の争点は、環境問題、新しい非伝統的な価値観、コスモポリタンな態度の推進とそれらへの反発、といった点へとシフトしていった。

実際にヨーロッパ主要国の政党マニフェストを計量的に分析した研究によると、政党が主張するマニフェスト文章内で経済的争点と非経済的争点に充てる分量は、１９８３–4年あたりで逆転し、非経済的争点の分量の方が多くなっていることがわかっている（Zakharov 2015, Inglehart and Norris 2017: 図１・３左）。

図1.3　政党と有権者の間での経済的争点と非経済的争点の重要性の変化

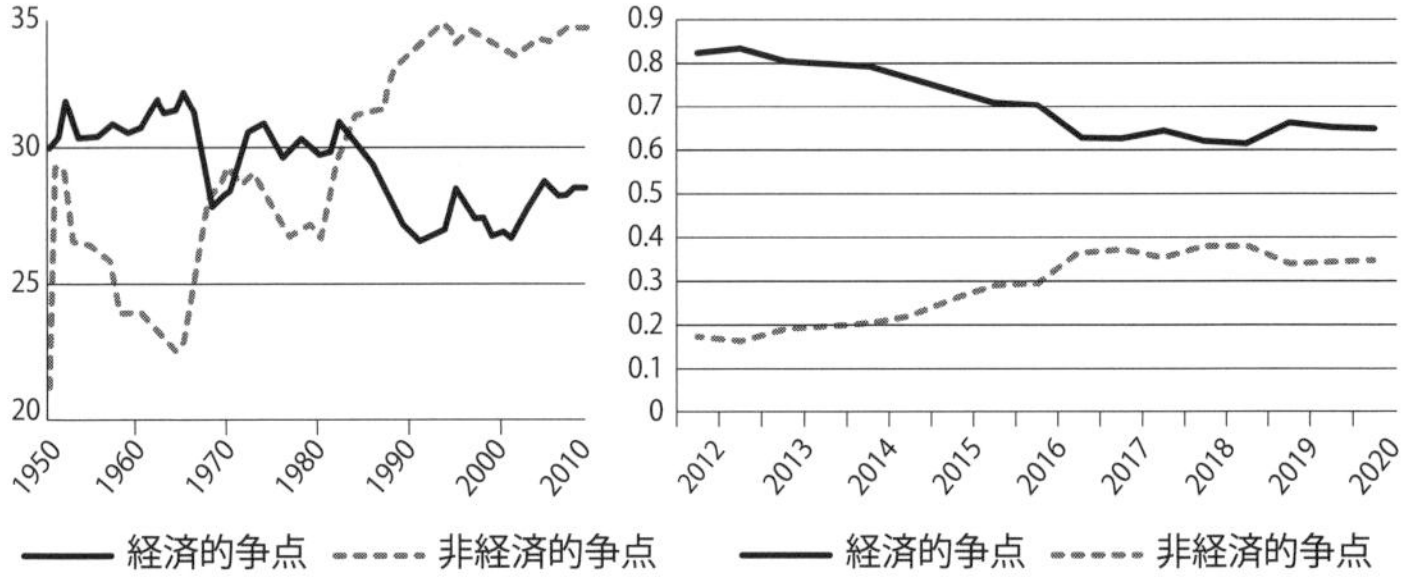

出典：Zakharov 2015, Inglehart and Norris 2017, Eurobarometerより筆者作成

有権者の方はどうだろうか。EUが行う調査プロジェクト、ユーロバロメーターは散発的に「現在重要な争点は何か」ということを聴取している。回答者は2つまで挙げることができるので、1つも挙げない人もいれば2つとも挙げる人もいるのだが、いずれにしても回答全体の中で経済的争点と非経済的争点がどの程度の割合で分布しているか見ることができる。[12] この比率について時系列で比較を行うと、有権者サイドではまだ経済的争点の方が主であるものの、非経済的争点の重要性が2012年以降の短い間でも徐々に増していることがわかる（図1・3右）。

これは先ほどの争点の結びつけの話と関連する。移民に対する態度はほとんど変化していなかったにもかかわらず、排外主義政党への支持率が高まっていたのは、そもそもかつては社会的価値観にも関わる非経済的争点を重視する人がいなかった一方、この15年ほどの短い間でも人々は経済的争点よりは非経済的争点に着目するようになっていることにも由来している。

　このような背景があるため、今日の政党間競争を表す際には、経済的争点をめぐる左右（再分配か市場か）という軸と、非経済的争点をめぐる左右という２つの軸で見ることが一般的なこととなっている。代表的なデータセットの一つとして、米・チャペルヒル大学が20年以上継続しているヨーロッパ比較の政党研究を紹介しよう（Hooghe et al. 2010）。ここでは、諸政党の立ち位置は、その経済的な左右とは独立に、文化的・社会的価値観をめぐってもう一つの対立軸が置かれている。それは共同体として伝統的価値観を保持するのかそれとも新しい価値観を受け入れるのか、どの程度を目指すべきかに関する争点である。一方に、伝統主義（Tradition）・権威主義（Authoritarian）・ナショナリズム（Nationalism）」志向を置き、もう一方「緑（Green）・新たな価値観（Alternative）・自由至上主義（Libertarianism）」志向が置かれることから、それぞれの頭文字をとってＧＡＬ‐ＴＡＮ軸とかＴＡＮ‐ＧＡＬ次元などと呼ばれる（「文化的対立軸」との意訳が可能である［砂原他２０２０］）。

　経済的対立軸とＧＡＬ‐ＴＡＮ軸（文化的対立軸）の２つの次元上に、ヨーロッパのこんにちの政党の立ち位置を布置したものが、図１・４である。諸政党の中には、経済的には市場志向で社会文化的には新しい価値観を重視する政党もあれば、経済的に市場志向であり文化的に

12　2012年以前は、挙げることのできる争点リストが統一されていないため時系列比較ができない。

図1.4　政策空間上の諸政党と右翼政党の位置（2019年）

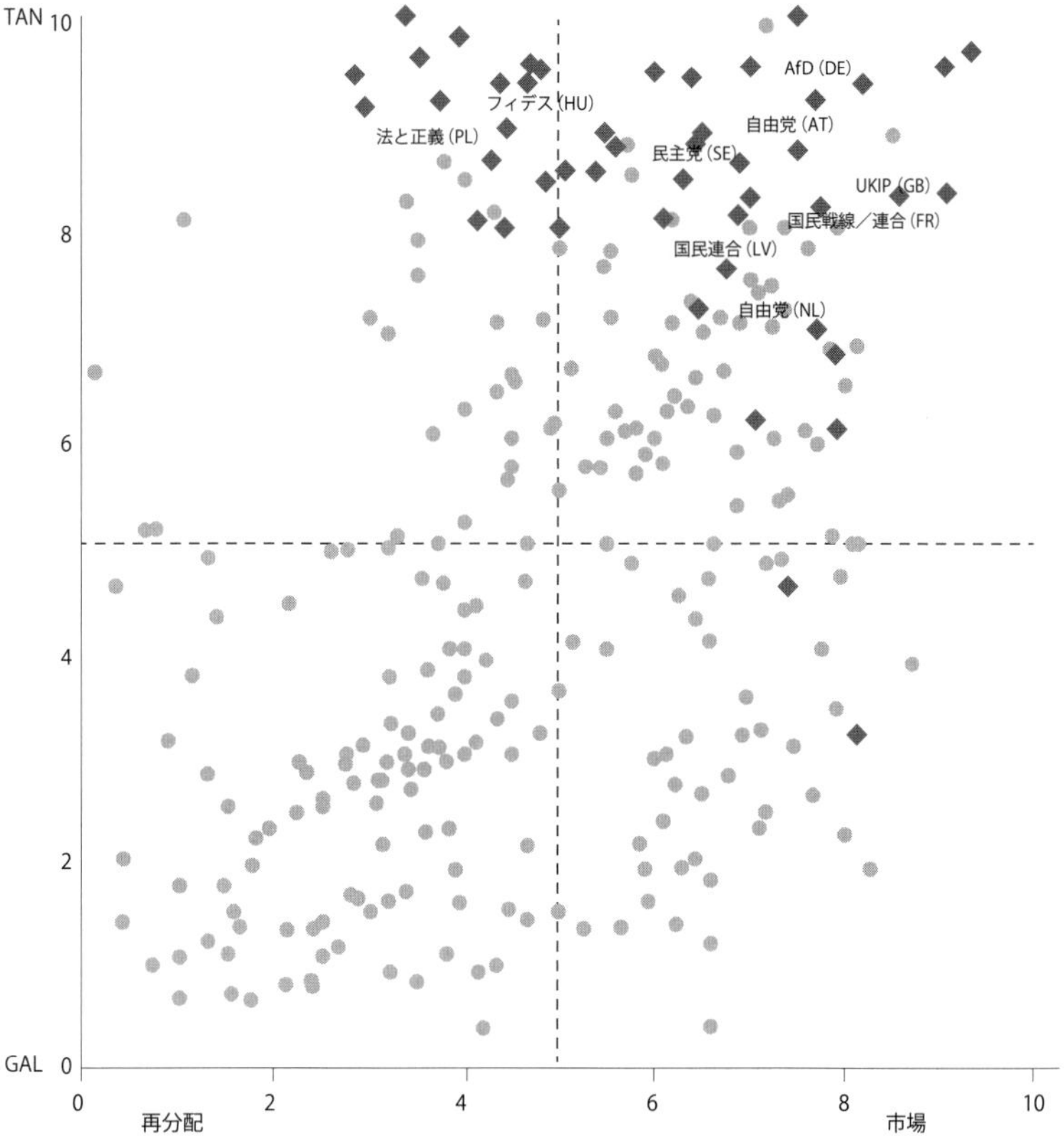

Chapell Hill Expert Survey 2019より筆者作成。黒菱形が本書で分析対象となりうる右翼政党。
注：国名略記（ISO準拠）　AT：オーストリア，DE：ドイツ，FR：フランス，GB：イギリス，
HU：ハンガリー，LV：ラトビア，NL：オランダ，PL：ポーランド，SE：スウェーデン

はナショナリズムや伝統的価値観を重視する政党も多い。同じことは、経済的な左派と価値観の組み合わせにも言える。なお、ヨーロッパ政治の文脈では「リベラル」とは、経済的次元と文化的次元の双方で自由主義的な象限《しょうげん》・勢力を指すのが通常である（アメリカ流の「リベラル」すなわち経済的に左派かつ文化的に自由主義的な象限に当たるのは、通常、社会民主主義と呼ばれる）。

濃いグレーの菱形で強調しているのが、本稿で取り扱う右翼政党の位置である（詳細は次章）。社会文化的次元でナショナリズム・伝統の側に張り付いた政党が右翼政党とみなされており、経済的には市場志向（右）から再分配志向（左）まで比較的幅広く存在していることがわかる。たとえば本書第5章でも扱うフランスの国民連合（旧：国民戦線）は社会文化的次元において保守的であり経済的次元では中道右派的である一方、本書第7章で扱うポーランドの「法と正義」などは、経済的にはむしろ左の再分配志向である。

図1・4の縦軸は本書が関心を持つ排外的ナショナリズムの程度のみによって計測されているわけではないから、やや精度として粗いところもある。[13] だが全体として、今日の政治社会における対立が、経済だけではなく社会文化的次元においても顕著であること、排外的な主張を

13　最も極端な例はスロバキアの「自由と連帯（SaS）」である。同党はナショナリスティックであるが、他方で同性婚や大麻の合法化には積極的なため、本指標上GAL側に布置されている。

抱く政党が、経済的次元においては相当程度の多様性があることなどがわかるだろう。

右傾化というよりは非経済的争点化？

本書としては、ヨーロッパにおいて右傾化が起きているか否かについての疑問については、「着目する要素による」という立場をとりたい。外国人や移民や難民への排斥という感情を持って排外主義への傾倒が見られるか否かを判断するのならば、それは起きていない。他方で、単に排外主義的な右翼政党の支持拡大という意味では右傾化が起きている。

一つ言えるのは、その際、何をめぐって社会的対立が起きているかについての意味合いは変わってきているという点にある。政治的な対立において、経済的争点の重要性は後退し、非経済的争点——アイデンティティや社会的価値観や伝統をめぐる争点GAL-TAN軸や文化的対立軸と呼ばれる次元での争点——が重要になってきている。本書としては変化が起きていることまで示すのが、議論の前提の確認として重要なのであって、なぜそのような変化が発生したのかについては深く追わない。だが、取り急ぎ3つの要素を指摘しておこう。

1つ目は、長期的な人々の価値観の変化である。人類は長らくサバイバルすることが重要であった。近代社会にあっても、安定して賃金の高い仕事についたり、競争に勝利したりするためのマインドセットを身につけることが重要であった。生きるうえで何よりも重要なのは、経済であり、金銭であり、物質的な利益であった。ところが経済成長に伴い、人は明日のパンを気にしなくても生きることができるようになり、単に生活や経済だけではない価値観や自己実現を重視するようになった。いわゆる「脱物質主義的革命」である（イングルハート2019）。それは新たな価値観の推進と、それに対する反発も生み出し、新たな争点が社会において重要なものとなっていった（Norris & Inglehart 2019）。

2つ目は、特殊ヨーロッパ的な要因である。欧州統合の進展に伴い、より多くの争点が主権国家のレベルではなく、欧州大の政策決定アリーナで議論・決定されるようになっていった。特に経済的争点については共通基準や共通規制の広がりにより、一国単位で独自に決められる範囲が狭まってきている。その結果、相対的に、非経済的争点の重要性が高まっていることが考えられる。もし、自国一国で自分たちの経済問題や対策を決めることができないことへの反発があるとしても、それはまずは自国に主権を取り戻すという議論を必要とするため、主権の在り方という非経済的争点がやはり重視されることになる（経済的統合と国家主権のジレンマについてはロドリック［2014］の議論が有名である）。

3つ目はナショナリズム世論研究で論じられる経済格差の効果である。結論を先に述べると、経済格差が広がるとナショナリスティックな争点が重視されるということが、実証的研究からもある程度明らかになっている。シャヨは、格差が広がると、低所得層は屈辱的な地位を意識しながら政治・社会に対する態度形成をするよりも、より地位の高い「国民」としての集団的かつ非経済的アイデンティティに自らの帰属意識を持ったうえで、政治・社会に対する態度を形成することを数理的モデルも駆使しながら論じた（Shayo 2009）。貧しい人が自らの低所得者としてのスティグマに耐えられず、ナショナリズムにある種の救いを求めるという議論である。彼自身が関心を向けていたのは、なぜ格差が大きな国ほど再分配政策が「なされない」ようになるのかという、政治経済学上の古典的問題であった。格差が広がるほど、低所得層自身が経済的争点から目を背けるようになるため、再分配要求が行われないようになるというのが彼の結論であった。

ただ、この議論に対しソルトは、格差が高まるほどナショナルな感情が高揚するという議論全体には同意しつつも、そのメカニズムは想定とまったく異なることを、現実の実証データから明らかにした（Solt 2011）。もし格差の広がりで低所得の貧困層がナショナリズム争点を重視するようになるならば、そのような現象は当該層の中でより強く見られていなければいけないはずである。だがデータに基づく統計的分析はそのような結果を支持しなかった。格差が広がっている所では、豊かな者も貧しい者も同じ程度、つまり階級横断的に、ナショナリスティックで愛国的になることが示されていた（ibid., Ariely 2019）。原因は、低所得者側の心理的選択にではなく、人々の階層を超えた外部にある。彼は、経済格差が広がれば広がるほど、潜在的には福祉を通じた再分配圧力が高まるので（当然すべてに応えることは財政制約上できない）、その不利な争点から目をそらせたい政府が、よりナショナリスティックな言説や論点を有権者に示すようになるからであると論じている。これはナショナリズムの陽動理論（diversionary theory）としても知られており、それが存在することを実証的に明らかにした。

このストーリーは、グローバル化によって世界の経済格差が広がっているという理解に照らしても、整合的であるように思われる。本書は、排外主義的な政党支持や社会態度を各個人が有する原因としては、個人的な経済要因はほとんど説明力を持たないことを議論するものの、社会全体の変化として経済的変動が発生していることまでは否定しない。両者の関係は整合的にも理解できる。なぜなら、格差の拡大により非経済的争点への着目が助長され、その結果人々は、自分自身が貧しいか豊かかにかかわらず、各人の非経済的態度に基づいて排外主義に賛同したりしなかったりしている、ということを本書は論じているからである。

各国の政治において経済的争点の重要性が後退し、非経済的争点の重要性が増している原因には、他にも様々な要素があるかもしれない。ただ本書の探究する重点はそこにはないため、これ以降の探究はやめることとする。本書では、様々な複合的な理由に基づいて、ヨーロッパ各国における非経済的争点の重要性が、政治エリート側においても一般民衆側においても増してきていることを指摘するにとどめておく。

第3節　本書が主に使用するデータについて

本書は所々でヨーロッパ政治のストーリーについて記述を行う一方、その分析の実証においては世論調査を中心としたデータを用いた分析を行う。ここで、本書が用いるこれらのデータについてあらかじめ簡単に紹介する。

本書前半では、ヨーロッパの個人レベルの社会調査プロジェクトである、欧州社会調査（European Social Survey）を用いる。これは、ヨーロッパ各国の人々の態度・信念・行動に関し2年ごとに調査を行っている大規模調査プロジェクトであり、２００２年から2年ごとに実施されている。定期的にその質問項目に見直しを加えつつも、核となる調査項目は時間や国を超えて一貫した手法で行われており、対象国にはＥＵ以外の国々も広く含まれている。各国調査の予算不足などで必ずしも毎回すべての国々で調査が行われているわけではないが、そのカバー範囲は非常に広い。２０１３年からは欧州研究基盤コンソーシアムの一員としてＥＵ法で承認された法人格も有している。

ヨーロッパ大の世論調査プロジェクトとしては欧州社会調査の他にも、欧州価値観調査（European Values Studies）や前出のユーロバロメーターがある。だが、前者は10年に一度程度の調査であることに加え、（その名に反して）本書が関心を持つ価値観に関する質問項目が欧州社会調査に比べて少ない。後者はＥＵの調査プロジェクトであり、またその調査頻度も高いのだが、調査の度に質問項目が大きく変わるうえに（むしろそれにより時事的分析が可能となるのがこの調査の良いところでもあるが）、そもそも本書に関連のある調査項目がほとんどない。これらのことから、本書では欧州社会調査を用いて分析を行っていく。なお、欧州社会調査と欧州価値観調査の両方を用いて、分析結果が頑健妥当である（つまり使っている世論調査データの特性に影響されているわけではない）ことは拙稿で確認している（中井２０２０）。

本書後半は特定の国にフォーカスした分析となるが、ここでは筆者自ら実施した世論調査や、各国国内で実施されている調査を用いる。詳細は各章に譲るが、フランスについては筆者らが実施したオンライン実験サーベイを用いる（先述した欧州価値観調査との対比も一部用いられる）。ラトビアについては、筆者が現地で実施した全国世論調査を用いる。ポーランドについては、現地調査会社が実施した様々な世論調査を用いる。

第4節　本書における計量分析の考え方

本書のような世論調査を用いた実証分析の研究書において、計量分析は不可欠である。以下では、その点に関する本書全体の方針を示すと同時に、このような実証的研究成果の読解に不慣れな読者に対する解説を提示する。専門とする研究者は読み飛ばしてもらっても差し支えない。また不慣れな読者の直感的理解の補助を目的としているため、厳密に言えば正確とは言いがたい部分があることを、あらかじめ断っておく。

回帰分析、統計的有意性、係数

本書ではもっぱら「回帰分析」を利用する。回帰分析とは、分析が関心を持つ従属変数（結果）に対して、どの独立変数（原因）がどれほどの効果を有しているのか明らかにする手段である。たとえば、反移民感情の強さは、所得の高低や、性差や、政治的不信感の高低といった様々な要素によって規定されているかもしれない。その相互の交絡関係を処理しつつ、分析に投入した諸変数が従属変数との間にどのような関連があるのか、「統計的有意性」と「係数」をもって示してくれる、最も基本的な分析手法である。

統計的有意性とは、ある標本データにおいて見出された差異が、たまたまなのか、意味ある差なのかの判断を補助する指標である。たとえば、右翼政党を支持しているか否か、ランダムに全国の100人に聞き、たまたま男女それぞれ50人ずつの意見が聞けたとして、女性の方が右翼政党支持者は数人少なかったとしよう。この際に得られた「女性の方が右翼を支持しない」という傾向は、今回偶然得られたデータだろうか？　それとも体系的な差異の表れなのだろうか？

世論調査はその国の全員に対して意見を聞いているわけではないから、標本から得られた結果が偶然なのか、体系的なものなのか、考慮する必要がある。それを考慮に入れたうえで、ある原因がある結果を増やす／減らす効果があると言ってもよいか、否かという判断の基準となるのが、統計的有意性である。なぜその判断、すなわち逆算ができるのか、という点については本書では触れないが、ひとえに先人たちの知恵と人類の発見の蓄積による統計学の力のおかげであるとのみ述べておく。

他方で、本書では統計的有意性「のみ」に頼った議論は行わない。そもそも本書前半で扱うデータのように、サンプルサイズが巨大なデータでは、そもそも統計的に有意な差や効果が出るのが自然である（出ない方がむしろ発見とも言える）。

また、近年の統計分析をめぐる潮流が示すところでもあるが、統計的有意性のみが独り歩きして、「水準をクリアさえすれば効果あり、クリアできなかったら効果なし」と、二分法的な考え方に陥ってしまう危険がある。アメリカ統計協会は、有意性のみに基づいて分析結果を判断することは誤りであると警鐘を鳴らしている（Wasserstein & Lazar 2016）。たとえば仮に「99％の確率で売り上げを1円増やす営業手法A」と「94％の確率で売り上げを100万円増やす営業手法B」という2つの結果があった際に、統計的有意水準のみを絶対視してしまうと、前者のみを「意味ある効果」と判断してしまう。[14]

このたとえからも明らかなように、実際には「どれくらい効果があるのか」という判断も重

14　このたとえは、統計分析における統計的有意性の説明としては実は正確ではない。ただ、ここでは統計分析に不慣れな読者への直感的理解の平易さを優先した。

要になってくる。本書では、右翼政党支持や反移民感情を規定しているのは、実に様々な要因によっていることが明らかになる。その中でも「特に影響が強いのは何なのか」であるはずだ。その際我々がきっと関心を持つのは、その効果の量を含めた総合的判断が必要になってくる。この判断は、統計的有意性のみではできず、その効果間で1円上げる効果がある勉強法があるとして、その勉強法と生涯賃金の間には、確かに統計的に有意な因果効果があるのかもしれないが、実質的な意味での効果があるとは言えない。そこで重要になってくるのが、分析の結果から得られた係数の解釈を通じた、各要素の影響力の実質的な検討である。端的に言えば、示される係数は、様々な原因（独立変数）が変動したときに、どれくらい結果（従属変数）が変動するのかを教えてくれる。その便益は無視できない。

また、それ故に本書内では、部分的にこれら係数を表記した統計分析の結果の表を掲載している。回帰分析の表を読み慣れていない読者にとって、数字がならぶ分析結果表はいくらかハードルの高いものであることは承知しているが、それを示すことで得られるメリットは、それを割愛して得られる「わかりやすさ」というメリットよりも大きいと本書では判断する。だから、より詳細な検討のために行われた分析について、多くは補遺に移しているものの、一部重要な分析結果については本文中にそのまま掲載している。

直感的に言えば、統計的有意性はそもそも、結果を増やしたり減らしたりするといった正負の関係があると言ってよいのかの検討材料であり、係数はその効果の大小を表すための検討材料と理解しておけばよいであろう。

ロジスティック回帰分析と分析結果の読み方

本書では、回帰分析の中でもロジスティック回帰分析を多用する。これは、従属変数が0か1かという2値変数の時に用いる分析であり、「右翼政党を支持している／いない」「移民を忌避している／いない」といった質的な違いを、計量分析に落とし込む際に用いられる最もシンプルな手法である。

その分析結果においては、「オッズ比」といったものが示される。これは、独立変数が1単位分増えたときに、従属変数が1を取る確率がどの程度増減するかといった数値である。つまり「××が高いと移民を忌避する可能性が○○倍になる」といった実質的解釈が可能となる。たとえば、オッズ比が1・2だった場合、それは独立変数が1上昇した際に、従属変数で1を取る確率（すなわち現象が発生する確率）が120％程度（つまり1・2倍）に上昇することを意味する。反対に0・9というオッズ比が算出された場合、それは独立変数が1上昇したときに、従属変数で1を取る確率は90％に減少するということを意味する。

この際、注意しなければならないのは、独立変数が1上昇するというのは、あくまで数値上の話ということだ。つまり単位が違うとこのオッズ比は変化する。たとえば、所得の高低が政党支持に与える効果を検討したいとして、所得が1円上昇する際の効果量と、1ドル上昇する際の効果量は、当然同じではない。単位をそろえる必要があり、そこで本書が併せて用いるのが、「標準化オッズ比（StdOR）」というものである。詳細な解説は省くが、これは独立変数の単位を標準化し、独立変数ごとに異なるスケールや単位の間で、そのオッズ比の大小を比較する際に有用である。[15] 本書前半では、この標準化オッズ比も併せて報告する。これによって、どの要素が右翼政党支持や反移民感情に「より強く」、あるいは「最も強く」影響を及ぼしているのか、本来は単位が異なっているそれぞれの独立変数間で比較検討を行うことができる。

一定の留保を置いておくと、このような世論調査により、様々な変数を同時に投入して分析する方法は、厳密には力不足な点がある。ある政策や態度や属性がどの程度結果を変動させているか、その真値を知りたい場合は、実験などのより高度な統計分析手法を必要とするからだ（例外的に第5章と第6章はややその要素がある）。あくまで本書で示される効果の値は、近似値として受け止めてもらうのが穏当な解釈であろうと思われる。

15 算出にはSTATAのlistcoefパッケージを利用した。

第2章

誰が排外的な政党を支持するのか

貧賤は不平の源に非《あら》ざるなり

福沢諭吉（1874）『学問のすすめ』第十三篇

第1節　排外的な政党支持はどのように説明されてきたか

昨今のヨーロッパにおける右翼ポピュリスト政党の台頭に限らず、1980年代からこの地域でたびたび見られてきた排外主義的あるいはナショナリスティックな言辞を呈する政党の台頭については、非常に多くの研究が蓄積されてきた。[16] 国全体の政治制度や経済状況といったマクロレベルの効果、当該政党の組織体系や政党政治の状況といったメゾレベルの効果、そして個々の人々の態度や属性というミクロレベルの効果が分析されてきた（Arzheimer 2018b）。右翼政党がどれだけの支持を集めるかは、既存の政党政治との相互関係からも影響を受けるから、選挙市場における供給側に着目した議論も多い（cf. Ignazi 1992, Hino 2012, 譚2017）。

本書がもっぱら着目するのは、このうちのミクロレベルの人々の属性や態度に基づく議論であり、選挙市場における需要側に着目した議論である。このようなタイプの議論では、経済的要因に着目した議論と非経済的要因に着目した議論に大きくわけることができる。

経済的要因に着目した議論は、個々の有権者の苦しい経済的状況が右翼政党支持につながると論ずる。無職や低収入の状況にある人や単純労働者層など、苦しい経済状況にある個人が、移民流入による地位低下の恐れや反発、あるいはそれを可能としている社会状況に反発して、右翼政党を支持するといった論理であり、「近代化の敗者説」「職の競合仮説」あるいは「経済的憎悪説」などと呼ばれることがある（Mudde 2010, Golder 2016）。このような言説はそのわかりやすさもあってか、メディア報道等でも頻繁に言及されるところであり、昨今の世界での右翼政党の台頭が「置き去りにされた人々の怒り」であるという論調の報道の多くは、こういった視点に立っていると言える。

　ところが、このような経済的劣位性が右翼政党支持につながるという主張は、一見して理屈が通っているように聞こえつつも、実証的根拠には乏しく、実際に相当数の先行研究によって否定されてきた経緯がある（そもそも反移民感情が高まるかさえ、次章で述べるように自明ではない）。様々なデータを用いた分析に基づけば、失業（率）や低収入といった経済的苦境が右翼政党支持確率を高めるという実証的根拠はほとんどなく、端的に投票自体に行かなくなるだけであるとか（Przeworski 2019）、むしろ排外主義的な右翼政党への支持を弱めさえするという分析結果もある（Knigge 1998, Arzheimer & Carter 2006）。自身の経済的苦境にあえぐ者には右翼政党を支持している余裕すらないかもしれないし、経済的に豊かな者であっても排外主義的主張の政党にひきつけられる余地はある。経済的には豊かでも偏狭・排他的な人間はどこにでもいる。

　もちろん、既存の研究が経済的な要素の効果をまったく否定してきたわけではない。コラン

16 優れたレビュー論文としてGolder 2016, Muis & Immerzeel 2017, Margalit 2019など。

トンとスタニヒは、グローバル化による経済的影響が存在すること自体は指摘しつつも、現在のそれ（特にヨーロッパにおける中国ショックの効果）はあまりにも強烈なので特定の職種やスキル層だけの問題にはならない、というメカニズムを論じ、そういった経済変動により自分の住んでいる「地域」の経済状況が悪化すると排外主義政党を支持することを発見している(Colantone & Stanig 2019)。つまり、人々は、自分自身の利害はさておき、コミュニティ全体の利害を考慮して排外主義的な政党に投票するということだ。

このような社会全体のことを考慮する向社会的（「ソシオトロピック」）な要素が、排外主義や右翼政党支持に与える影響については、国家全体の失業率への認識であるとか、国全体の福祉負担への考慮など、様々な要素が検討されている。それらの影響においても、実証的根拠の有無について種々の議論があるところではあるが、さしあたりここで言及しておきたいのは、人々は「自身の」経済的利害ではなく、「社会全体の」経済的利害に駆動されて排外主義政党を支持しているということである。

そもそも、人は投票するにあたって必ずしも自分自身の経済的利害のみに基づいて投票するわけではない。多くが国や地域コミュニティ全体の状況を考慮して投票を行っていることは、ソシオトロピック投票として古くから知られており（Kinder & Kiewiet 1981）、排外主義的な右翼政党への支持に限らず、どこでも見られることであった。また、社会全体のことを考慮して、支持政党を決めるという態度形成が行われるとき、「社会全体のこと」に含まれるのは何も国・地域全体の経済成長に限らない。私たちの帰属意識は多く非経済的な要素によって駆り立てられている。だから、先行研究の多くは非経済的要素にも着目して排外主義政党への支持を論じてきた。

たとえば、人々の保守的な態度や反移民感情を含めた、文化的志向（あるいは道徳体系）が右翼政党支持を規定するという指摘は多い（Werts et al. 2013, Lubbers et al. 2002）。この指摘は一見当然に聞こえる部分もあるが、人々が経済的・物質的利害よりも非経済的・非物質的要素を優先して支持政党を決定するというのは重要な指摘であるし、様々な価値体系や文化的志向のうち、特に何が右翼政党支持につながるのか実証的に特定することは重要な研究である。

第1章ですでに述べた通り、ヨーロッパの政党政治は物質的利益の分配をめぐる経済的争点の重要性が低くなり、価値観や文化をめぐる非経済的争点の方が重要になってきた。そのうえで、この新しい争点次元（第1章で言及したGAL‐TAN次元）において、伝統的・権威主義的・ナショナリスト的な価値を志向する有権者が、右翼政党を支持し始めたのだとされてきた（Kitschelt 1995, de Lange 2007）。新しい価値観が重視され、世界が変わっていくことへの反発あるいは文化的バックラッシュとして、排外主義政党が支持されているということも論じられてきた（イングルハート2019、Norris and Inglehart 2019）。

たとえば、本書の直接の考察対象ではないが、ブレグジット（Brexit）に賛成投票したのは誰かという社会調査研究の結果も、（当初言われていたような）階級的劣位や経済格差の効果によるものではなく、ブレグジット投票の際に争点ですらなかった死刑制度への賛否といった各人の非経済的争点態度の方が、よほど統計的に明確な関係性があったことが明らかになっている（Kaufmann 2016）。

政党政治との相互関係を考慮すれば政治的信頼の効果も重要である。特にヨーロッパにおいては、ＥＵという重層的な政治的決定のアリーナがあるため、ＥＵあるいは欧州統合や欧州議会に対する不信感・懐疑心との連関も見出されている（Arzheimer 2009, Werts et al. 2013）。もちろん欧州統合やＥＵに対する態度が右翼政党支持に与える効果は、前述の文化的保守性やナショナリズムの文脈で捉えることも可能であるし、そのような関心から効果を実証した研究も存在する（Lubbers & Coenders 2017）。

人々の価値観や文化的志向の効果は、政治心理学や進化心理学の観点からの研究も蓄積されているようである。たとえば人の心理が持つ右翼権威主義的心性（Right Wing Authoritarian-ism を略してＲＷＡ特性などと呼ばれる）に着目した分析も行われている（Zakrisson 2005, Koleva et al. 2012, 三輪２０１８）。人間が持つ道徳的直観は複合的なものであり、そのいくらかは保守的・右派的な政治的志向に直結しているという議論もある（ハイト２０１４：この問題は終章で改めて検討したい）。心理学的見地の研究でも、経済的不安定・雇用不安が右派的な態度につながるのではと仮説づけて分析を行ったところ、むしろ分析結果はその逆になったという成果が示されている（Selenko & De Witte 2020）。

非経済的価値観と排外主義政党支持の間には、いくらか反直感的な指摘もある。その代表例が、言論の自由や個人主義といった近代的でリベラルな価値観の重要性を主張し、そのうえで移民（特にムスリム移民）がそれを共有できない集団であると描写し批判することで、支持を集めているという議論である。つまり序章で述べたリベラル・ナショナリズムの論理を（時に変形して）右翼政党が利用していることへの着目である（de Koster et al. 2014、新川２０１７）。このような知見は事例ベースで語られることが多く、リベラルな価値を重視するがゆえに、その価値を共有できないとして文化的に異なる移民を排除しようとする論理は、たとえばドイツやフランスでも強力な言説となっている（森２０１３、中野２０１８、昔農２０１９）。もしこのようなメカニズムがもっと広く欧州大のできごとで、実証的にも確かなのであれば、権威主義的な人々よりも、むしろ自由主義的な信念を持つ人々の方が排外主義政党を支持することも考えられるだろう。

ここまでの説明を大きくまとめると、右翼政党支持を規定するのは、人々が持つ個人的な経済的利害よりは、人々が持つ向社会的な非経済的利害にあると想定できる。とはいえ、このような観点は21世紀のヨーロッパ政治においても同様なのだろうか。人の移動が加速し、グローバル化が進展し、格差が広がる中でなお、同じようなことが言えるのか、あるいは新しい関係が生まれているのか、データによる検証が必要となる。

第2節　分析に使用するデータと方法

右翼政党の定義

実際にデータを用い、排外主義的な右翼政党支持が何によって規定されているのか分析しよう。欧州社会調査には人々の支持政党を問う質問が含まれているため、この質問を用いることで、どのような人々が右翼政党を支持しているのか分析することが可能となる。

問題となるのは、その際に「どの政党が右翼政党なのか」を定義することである。この点についでは、政治学者共通の定義といったものが存在するわけではないから、先行研究においてもそれぞれ微妙な差異が見られるところである（「右翼政党」の定義については１９９６年の時点で26の定義があるそうだ［Mudde 1996］）。本書では、当事者たる政党政治家の認識と、研究者による分類の双方に配慮したいとの考えから、現実の欧州政党／欧州議会会派と、国際的な比較データセットの双方を用いた定義を採用することにした。

まず、ヨーロッパにおいては、国境を超えたヨーロッパ大の政党組織（欧州政党）や、それに基づく欧州議会での会派（欧州会派）が存在する。このうち、排外主義的な政党間の連合体である「国家と自由の欧州（ＥＮＦ）」とその後身「アイデンティティ・民主（ＩＤ）」および、ラジカルではないがナショナリスティックな政党による「欧州保守改革（ＥＣＲ）」に属していた政党を本書では右翼政党と定義する。[17] 前者にはたとえば、フランスの「国民戦線」やドイツの「ドイツのための選択肢（ＡｆＤ）」、後者にはポーランドの「法と正義」やスウェーデン民主党などが属している。

だが、欧州政党や欧州会派の所属状況は政党の戦略的意向にも影響を受けるし、極端に排外主義的な政党の中には、そもそも他国の政党と手を組むことさえしないものもある。たとえばハンガリーの極右政党ヨッビクなどは、欧州会派に属していないので前述の定義ルールだけだと右翼政党として取りこぼしてしまう。そこで、第三者からの定義が役に立つ。Parties and Elections in Europe（ＰＥＥ）というヨーロッパ政党政治に関するデータベースが、各政党の性向を言葉で定義づけており、そこでは、前者の定義に当てはまるような政党は「ナショナリスト（Nationalist）」「極右（Far-right）」「国家保守主義（National Conservative）」「右翼ポピュリスト（Right-wing Populist）」といった言葉で多く定義づけられている（２０１９年時点）。そのため、仮に欧州会派に属していない政党であっても、このデータベースで挙げられた４つのどれかにカテゴライズされている政党を、本書では排外主義的性向を持つ右翼政党と定義する。

なお、この定義次第で結果が変動することは当然想定されるだろう。よって、本研究では、

17　ＩＤ会派とＥＣＲ会派についてはイデオロギー上の差異はさほどないという見方もある（Schminke 2020）。

図2.1　右翼政党支持率の分布

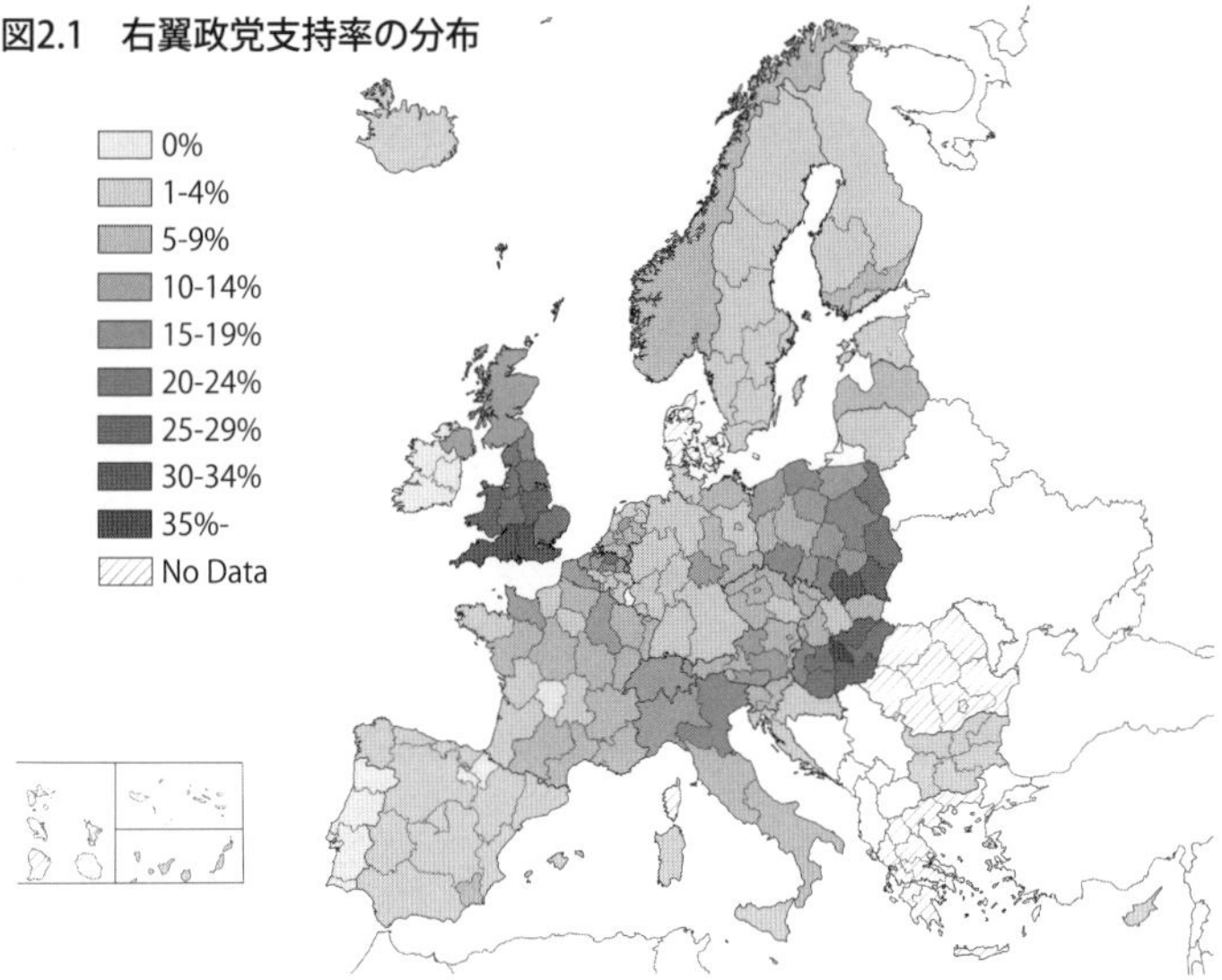

欧州社会調査より筆者作成

注：英独伊についてはデータの都合上NUTS1レベルで色を塗りわけている。これに加えて，現在のNUTS2区分とデータのズレにより，ポーランドのマゾフシェ県とワルシャワの２地域，リトアニアの２地域は，一体のものとして色わけしている。

右翼政党を狭く定義し、先述の定義のうちENF／ID所属もしくはデータベースでナショナリスト／極右として観測された政党のみを極右政党として定義した分析も行った。慎重を期しての措置である。本文中からは結果を割愛するが補遺に結果を載せてある。この定義の違いで結果の含意に変化が出ることはほとんどなかったことを、あらかじめ報告しておく。

図2・1はこの定義に基づく右翼政党の支持率の分布状況である。本書の目的は国ごとの比較というよりは、その中で発生する差異であるから、地域別の支持率を表示した。ヨーロッパ共通の統計

基準であるNUTS2レベル（日本で言うところの都道府県程度の規模）に基づく右翼政党支持の分布である（なおデータ制約上、イギリス・ドイツ・イタリアはそれより1つ上のNUTS1レベル別に色わけしている。EU非加盟国のスイス・ノルウェーも同様である）。

全体的に右翼政党支持が多いのはポーランド、ハンガリー、イギリスなどであるが、これらの国にも地域ごとに右翼政党支持のばらつきがあり、概ね郊外部において支持されている傾向がある。イタリアの右翼政党は北部同盟を前身とする「同盟」と、その南部におけるパートナーの「イタリアの同胞」だが、全体的な支持率は経済的に豊かな北部の方で高い。ドイツでは右翼政党「ドイツのための選択肢（AfD）」が旧東ドイツ地域（特にザクセン地域）で支持されていることはよく知られていることでもある。

このような様々な右翼政党支持のばらつきは実際には地域レベルではなく個人レベルで発生する。その差異を説明するための分析モデルを次に説明する。

分析に用いるデータ

分析のために、右翼政党を支持する者を1としそれ以外を0とする二値変数を作成する。有効回答者には支持政党なしも含まれる。本稿の関心から言えば、右翼政党を支持すること自体に関心を持っているためこの方法で問題はないが、念のため支持政党を持つ回答者のみに限定した分析も併せて報告する。

さらに、この右翼政党支持を説明する可能性がある要素として、次のものを欧州社会調査データより利用する。まずは基本的な社会経済属性として、年齢、所得、教育水準、就労／職業状況を用いる。教育制度は国によって異なるもののヨーロッパでは共通の統計基準が存在し、欧州社会調査データもこれに基づいて階層付けたデータを提供しているためそれを用いている。就労状況は、基本的には（常勤職、失業休職中、学生、退職、主夫／主婦）の5分類である。[18] 後述する回帰分析の予備分析では職種による効果も別途検証する。

またこれに加えて、個々人の生活状況への満足度、国の経済状況への満足度を用いる。もし、個人の経済的苦境が右翼政党支持に向かわせるという議論が正しいのであれば、低所得や失業中の回答者、生活状況に不満がある回答者は、右翼政党支持率を高めるはずだ。逆にそれらの変数が右翼政党支持に影響を及ぼしていなかったら、前述のような議論は右翼政党支持の説明要因たりえないことを意味する。

無論、先述のように経済的要素は非個人的なものもある。そこで、回答者が居住する地域の都市度（人口密度で代替）と、地域失業率も投入した。これらのデータはもともと欧州社会調査には存在しないため、ユーロスタットおよびOECDデータより筆者が追加したものである。国の経済状況への満足度も含めて、もし自分の回りの地域や国の経済状況に問題があるときに、右翼政党支持が高まるとすれば、それは人々の自己利益に基づかない向社会的な経済懸念による右翼政党支持を示すと言えるだろう。政党支持については、もともとどこの国でも都市部と地方部で異なった政治的組織化や社会文化の差があるから、それらの効果を統制するという意味も含まれている。

社会文化的な保守性を測るにあたっては、伝統志向・権威志向・ナショナリズム志向の態度を測るものとして、伝統の重視志向、規則への従属志向、自国への愛着を用いた。これはちょうど、第1章で解説した文化的争点次元におけるTANを構成する3要素に対応する。自国への愛着というナショナルな要素で、ナショナリスティックな政党への支持を説明しようとするのは同語反復に聞こえるかもしれないが、序章で述べた通りナショナリズムには複数の顔があり、自国への愛着という（愛国主義やナショナル・プライド）の要素と、自国から外国人の影響を排除しようとする右翼政党が掲げる排外主義（ヤームの言葉で言えばゼノフォビア）の要素がつながるかどうかは、必ずしも自明ではないし、実際に多くの研究がその結節を様々に研究している。他方で近年、散見され着目されている、リベラル・ナショナリズムの議論に対応するため、自由の重視志向も用いる。もし、自国のリベラルな原則を守るためにこそナショナルな結合が必要なのだ、という論理が人々の間でも力を持つのなら、むしろ自由を重視する人こそ、これら右翼政党を支持することになるだろう。

18　この他「無職だが仕事は探していない」「永続的な疾病・障害」「コミュニティサービス」の選択肢があるが、回答者が相対的に少ないため分析結果報告からは割愛した。

反移民感情には様々なタイプの計測方法があるが、移民がもたらす経済的脅威の認識（「移民はこの国の経済を良くするか悪くするか」）と、文化的侵蝕の認識（「移民はこの国の文化を豊かにするか破壊するか」）の2つの変数を用いる。以下、便宜的にそれぞれを「経済的反移民感情」「文化的反移民感情」と適宜表記する。欧州政治への不満の変数としては、欧州統合に対する反感を利用することにした。政治信頼一般の効果も見るために、自国の民主政治に対する不満も投入する。なお、これに類似した指標として、欧州議会と自国議会への不信頼度指標も確認している（後述するが、全体分析では用いていない）。

これらの変数間の関係を分析する。最初にいくつか代表的な変数間ごとの関係のみを簡単に概観し、ついで全変数を用いた回帰分析を行う。従属変数が二値変数のため、ロジスティック回帰分析を行う。また、それぞれの国別に固有の効果（たとえばその国の選挙制度といった、その国の回答者全員に共通に影響する効果）を取り除くための統計的処理を施している。[19] なお、分析時には解釈を容易にするため一部変数の順序を元データとは逆転させる措置を行った。第1章で述べたように、分析時には欧州社会調査提供のウェイトを適用し、特定の国や特定の社会層のデータが人口比に対して過剰（ないし過小）に代表されることがないように処理している。

第3節　右翼政党支持の計量分析

経済的利益ではなく文化的保守性と欧州不信が要因

まず、前述した諸変数のうちのいくつかをピックアップし、その高低と右翼政党支持者の比率の分布を見てみよう。図2・2は、所得や生活満足度と右翼政党支持の関係を見たものである。一瞥《いちべつ》してわかる通り、所得が低いことや、自身の生活に不満を持っているということは、右翼政党支持とは結びつかない。所得が高い層も低い層も、自身の生活に不満な層も満足している層も、同じ程度に（おおよそ1割程度の水準で）右翼政党を支持していると言える。この結果からは、個人的利害に基づく「置き去りにされた人々が右翼政党を支持している」という言説は支持されない。

次に非経済的争点であるところの、文化的な価値観や認識の効果を確認する。伝統を重視する態度、規則を重視する態度、移民によって文化が破壊されるという認識への懸念、それとは区別されうる移民によって経済が悪化するという認識への懸念の効果について確認してみよう

19　具体的にはシンプルな最小二乗ダミー変数法（ＬＳＤＶ法）を行った。後述の分析結果からは各国別ダミー変数の効果は割愛している。

図2.2　個人的経済状況と右翼政党支持

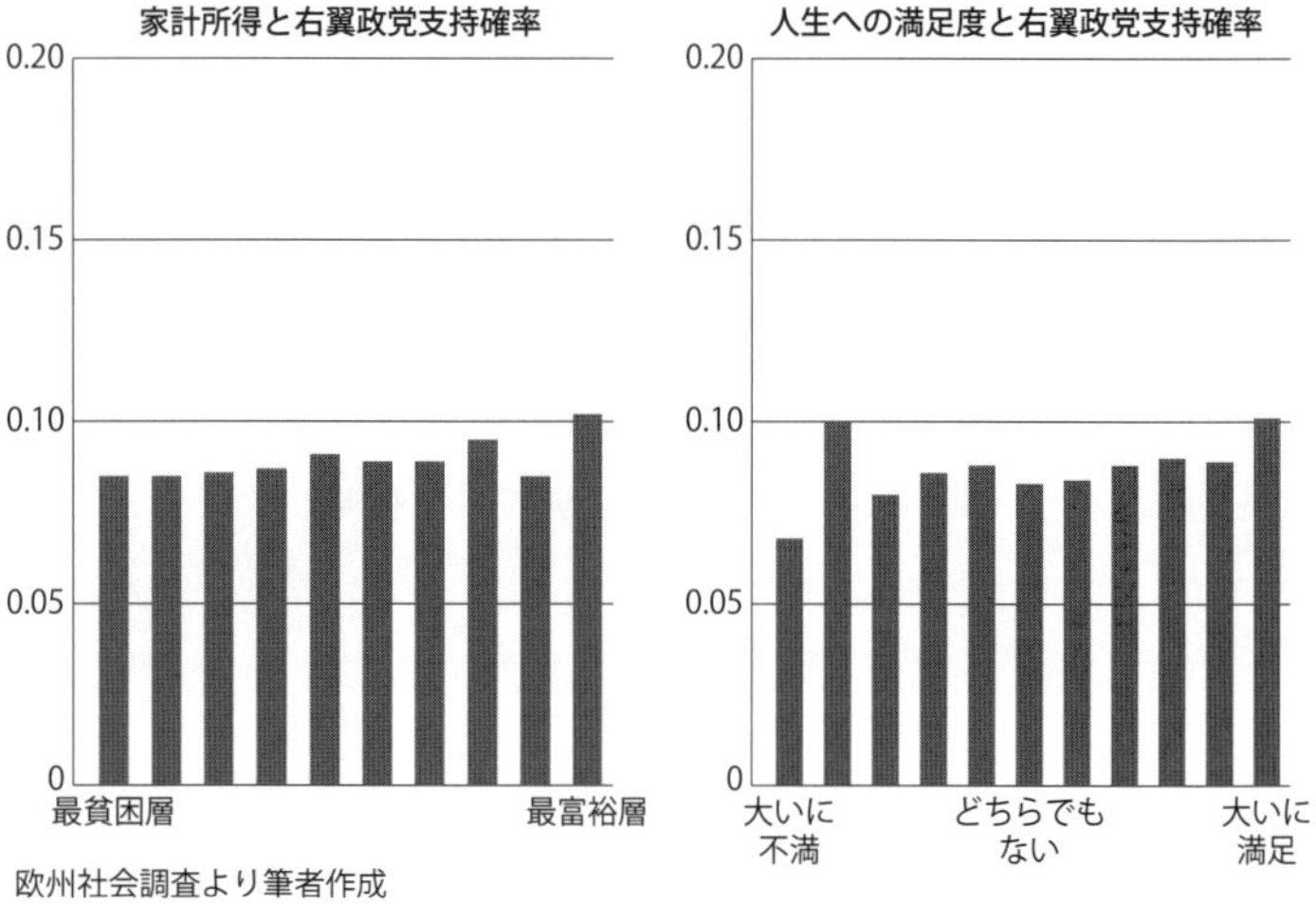

欧州社会調査より筆者作成

（図2・3）。

伝統や習慣に追随するという志向を持つ回答者は、そうではない回答者に比べて、右翼政党を支持する確率が高まる傾向にある。伝統・習慣という文化的要因による説明には一定の説明力があるようだ。他方で、右翼的性向としばしば一緒くたにして（あるいはその構成要素として）語られることの多い権威主義的性向——命令や規則に対する従属性向——の効果については、そこまで明確な関係が見られているわけではない（後述する回帰分析で示すように、むしろ結果は逆に自由主義的性向を有している者ほど排外主義的な右翼政党を支持している）。

非常にはっきりした傾向が見られるのは、移民が自国文化を破壊するという懸念と右翼政党支持の関係である。移民は自国文化を豊

図2.3　文化的認識・保守的認識と右翼政党支持

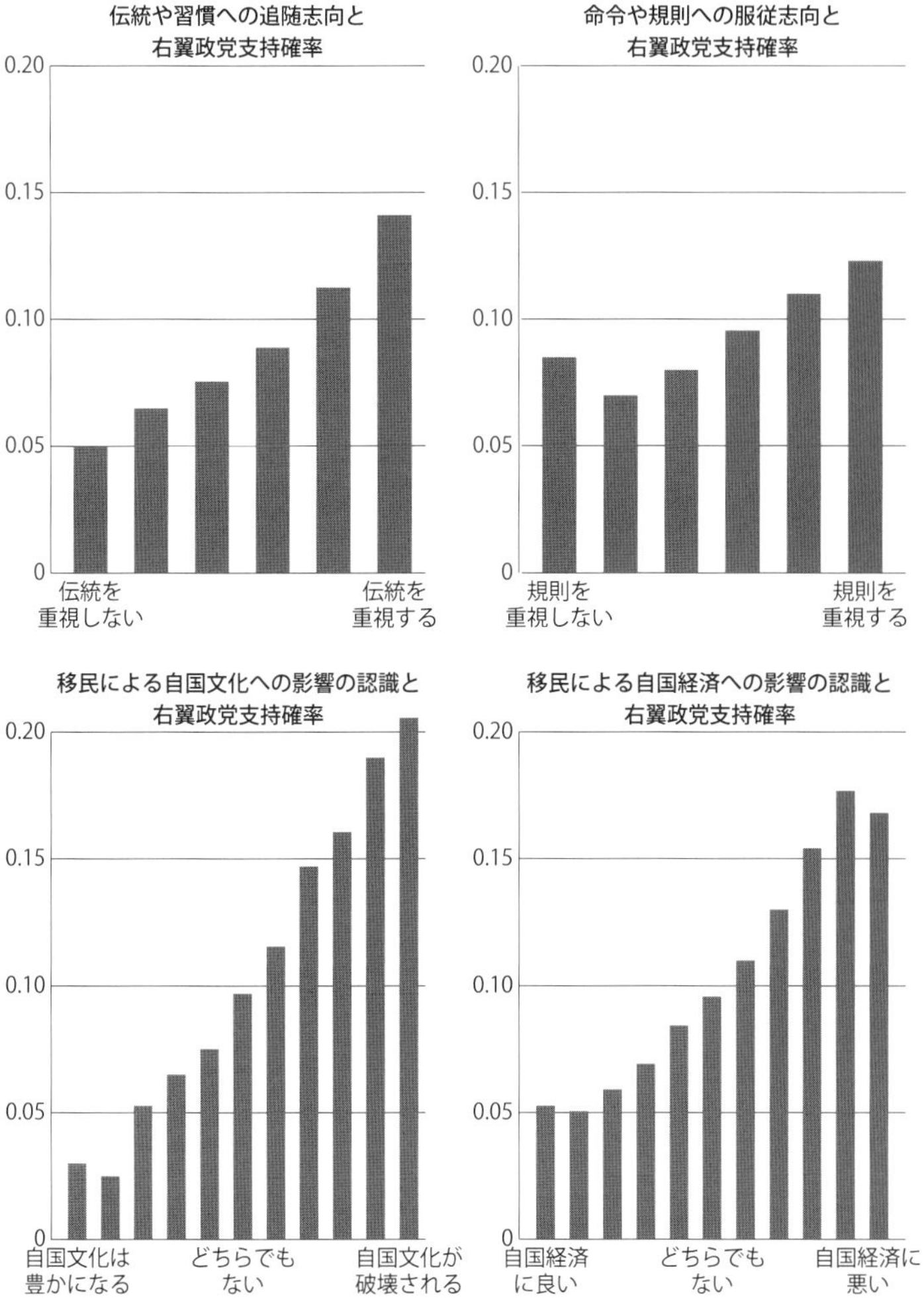

欧州社会調査より筆者作成

図2.4　政治的信頼と右翼政党支持

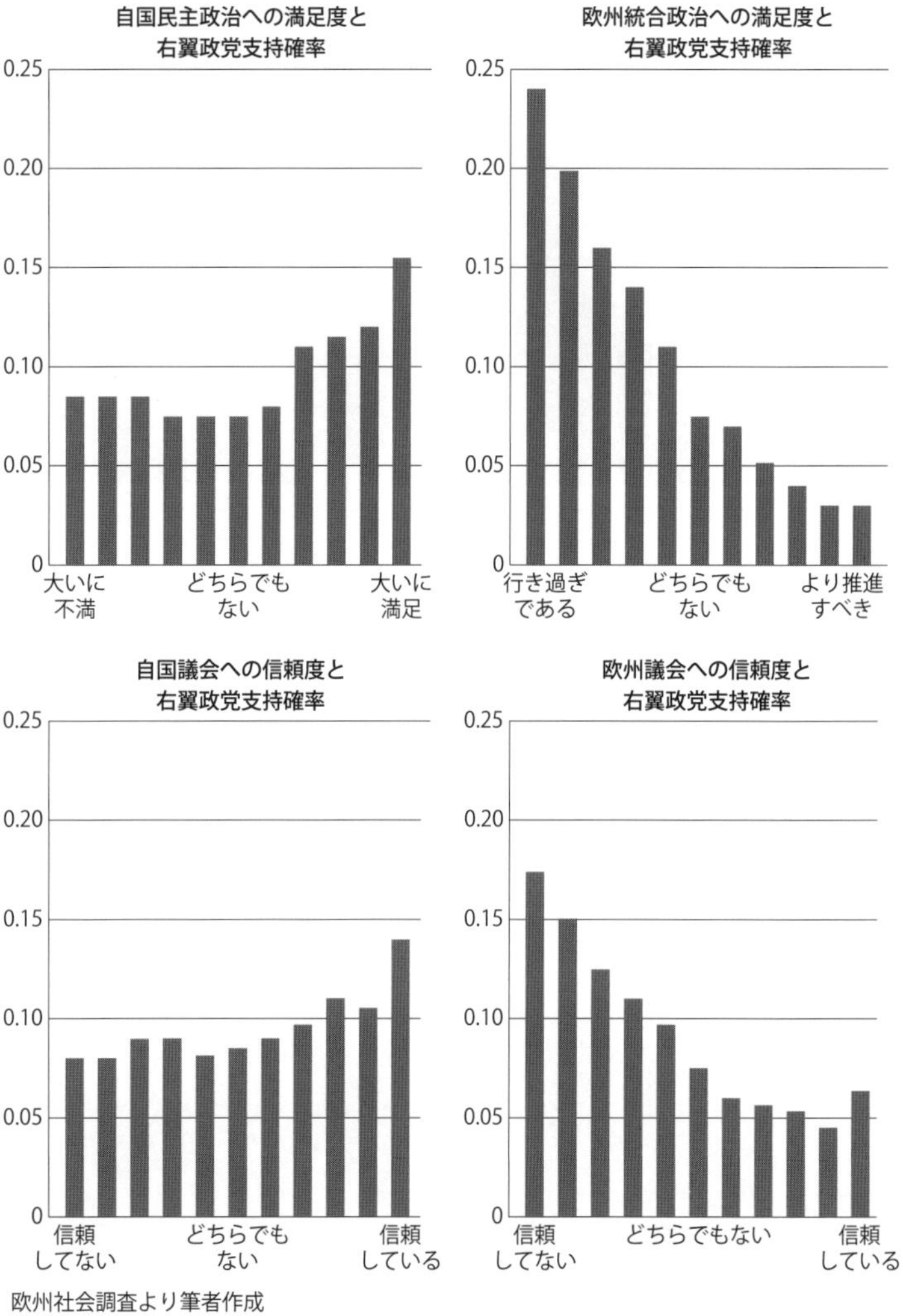

欧州社会調査より筆者作成

かにすると考えている回答者の間にはほとんど右翼政党支持者がいないのに対し、移民が自国文化を破壊すると考えている回答者の2割程度は右翼政党を支持している。移民に対する認識と右翼政党支持の関係性は、移民による自国経済に対する関係においても見られ、移民が自国経済を悪化させると考えている回答者ほど右翼政党を支持する傾向が見られるが、その傾向の傾きは文化破壊に対する懸念よりは緩やかである。この結果も、間接的にではあるが、右翼政党支持を決めるうえで重要なのは経済的次元よりも文化的次元であることを示している。

欧州政治への反感の効果はどうだろうか。ここでは、欧州政治への信頼の代替として現在の欧州統合がもっと進められるべきか、行き過ぎかという認識と、自国政治への信頼の代替として、自国民主政治の在り方への満足度の右翼政党支持への効果を見る（図2・4）。

欧州政治に関する認識と右翼政党支持の関係は非常に明確である。欧州統合がすでに行き過ぎであると回答している者ほど右翼政党を強く支持する一方で、欧州統合の政治を是認し、より一層推進すべきだと考えている者は右翼政党をほとんど支持しない。これは、欧州統合に対するナショナリスティックな反発の効果なのだろうか、それとももっと一般的な政治信頼の効果なのだろうか。自国政治に対する認識について見ると、極端に満足している者のみ突出して右翼政党支持率が高い傾向にあるが、それ以外の層においては、はっきりとした傾向が見出されない。もし政治信頼一般に、右翼政党支持を高める効果があるとすれば、こちらでも欧州統合への反発と同様の効果が出ていそうなものである。だが、結果はそうではない。おそらく、ナショナリスティックな反発の効果の表れと見る方が妥当なのだろう。

なおこれらの傾向について、重複が大きいため後述する回帰分析では用いないが[20]、自国議会や欧州議会への信頼度との関係性に代えて確認しても、ほぼ同様の結果が見出される（図2・4下段）。すなわち、欧州統合という、特殊なイシューに関する質問に固有の効果であるとは言いがたく、欧州政治に対するナショナリスティックな反発から右翼政党を支持しており、単に政治不信一般の効果としてそういった支持を行っているわけではなさそうである。

ここまで確認した関係性は、あくまで2変数間の関係性のみである。そのため、ここで見られた関係性が本当に存在するのか、またその傾きの程度を真に受けてよいのかはわからない（その懸念の理由については第1章を参照のこと）。よって、複数の変数を同時に投入することで、それぞれの変数の効果を相互に統制し、個別の変数の効果をより緻密に推定するための回帰分析結果を次項で述べる。

回帰分析の結果の解釈

それぞれの独立変数の効果を統制した分析結果も、右翼政党支持を決定するのは経済的苦境ではなく文化的保守性であることを示した。

表2・1が右翼政党支持に対するロジスティック回帰分析の結果である。第1章で解説したように、普通のオッズ比は「独立変数の数値が1増加すると、従属変数が1を取る確率がどの

程度上下するか」であり、各変数の分析結果の解釈に有益である。一方、標準化オッズ比（StdOR）は「独立変数の数値が1標準偏差分増加すると、従属変数が1を取る確率はどの程度上下するか」であり、単位や分散度合いがばらついているそれぞれの独立変数間で、説明力の強弱を比較するのに適している。表中では、効果量の大きい結果を可視化するため、変数の効果が10％水準で統計的に有意なものを黒字にし、その中でも、標準化オッズ比が1・250以上もしくは0・800以下のものを太字に、標準化オッズ比が1・500以上もしくは0・666以下のものについてはさらに背景を灰色にした[21]。

モデル1は、社会経済的な属性の効果のみを確認し、モデル2はそれに対して態度変数を加えた効果を見る。モデル3は、回答者分母を何かしらの支持政党ありの回答者に限定した、つまり支持政党なしは分析対象から外した分析結果である。なお、結果の頑健性チェックのために、従属変数である右翼政党の定義方法を変え、より狭く極右政党だけに着目した分析結果も補遺に載せているので、より詳細な結果を確認したい読者はそちらも確認されたい（分析結果

20　テクニカルに言えば多重共線性が発生するためである。逆に言うと、本書本文で後述される分析結果では、重大な多重共線性の問題は発生していないことを確認している。
21　テクニカルな事項に関心ある読者に向けて述べておくと、簡便化のため標準誤差の報告は省略し、各独立変数のオッズ比、標準化オッズ比、p値水準のみを報告する。標準誤差の推計には各国ごとに潜在的に存在しうる残差不均一分散に対して頑健な標準誤差（いわゆるクラスター標準誤差）を用いた。

表 2.1　欧州諸国における右翼政党支持のロジスティック回帰分析の結果

従属変数＝右翼政党支持	モデル 1		モデル 2		モデル 3	
分析対象	全有権者		全有権者		支持政党ありの有権者のみ	
	OR	StdOR	OR	StdOR	OR	StdOR
属性						
年齢	1.009	1.179	1.003	1.051	0.989	0.819^
性差（女性ダミー）	0.717	0.847**	0.776	0.881**	0.862	0.928
収入 (10)	1.062	1.183^	1.066	1.193^	1.044	1.127
学歴 (8)	0.900	0.816**	0.951	0.908**	**0.887**	**0.788****
就労状況（参照＝常勤）						
学生	0.691	0.912	0.917	0.979	0.713	0.926
失業・求職中	0.942	0.989	1.029	1.005	0.866	0.976
退職・年金受給者	1.103	1.044	1.145	1.059	1.038	1.017
主婦・主夫	0.964	0.991	1.078	1.019	1.153	1.034^
都市居住 (k/km^2)	0.907	0.914**	0.944	0.948**	0.969	0.972
地域失業率 (%)	0.974	0.871	0.955	0.792	0.949	0.764
態度						
自身の生活状況への不満 (11)			1.009	1.018	1.001	1.001
自国の経済状況への不満 (11)			**0.905**	**0.788****	**0.902**	**0.780****
自国の民主政治への不満 (11)			0.942	0.863	0.986	0.965
EU 統合への反対 (11)			**1.176**	**1.548****	**1.210**	**1.698****
伝統の重視 (6)			1.100	1.146**	1.074	1.108**
規則の重視 (6)			1.022	1.032	1.025	1.036
国家への愛着 (11)			1.105	1.242**	1.048	1.103
自由の重視 (6)			1.104	1.116**	1.081	1.089*
移民による経済悪化認識 (11)			1.057	1.146*	**1.114**	**1.303****
移民による文化侵蝕認識 (11)			**1.196**	**1.594****	**1.252**	**1.804****
N	61740		54650		27722	
Pseudo R2	.1133		.1962		.3103	

^ p<0.10, * p<.05, ** p<.01

注：定数項・国別ダミー変数の効果は報告省略。各変数後の括弧内数字は何点尺度かの表記である。OR＝オッズ比，StdOR= 標準化オッズ比；係数が太字 : p<.05 & (StdOR >1.250 or < 0.800)，灰色セル：p<.05 & (StdOR >1.500 or < 0.666)

の含意は本文中の結果とほぼ変わらない)。全体として、欧州統合に対する反感と、移民による非経済的な脅威の認識が、右翼政党支持につながっているという結果が表れている。以下、細かく分析結果を検討し、そのインパクトを検討しよう。

まず社会経済属性の効果の中では学歴が安定的な結果を示している。学歴のオッズ比は1を下回っており、これはつまり高くなるほど右翼政党を支持する確率が1(100%)以下となることを意味する。たとえばモデル2では学歴のオッズ比が0・951となっており、これは最終学歴階層が1段階上がるにつれて右翼政党支持率が95・1%へと低下していくことを意味する。

一方で、年齢や収入については正負の効果ははっきりとは見出されない。いずれの独立変数もその効果に統計的有意性が明確に表れていないからだ。収入については、モデル1とモデル2で「収入が増えると右翼政党支持確率が高まる」(=オッズ比が1を超える)傾向が、粗い水準(10%水準)で何とか見えているだけであり、かつそれもモデル3(すなわち回答者の分母を支持政党ありに限定した場合)では効果が消えているので、あまり明確な効果はないと見るのが抑制的な解釈だろう。いずれにしても、経済的弱者が右翼政党を支持しているというストーリーが、かなり眉唾ものであることがわかる。

それと同様に、職業データの中で、失業者であることは、右翼政党支持に正の効果を与えていない。就労状況を職種に変えた分析(詳細な結果は補遺)でも、軍・警察関係者に右翼政党支持者が多いという結果以外に、職種の効果ははっきりとは確認されず、単純労働者などに右翼支持者が多いという傾向は見出されなかった。このことは、態度変数を追加したモデル2で、自分の生活に関する不満に、特に統計的有意性のある効果が存在していなかったこととも整合的である。職種の効果については、稗田（2019）が、就労における問題解決のパターンの在り方（繰り返し作業の習熟か、新規で異質な対象への柔軟な対応か）といった要素を重視して、欧州社会調査の数百にわたる細かい職業を再コードしなおした分析を行っており、右翼ポピュリスト政党支持の説明要因としては重要であることを指摘しているので、そちらの研究も参照されたい（本書とはポピュリスト政党に分析を限定するか否かという点で分析対象がやや異なる）。

性差についてモデル1と2では、女性の方が右翼政党を支持しないような傾向が出ているが（係数が1以下で統計的に有意）、モデル3ではその効果が失われている。特に西欧では、男性の方が右翼政党に投票しやすい傾向がよく指摘されるが（ヴォダック2019：287）、ここでは単に男性の方が女性より何かしらの支持政党を持ちやすいという効果が混ざっているだけなのかもしれない。支持政党ありの回答者に絞った分析で男女差の効果が消えるというのは、そのように解釈ができる。

居住地域の特性が与える影響を見ると、地域失業率は右翼政党支持に対して正負いずれの効果も持っていない。モデル2では自国経済状況への主観的認識を聴取しているが、自国の経済状況に不満を持つ回答者ほど右翼政党を支持しない統計的効果（1以下の係数）が見出されている、言いかえると自国経済に満足している人の方がむしろ右翼政党を支持しているという結果である。人口密度で代替される都市居住効果はモデル1と2で効果を有しており、田舎に住む回答者の方が右翼政党を支持しているようにも見える。ただ、この結果はモデル3では統計的有意性を失っており、あまり頑健ではない。地方農村部の居住者の方が何かしらの支持政党を持っているという効果を検知しただけの可能性が高い。

社会文化的な保守性等の効果について見ると、伝統を重視する態度が右翼政党支持確率を高める統計的に有意な効果を有している。伝統的・保守的価値観の持ち主が右翼政党を支持するという直感的な結果になっており、先行研究とも整合的な結果だ。ただし、その実質的効果は標準化オッズ比を見る限りあまり大きくない。ナショナリズムの一要素としての国家への愛着度の効果は、モデル2では有意な正の効果を有しているものの、モデル3で、回答者から「支持政党なし」を抜くとその効果の統計的有意性を失う。つまり、自国への愛着というタイプのナショナリスティックな感覚と排外的な右翼政党支持は必ずしも結びつくとは明言できない（おそらく支持政党保有という政治参加を促す効果が見られているだけである）。序章で述べた通り、ナショナリズムには多様な顔がある。右翼政党支持という面で計測する限りにおいては、愛国主義と排外主義は必ずしも結びつかない。

規則や命令に対する服従といった権威主義的性向が特に効果を持っていないことは興味深

い。先述の通り、これらの態度は右翼権威主義的性向の一環として捉えられ、時に（文字通り）右翼政党支持の原因として分析されてきたが、近年のヨーロッパではこの効果は見出されない。むしろ右翼政党支持確率を高めていたのは、権威主義的態度とは反対に、自由を重視する態度であった。自由を重視する態度はモデル2でもモデル3でも有意な正の効果（1以上のオッズ比）を有している。標準化オッズ比の数値は高くないので、その効果は緩やかなものであるが、ポスト難民危機期のヨーロッパにおいては、規制や権威を重視する者よりは、むしろ自由を重視する者たちが排外的な右翼政党を支持していることがわかる。移民たちはヨーロッパの自由や平等などのリベラルな文化を理解・護持しないとして、移民排斥を求める政治勢力が存在することはすでに指摘したが、そのような効果がまさに確認されたと言える[22]。

ただし、それ以上に強い効果を有する要素として、移民が自国文化を破壊するという影響認知が、右翼政党支持に対して大きな説明力を持っている。移民が自国経済を悪化させるという懸念もまた有意な効果を持っているが、標準化オッズ比から示される実質的効果については、前者の文化的な脅威認識の方が圧倒的に大きい。これについてオッズ比に基づいて効果をシミュレートしてみよう。オッズ比（モデル2準拠）を見てみると、移民が経済を悪化させるという認識が1ポイント高まれば右翼政党支持確率は1・057倍となる一方で、移民が文化を破壊するという認識の1ポイント上昇は右翼政党支持確率を1・196倍高めるという結果が出ている。この時点で、移民が文化を破壊するという文化的態度の方が経済的態度より大きな効果を持っていることがわかる。しかもこれらの効果は乗数的に掛け合わされる。それぞれの質問に対してどちらとも言えないと回答した者（指標上5点を取る）と比べて、移民は自国文化／経済を破壊するとはっきり答えた者（指標上10点を取る）は、スコア上5点分高いことになる。つまり、先ほどの効果が5回分掛け合わされることになる。これを計算すると（1・057の5乗は1・319、1・196の5乗は2・447）、それぞれ右翼政党支持確率が1・32倍と2・45倍となる。この指標上5ポイント分の変動は現実的に十二分に取りえる範囲の意見のバラツキであるから、こういった実質的な解釈を踏まえれば、移民が経済を破壊するという懸念よりも、移民が文化を破壊するという懸念の持つ効果の方が、圧倒的に大きいことがわかる。

欧州政治への認識も、明確に右翼政党支持に効果を有している。欧州統合が行き過ぎであるという反感は、安定して強い効果を示している（なお本書からは割愛したが、欧州議会への信頼度でも同じように強い効果が確認できた［中井2020］）。標準化オッズ比を見ても、モデル2で1・548、モデル3では1・698となっており、他の変数より大きな効果を持って

22　しかもこれは、本分析の右翼政党の定義がやや広いための計測ミス等ではない。右翼政党の定義をより厳密に狭くした分析（結果表は補遺）では、自由を重視する心性が極右政党を支持する効果は、より一層強く検出されている（表2・1での標準化オッズ比は1・116と1・089だが、補遺表中での標準化オッズ比は1・205と1・180である）。

いることがわかる。モデル2の結果によると、（標準化していない）オッズ比は1・176だ。つまり、EU統合へ反対するスコアが1増えると、右翼政党を支持する確率が1・176倍になるということである。この欧州統合への態度は0から10の11段階のスコアによって点数づけられた指標であるから、欧州統合に最も反対している（10点）回答者は、欧州統合に対し中間的な（5点）回答者に比べるとスコア5点分高く、右翼政党支持確率が1・176倍になる効果が5回分掛け合わされるため、およそ2・25倍の効果があるということになる（1・176の5乗は2・249……）。つまり、欧州統合に最も反対している人は、中間的な人に比べて、右翼政党を支持する確率がおよそ2・25倍高いということを意味しており、非常に大きな効果である。なお、自国民主政治への不満は右翼政党支持に統計的に有意な効果を与えていないことから、この効果は政治一般への不満の効果とは言いがたい。欧州統合が進み、自国のナショナルな政治が疎かにされているという観念的不満から来る、純粋にナショナリスティックな感情の発露の効果と言える。

第4節　右翼政党支持は文化破壊懸念と欧州統合反発が原因

ここまでの結果をまとめると、「高失業率の農村部に住み、自国経済の見通しも悪いグローバル化の敗者が右翼政党支持の母体である」というストーリーの議論は、根拠がないどころか、むしろ逆の可能性さえあることがわかる。勿論、そういったストーリーが当てはまる国や地域や選挙区もあるだろう。本分析が示すのは、あくまでそういった現象が起きる「確率が低い」ということであり、その現象が「起きない」ということではないからである。だが少なくともそれは、ヨーロッパ全体を広く見たときには当てはまらない、例外的で少数の事例であることを明らかにした（第4章の議論を先取りすると、実はごく少数ながら上記のようなストーリーが当てはまる国がある。私たちはそのような例外的な国のケースを、さも全体的な現象として錯覚してしまっているだけなのかもしれない）。

ヨーロッパにおける右翼政党支持の主たる原因となっているのは、そういった個々人の経済的状況や階層の効果を統制してもなお残る、移民に対する非経済的観念からの警戒感であり、特に移民が自国文化を破壊するという懸念であった。移民が自国経済を破壊するという主観的懸念にも効果はあったが、文化破壊への懸念に比べると実質的にはるかに弱い効果であった。また、欧州統合への反発として表れる欧州政治への不信感も、右翼政党支持の主たる説明要因となっており、自国政治に対する不信感ではなかった。この発見は、「民主政治の機能不全に対する反発」として右翼政党の台頭を説明する類の議論に対する、反論あるいは精緻化として見ることもできるかもしれない。それは欧州政治への反感ではあるが、自国政治への反感とは無関係であったようだ。

伝統を重要視する視点を持つ人々や自国に愛着を抱く人々もまた、右翼政党を支持する傾向が緩やかにあった。右翼政党の性質と同一視されがちな権威や命令への服従傾向については、右翼政党支持に対して特に影響を与えておらず、むしろ自由を重視する人々の方が右翼政党を支持していた。伝統と自国と自由を愛する人々ほど排外主義的な政党を支持するという結果は、読者によっては、直感的なもの、あるいは困惑させられるものと受け止められるかもしれない。特に自由を愛する者が排外的政党を支持する傾向にあるという結果は、そのような戦略を排外的右翼政党が採用していることは広く知られるようになっているとはいえ、有権者の側もそうであるという、いささかショッキングな結果でもある。リベラル・ナショナリズムの論理の浸透力が強いこと、いまやヨーロッパにおいては権威主義的な者よりも、自由主義的な者こそが排外的右翼政党の支持基盤となっていることを、副次的に本章は実証した。

もちろん、データの制約で本章では十分に検討できなかった要素もある。代表的なのがテロなどの治安上の問題への懸念がもたらす、右翼政党支持を高める効果だ。これについては、筆者が別途行った研究において、確かに主観的な治安懸念が右翼政党支持を高めている効果があることを確認している（中井２０２０）。ただし、後述する通り、テロの発生などは欧州統合に対する賛意をむしろ高めるという分析（Larsen et al. 2019）もあることから、本書全体の議論とは、やや別の体系的整理が必要な領域であるだろう。

そして、ここまでの分析結果は、ヨーロッパを全体として捉えたときの分析結果である。そのため、国によっては必ずしもこの傾向に当てはまらない部分もあるはずだ。ナショナリズムの在り方や表出のされ方は当然国ごとの違いにも影響を受ける。そのような国ごとの効果の違いの検証については第4章で確認することとする。その前にさしあたり必要なのは、移民による文化破壊への懸念が右翼政党支持を最も強く説明しているとして、ではその移民に対する文化的観点からの忌避感を規定しているのは一体何なのか、ということである。この問題を次章では取り扱う。

第３章

誰が文化的観点から移民を忌避するのか

“…我々はただの羊の群れであり
それゆえ狼を絶たねばならない”
といったことを言う時の彼らこそが
狼であることは明白な事実である

ヴォルテール（1763）『寛容論』18章

第1節　反移民感情はどのように説明されてきたか

反移民感情の規定要因については多くの分析が存在する。移民個人に対する態度と、移民を受け入れる政策に対する態度は厳密には異なる部分もあるが、「移民および移民政策に対する態度（Attitude Toward Immigrants and Immigration）」の頭文字をとってATII研究などと総称されることがある。その概況を述べれば、右翼政党支持に関する既存の研究と非常によく似ていると言え、各人の社会経済的地位よりはむしろ、各人が抱く文化的保守性や政治的疎外などの非経済的要因が強い説明力を持っていると分析されてきた（包括的なレビューとしてCeobanu & Escandell 2010, Hainmueller & Hopkins 2014）。

かつては、少数の事例やデータに基づいて、移民と競争が発生しやすい失業者や低所得層・低層労働者層などが、移民受け入れに対して負の効果を持つという可能性が指摘されていた（Quillian 1995, Hjerm 2001, Scheve & Slaughter 2001）。しかし、世論調査の発達により広範なデータを用いた分析が2000年代後半ごろから可能になってくると、先述のような主張にはあまり頑健な実証的根拠はなく、失業・低所得・低階層労働等は統計的に意味のある効果を持っているとは言えないという研究も増えてきた（O'Rourke & Sinnott 2006, Sides & Citrin 2007）。移民と就労市場で競争する可能性が反移民感情に与える可能性について、より直截《ちょくせつ》かつ実験的手法で検証した調査も、その効果を否定している（Hainmueller et al. 2015）。反移民感情については、それをどう定義し、どう指標化するかといった点で非常に多様性があり、その多様性に応じて分析結果に違いが出ている面もあるが、基本的には、右翼政党支持に関する過去の研究と似ている。世間一般の理解には反して、必ずしも個々人の経済的苦境は安直に反移民感情につながっているとは限らないようだ、というのがこれまでの研究の大勢が示すところである。自分の生活が大変なときに、他者に憎悪を向けている場合ではない、と言えば直感的に理解できる面もあろう。

ただし、反移民感情に関しては、経済的要素がまったく関係ないと考えられてきたわけでもなかった。財政制約モデルという観点の研究では、自分自身との競争関係とは無関係に、自国に入ってくる移民が自国の負担となるかどうかで態度を形成していると考える。もし個人的経済動機の方が重要であるなら、自分と競争関係にあるような職位の移民を嫌うはずだが、実際には回答者の職位にかかわらず低技能移民が高技能移民よりも嫌われることや、高所得者層ほど（自分の直接の競争相手になるはずの高技能移民ではなく）福祉負担増につながる低技能移民の増加を嫌うという検証結果が出ている（Facchini & Mayda 2009, Helbling & Kriesi 2014, Hainmueller & Hopkins 2015, Valentino et al. 2017）。

つまり、自分自身の仕事が奪われるかどうかはあまり人々の反移民感情に影響しなくとも、社会全体の負担が増えるかどうかは、それに影響するというのである。各人が持っている（ソシオトロピックな）「社会全体の経済状況」の認識については、反移民感情と結びついているということだ。これは、前章で論じた右翼政党支持の研究でも指摘されていたことと対応する。人は、必ずしも利己的な動機ではなく、ある程度向社会的な関心から、移民に対する態度を形成していると言えよう[23]。

そういった向社会的な不安感や不満感の効果は、当然、経済的な要素に限られるものではない。移民を受け入れたくないという感情は、人々の価値観上の保守性や、犯罪増加への懸念や自国文化の喪失というような認識からも大きく影響を受けるはずだろう。実際に、テロを懸念する人ほど移民への反感が強いことがわかっている（Chandler & Tsai 2001, Brader et al. 2008）。だが興味深いことに、主観的にテロを懸念することと、客観的にテロを経験することの効果は異なるようだ。ある大規模テロの前後で偶然世論調査を行っていた分析結果によると、テロ後であっても反移民感情は高まらず、むしろ親欧州的な意見が強まりさえするという(Larsen et al. 2019)。重要なのは自分自身が仕事を失うとか、自分の周りでテロが起きたということではなくて、社会全体の経済状況が悪化する「かもしれない」とか、テロが起こる「かもしれない」という主観的な恐怖心にあるとも言える（ただ残念ながら本書では、使用元データの欧州社会調査にテロ懸念にまつわる変数がないため、この効果を検証することができないことをあらかじめ告白しておく）。

序章でも言及したように、反移民感情に代表される排外的な感情は、ナショナリズムの一部として捉えられることもある。状況や国によって差があるが、帰属意識としてのナショナル・アイデンティティや、愛国心のような自国への愛着と結びつく場合もある（cf. de Figueiredo Jr. et al. 2003）。そのことも考慮すれば、異なるタイプのナショナリズム、すなわち国家へのポジティブな帰属意識や自国の伝統を重視するような感情が、排外的な感情と密接に結びついていることも考えられる。

ナショナリズムが反移民感情に与える影響については、ヨーロッパの文脈では欧州統合との関係でも考慮しなければならない。特に、移民という人の移動に関する論点については、欧州統合に参与していることによる直接の影響を受けていることが、多くの人々にとって自明である。シェンゲン協定により、欧州域内に入った人々は非常に高い自由度を持って他国に移動することができる。自国に多様な移民がやってきているのは、欧州統合の帰結に他ならないと多くの人々が認識する状況がある。欧州統合を利用してやってくる「ポーランド人の配管工」という言葉は、フランスでもイギリスでも移民の脅威を喧伝する言葉として用いられてきた（もちろんこれが象徴するように、域内移動については各国共通ではなく東西差が存在する。この点は第4章で改めて検討する）。また、欧州域外からの移民についての責任も、欧州統合（とい

23 日本の実験結果では、このソシオトロピックな対移民態度形成に個人の経済的動機が影響する（交互作用がある）場合があることを鹿毛《かげ》ら（2018）が明らかにしている。

うよりこの場合は政治的組織としてのＥＵ）に責任が帰着させられることがある。人の移動や国境管理は、主権国家として極めて核心的な領域であり、欧州統合が進んだ現在でも各国の裁量が多く残されている領域であるが、他方で欧州統合の深化に伴い、司法内務協力の名の下、ある程度ＥＵへと権限委譲が行われてきた。域外からの移民（あるいは難民）に対してどのように対応するのか、各国は自国だけですべてを左右することはできず、ある程度まではＥＵによって定められた歩調を守らなければいけない。２０１５年の難民危機はまさにこれが論点となった問題であった（本書第7章でも再びこのあたりの論点に触れる）。筆者らも、世論調査を用い、難民受け入れ政策に対する人々の反感がＥＵ機関に対する不信感によって多く規定されていることをかつて明らかにした（中井・武田２０２０）。欧州統合やＥＵ政治に対する感情は、それがまさに各国の人の移動（ひいては移民）に強い影響力を持っているという背景を踏まえると、移民に対する排外感情を規定する可能性がある。

ただし、欧州政治への不満・不信感が反移民感情に影響を与えているとしても、それは欧州統合から自国を守ろうとする文化的な保守性の発露ではなく、単に政治組織一般への不信感の効果である可能性もある。実際、反移民感情の研究分野では、政府の働きに対する不信感や政治社会からの疎外感を抱いている者が（経済的不遇の効果とは独立に）移民に対しネガティブな態度を持つ、という結果が相当数報告されている（Quillian 1995, Luedtke 2005, Sides & Citrin 2007, Ceobanu & Escandel 2008）。政治的不満のスケープゴートとして移民が扱われやすい、ということかもしれない。欧州政治への不信感の効果の意味（ナショナリズムの効果なのか政治信頼の効果なのか）を正確にするためにも、自国政治への態度の効果を併せて確認する必要があるだろう。

ここまで述べてきたように、反移民感情は様々な要素によって規定されると分析されてきた。だが、大枠としては、前章の右翼政党を分析したときと同様に、経済的要因と非経済的要因の2グループにわけることができる。本章でもこの観点を維持して分析を進めていく。

なお、それらの諸要因を原因候補の独立変数として着目しつつ、反移民感情を分析する際、従属変数は1つでは足りないかもしれない。移民が自国文化を破壊するといった懸念（文化的反移民感情）は、前章とのつながりで検証に値すべき従属変数である。だが、それだけで文化的反移民感情の規定要因を分析できたとは言えないだろう。何か別の従属変数も用意することで、複合的に検証する必要がある。

もし人々が経済的要因のみに基づいて移民を忌避しているのであれば、その際、移民の文化的バックグラウンドはあまり重要ではないはずだ。反対に、たとえば文化的保守性などの非経済的要因に基づいて移民を忌避しているのであれば、移民の文化的バックグラウンドの差異は人々の態度に差異をもたらすことが考えられる。ヨーロッパには、欧州内部の東西格差に基づくEU域内移民や、旧ユーゴや旧ソ連圏からの移民のような、文化的異質性の低い移民集団もいれば、欧州全体の経済水準にひきつけられた近隣MENA《ミーナ》（中東北アフリカ）諸国からの移民や旧植民地領域たるサブサハラ・アジア圏からの移民など、その文化的異質性の蓋然性が高い集団（いわゆる「見えやすい移民visible migrants」）もいる。これは、人々の主観的な誤解も含めて、移民集団の容貌上の差異とも重複して認識される。文化的な異質性が重要であるならば、前者の移民には比較的寛容でも、後者の移民に対しては排他的態度を持つ人々がいることも考えられるだろう（そして後述するように、そういった態度を持つ者は各国に相当程度の比率で存在している）。

この側面は、移民集団の人種の違いがもたらす反移民感情との関連ということで、ヨーロッパよりはむしろアメリカやカナダなどの北米諸国で頻繁に研究されてきたテーマである（Alba et al. 2005, Brader et al. 2008, Ayers et al. 2009, Valentino et al. 2017）。このような分析は本書でも必要だ。独立変数は前述までのものとすべて同じものを用いて、この分析も行う。

第2節　移民影響認知の計量分析

文化的反移民感情のデータと実態

すでに述べた通り、反移民感情と一口に言っても多様な側面がある。まず初めに、移民によって自国文化が破壊されると考える人は、どのような人々なのかを分析しよう。最初にこの項目を分析するのは、前章の右翼政党支持分析で本質問項目が最も強固な説明力を有していたからである。この質問は、厳密に言えば、移民が社会に対してもたらす現象についての人々の考え方（影響認知）であり、移民としてやってくる人々そのものに対する意見ではない。だが、移民が自国の文化を豊かなものにするだろうと考えている人と、移民が自国文化を破壊することになるだろうと考えている人では、どちらが移民に対して警戒感なり反感なりを抱いているかは自明である。この反感の規定要因を本節では分析する。

本来、この文化的反移民感情の質問項目は、11段階の順序尺度となっている。しかし結果の解釈の簡便性を考慮し、反移民感情を持っているか否かという、2値変数へと縮約した。[24] 順序変数を2値変数に変換すると情報量が減少してしまうというデメリットがあるが、それを上回るメリットが2つある。1つ目のメリットは、結果の解釈時に「独立変数の値が1上昇すると、反移民感情を抱く確率が何％上昇／減少する」という直感的かつ実質的な結果の解釈が可能となる点だ。順序尺度でも結果の解釈は当然可能だが「独立変数が1増えると、従属変数のポイント数が◯◯点上昇する」という結果からは、実質的には何の情報も得ることはできない。私たちが知りたいのは、ある要素が上昇することによって、専門的な世論調査データでの技術的なポイント数がいくつ上下するかではなく、文化的反移民感情を抱く確率が何％程度上

24　具体的に、欧州社会調査では0から10の11値変数であるので、中間点である5よりも上の、6-10の値を回答したものを、移民による文化侵蝕を懸念している1とし、それ未満を0とする処理を行った。

下するのかという実質的解釈が可能なデータだからである。2つ目のメリットとして、前章の右翼政党支持の分析が、同じ0と1の2値変数に対する分析であるため、それと同じ分析単位にそろえることにより、両方の分析で用いている様々な独立変数の効果を、同じ数字の単位として比較検討することが可能になる。本書内では、そこまで微細な分析をこの後行うわけではないが、分析結果の表は載せているため、より専門的な読者に対する情報提供としての有用性があるだろうと考える。

この定義によってヨーロッパ各地の文化的反移民感情保有者の比率を表したのが図3・1である。全ヨーロッパの平均としてはおよそ30%程度の人々が、移民が多かれ少なかれ自国文化を毀損すると考えて、文化的反移民感情を抱いている。国としては特にチェコ、スロバキア、ハンガリー、オーストリア、ブルガリアなどで全体的に移民に対する文化的な観点からの忌避感が強いことがわかる。同じ東欧圏でもポーランドは移民を忌避する世論は比較的穏当である（このことは第7章でも論じる）。西欧圏は概して移民に対して寛容だが、相対的にフランスとイタリアでは（特にパリやローマの首都以外の領域で）文化的反移民感情を抱いている人々の比率が高いようである。イギリスのイングランドも同様である。

第2章での分析と同様、本書の目的は国ごとの比較ではなく、その国の中で存在している個人ごとの態度の違いである。なぜ人によって移民が自国文化を壊すと考えたりそうではなかったりするのか、次節以降様々な独立変数との関係性をチェックしていく。

図3.1　文化的な反移民感情保有者率の地域別分布

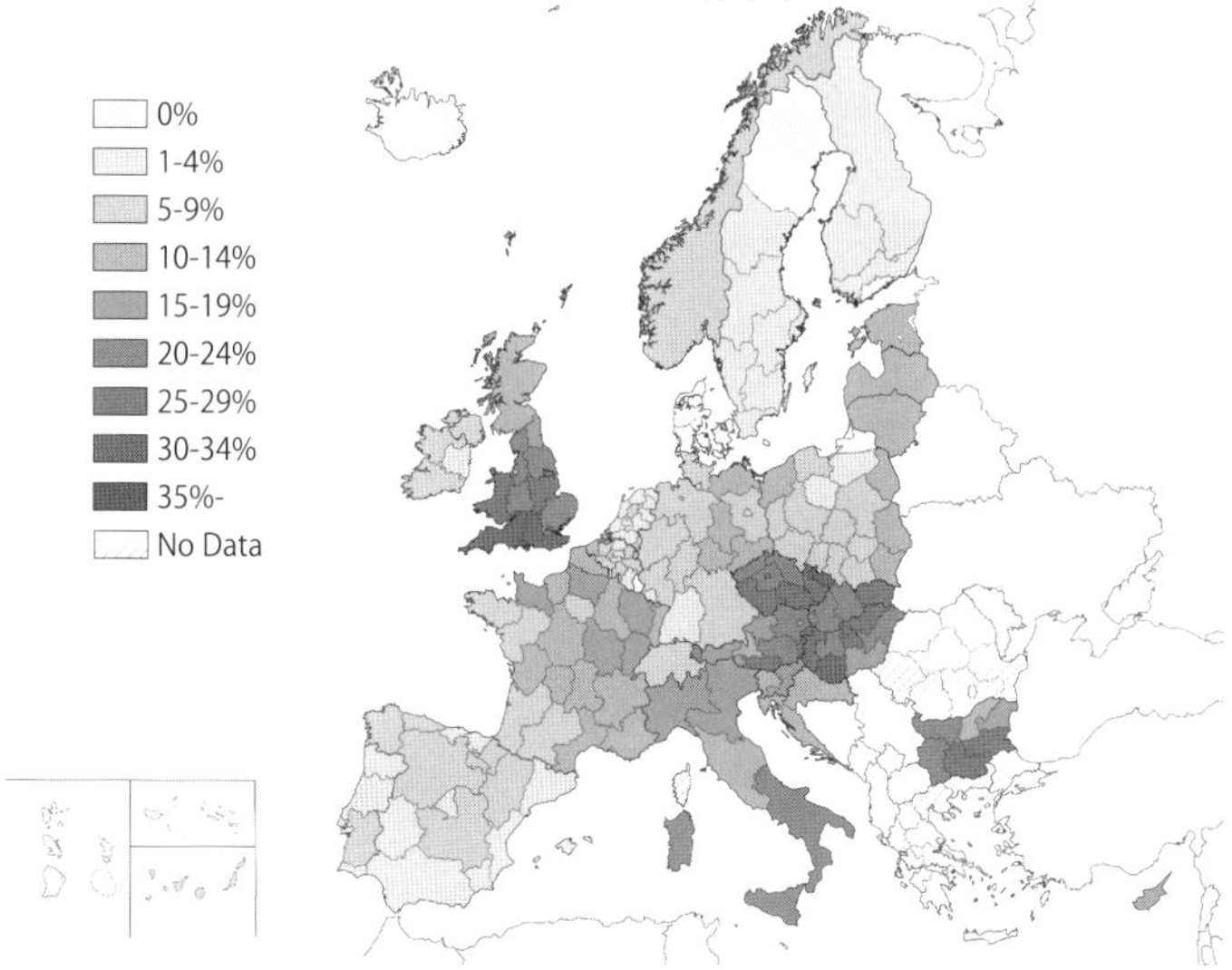

欧州社会調査より筆者作成

注：英独伊についてはデータの都合上NUTS1レベルで色を塗りわけている。これに加えて，現在のNUTS2区分とデータのズレにより，ポーランドのマゾフシェ県とワルシャワの２地域，リトアニアの２地域は，一体のものとして色わけしている。

　使用する独立変数については、前章の表2・1のリストと同様であるので、本章ではその詳細は割愛する（当然のこととして、それらから移民に対する態度の変数は抜かれている）。年齢、性差、収入、学歴、就労状況、居住地都市度、居住地失業率、自己経済状況への不満、自国経済状況への不満、自国民主政治への不満、EU統合政治への反対、伝統重視度、規則重視度、国家愛着度、自由重視度を分析に投入する。

　手始めに、前章同様、いくつかの独立変数と文化的反移民感情保有の関係を確認する（図3・2）。まず個人的経済状況との関係性を

図3.2　個人的経済状況と文化的反移民感情

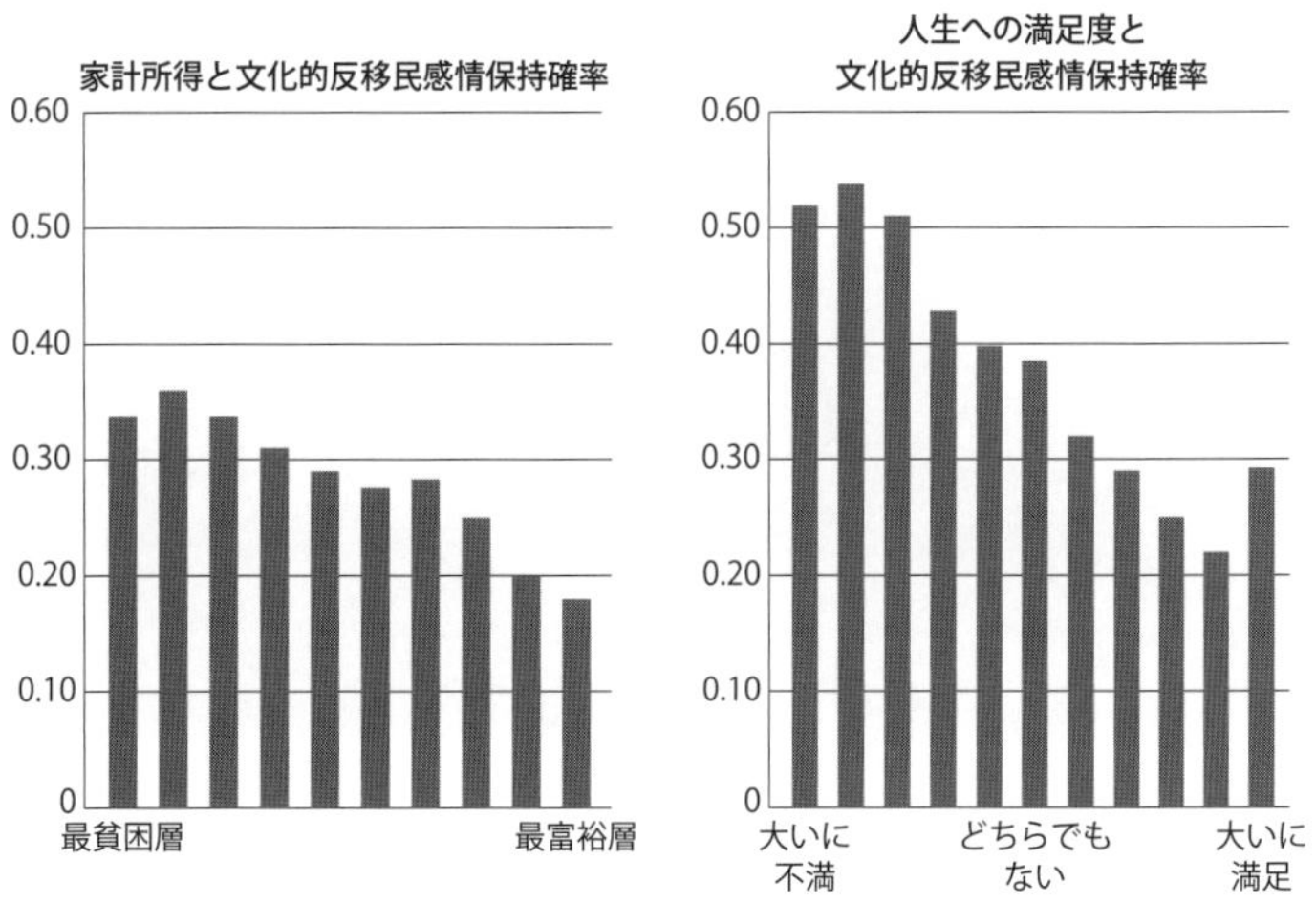

欧州社会調査より筆者作成

見ると、家計所得や自分の生活への満足感が高い人々は、移民が自国文化を破壊するという感情を抱かない傾向があるようだ。裏を返すと、経済的不満を抱える者は、文化的反移民感情を抱きやすい。これらの個人的経済的要素は、右翼政党支持の高低とは相関していなかった（第2章参照）、しかし文化的反移民感情との間には関係性があるようである。このことは、右翼政党支持と反移民感情をわけて考える必要性を表している。

非経済的な価値観との関係性はどうであろうか。隣接していると思われる、伝統を重視する態度や、規則を重視する態度を有する者もまた、移民が自国文化を毀損するという態度を有する傾向があり、両者は正の関係を示していた（グラフは割愛）。自国の伝統を重視する者が、移民を自国文化の破壊者として

図3.3　政治的信頼と文化的反移民感情

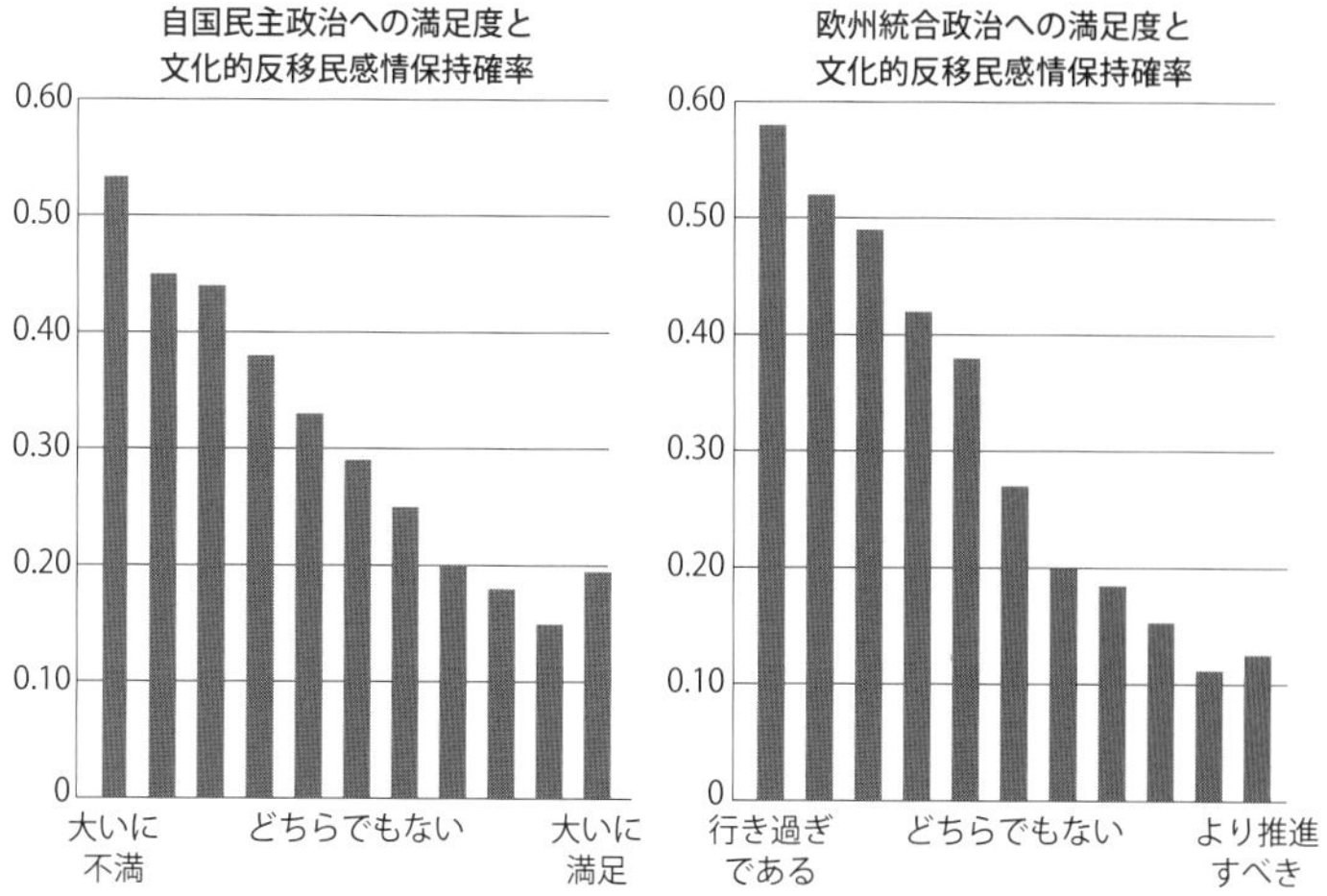

欧州社会調査より筆者作成

みなす傾向があると見れば、比較的直感的な結果である。命令や規則を重視する権威主義的な個人は、移民という異質な文化を抱く（と主観的に想定される）集団の流入によって既存の秩序体系が揺らぐことを危惧しているのかもしれない。

それら以上に明確な関係性を示していたのが、欧州統合への反感である。この時期のヨーロッパ文脈においては、移民・難民を自国に受け入れるという決定は、政治（特にＥＵ政治）の現場からなされたものであり、それゆえにその政治過程を信頼できない者から見れば、信頼できない相手から押し付けられた負担としてネガティブな評価の対象となりえたのだろう。ただし、右翼政党支持を分析したときとは異なり、自国の民主政治に対する不満も、文化的反移民感情を高める傾向が示されている（図3・3）。同様の傾向は、自国議会・欧州議会への信頼で置き換えて効果をチェックしても同様の結果となっていた（図は割愛）。2つのレベルの政治（機関）に対する不満が、同程度に文化的反移民感情と関連しているように見えるということは、ここで示されている欧州政治への不満の効果は、ナショナリスティックな感情に基づく意識というよりも、政治不信一般の効果であると言えるかもしれない。つまり政治不信のスケープゴートとして、移民への反感が醸成されている可能性がある。

回帰分析の結果の解釈

次にこれらの独立変数を一度に投入して、文化的反移民感情を規定する要因が何か、その効果はどの程度か、重回帰分析の結果を検討する。

第1章および第2章の解説と重複するが、分析結果中のオッズ比は「独立変数の数値が1増加すると、従属変数が1を取る確率がどの程度上下するか」を表し、各変数の分析結果の解釈に有益である。標準化オッズ比（StdOR）は「独立変数の数値が1標準偏差分増加すると、従属変数が1を取る確率はどの程度上下するか」であり、単位や分散度合いがばらついているそれぞれの独立変数間で、説明力の強弱を比較するのに適している。表中では、効果量の大きい結果を可視化するため、変数の効果が10%水準で統計的に有意なものを黒字にし、その中でも、標準化オッズ比が1・250以上もしくは0・800以下のものを太字に、標準化オッズ比が1・500以上もしくは0・666以下のものについてはさらに背景を灰色にした。第2章同様、簡便化のため標準誤差[25]の報告は省略し、各独立変数のオッズ比、標準化オッズ比、p値水準のみを報告する。モデル1は社会経済的要素のみを投入した分析で、モデル2は態度変数も含めた分析である。

分析結果からは、学歴と欧州統合に対する反発が、安定してかつ大きな効果を持っていることが明らかになった（表3・1）。学歴の高い者ほど移民が自国文化を侵蝕する懸念を抱く傾向は弱く、対して自国政治・欧州政治への反感が高い者ほどそれらの反移民感情を強く有していた。

社会経済的変数の効果として、学歴の効果は強く、頑健である（併せて現役学生も反移民感情を抱きにくい）。分析結果の係数を解釈すると、学歴階層が一つ上がるごとに、文化的反移民感情が80％程度に減じていくという効果となっているのである。学歴は、回答者が持つ技能やスキルの代替変数として用いられることもあるが、本分析におけるこの効果は、学歴に規定される社会的技能獲得や社会的上昇に伴う所得増加などの効果ではない。なぜなら本分析においては、それら所得・就労といった社会属性や態度変数の効果を同時に分析に投入しているか

25 なお標準誤差の推計には各国ごとに潜在的に存在しうる残差不均一分散に対して頑健な標準誤差（いわゆるクラスター標準誤差）を用いた。

表 3.1　欧州諸国における文化的反移民感情のロジスティック回帰分析の結果

従属変数＝文化的反移民感情	モデル 1		モデル 2	
	OR	StdOR	OR	StdOR
属性				
年齢	1.003	1.057	1.000	1.005
性差（女性ダミー）	0.900	0.949*	0.873	0.934*
収入 (10)	0.977	0.937**	1.001	1.003
学歴 (8)	**0.795**	**0.640****	**0.835**	**0.705****
就労状況（参照＝常勤）				
学生	**0.511**	**0.846****	0.704	0.917**
失業・求職中	1.070	1.013	0.984	0.997
退職・年金受給者	1.004	1.002	1.069	1.029
主婦・主夫	1.122	1.029	1.100	1.024^
都市居住 (k/km^2)	0.826	0.841**	0.849	0.860**
地域失業率 (%)	1.025	1.134*	1.013	1.069
態度				
自身の生活状況への不満 (11)			1.024	1.049**
自国の経済状況への不満 (11)			1.053	1.130**
自国の民主政治への不満 (11)			**1.144**	**1.395****
EU 統合への反対 (11)			**1.229**	**1.744****
伝統の重視 (6)			1.116	1.170**
規則の重視 (6)			1.085	1.124**
国家への愛着 (11)			1.015	1.033
自由の重視 (6)			0.976	0.974^
N	65530		60171	
Pseudo R2	.0851		.1620	

^ p<0.10, * p<.05, ** p<.01
注：定数項・国別ダミー変数の効果は報告省略。各変数後の括弧内数字は何点尺度かの表記である。OR＝オッズ比, StdOR=標準化オッズ比；係数が太字：p<.05 & (StdOR >1.250 or < 0.800), 灰色セル：p<.05 & (StdOR >1.500 or < 0.666)

らである。本分析結果が示すのはそういった技能やスキルの効果を差し引いてもなお残る、より上位の教育機関を経験した者が持っている固有の効果だからだ。概して高学歴層が移民に対して受容的であることはかねてより指摘されてきた。より多くの／長い教育カリキュラムを通じて人々は、世界には異なる文化体系が存在することを認識し、その知識と理解を深め、またしばしばその教育課程そのものにおいて多文化的な環境に自ら接することになる。これらが人々の反移民感情を減ずる効果のメカニズムである（Chandler & Tsai 2001）。他方で、高学歴層の方が（同じ高技能層の移民を想定して）むしろ移民を忌避するという分析結果を示した研究や、それに対するサーベイ実験からの再反論も出されており（Hainmueller & Hiscox 2010, Facchini & Mayda 2012）、本分析結果についても慎重な受容が必要となる。学歴と反移民の関係性については、本書第5章でのサーベイ実験を経由した研究成果において再び検討する。

本分析結果からは、都市に居住している者が地方に居住している者よりも文化的反移民感情を抱かないという結果も出ている（居住地域の人口密度のオッズ比が1を下回っている）。これもまた前述のメカニズムと類似するものがあるだろう。概して地方よりも都市部の方が多様な価値観、機会、知的刺激へ接触する頻度が高く、そのような都会に住む者が移民への文化的恐怖を減らす一方で、それに欠ける地方部では偏見に基づく反感を醸成しやすいのかもしれない。あるいは、この設問では「自国文化を毀損する」と反対側の回答に「自国文化を豊かにする」という態度を設定しているから、都市部に居住する者たちの方が、そういった多様な文化に触れることの経験に富み、またそのような経験をポジティブに評価しているのかもしれない。それに関して、もっと身もふたもないことを言ってしまえば、そもそもそういった多様な文化をポジティブに評価する開放的価値観を有する個人は、地方農村部を離れ都市部に流出してしまうので（日本風に言えば田舎を捨てて上京してしまうので）、地方農村部にはそのような価値観を持たない個人が多く残っているという人口変動の帰結である可能性もあるだろう。[26]なお、本指標の1ポイント増は、人口密度が１０００人／㎢増えることを意味している。欧州各国ではおおよそ首都圏が人口密度数千人、地方部が数百人というオーダーになっているので（もちろんもっと少ない所もあるが）、たとえば居住地の人口密度が３５００人／㎢程度の都市部に住んでいる者は人口密度５００人／㎢の地方に住んでいる者に比べ、反移民文化感情を抱く確率が6割程度にまで下がると推測できる。前者は後者より居住地人口密度で3ポイント高く、モデル2準拠の係数０・８４９を3乗した値は０・６１２だからである。

学歴以外には性差が効果を示しており、女性は男性に比べて移民が文化を切り崩すという認識を抱きにくいという結果が出ている。男性と比べて9割程度の比率である。なお、収入効果は統制していることから、この効果は社会的な男女差別に基づく経済的地位等の効果ではない。ただし、分析の頑健性をチェックするために、職種を統制した分析では（補遺参照）この性差の効果は統計的有意性をほぼ失っていた（かろうじて10％水準で有意であった）から、性差そのものに効果があるというよりは、男性もしくは女性に対する社会的規範、ジェンダー意識の違いの結果として、男女間の就業職種状況の差が表れている可能性が高い。

補遺に分析結果を掲示している職種の差についても本文中で簡単に言及しておこう。いくつかの職種は文化的反移民感情と関連する効果を有しており、農林業、技能工、機械運転などの従事者が（参照変数の管理職と比して）、移民が文化を破壊するという認識を抱く傾向がある。だが最も経済的に脆弱な立場の単純労働者層はそのような傾向を持っておらず（言い方を変えると、単純労働者はホワイトカラーの専門職と同程度に移民に対して寛容であり）、単純な職業階層の高低による効果とも言いがたい。これは、稗田（２０１９）が指摘するように、その職能上の問題解決の在り方の違いによる効果の表れかもしれないし、専門職と単純労働層の両極が移民との接点が最も多い仕事で、中間的職業が最もその機会に乏しいという効果の表れと解釈することも可能だろう。

さらに、失業者が移民に対して反感を向けるという効果は見られない。他方で、失業率が高い地域に居住している者は、文化的反移民感情を抱く確率が高い。自分自身が失業しているかどうかではなく、自分の周りが失業しているかどうかが、文化的反移民感情と関連しているというのは、人間の持つ向社会的傾向を表しているのかもしれない。居住地失業率の効果はモデ

26 Fitzgerald（2018）はヨーロッパにおける地域ローカルのアイデンティティが、「我ら」と「奴ら」式の二分法的世界観と強い親和性があることを指摘し実証している。

ル2では失われているが、これはモデル2で自国経済状況への不満の効果を統制しており、その変数によって「自分の周りの経済環境への悪い評価」が吸収されているためであると考えられる。ただ、その実質的効果はそこまで大きくなく、そのオッズ比（1・053）から考慮すると、自国経済への不満が最悪な人（10点）は自国経済への評価が中間的な人（5点）と比べても（両者の間は5ポイント差）、1・29倍程度しか文化的反移民感情を抱く確率は高くない（1・053の5乗は約1・29）。

ここまでの分析を見る限り、右翼政党支持を分析したときとは異なり、文化的懸念に駆動される反移民感情については、経済的不安（特にソシオトロピック、向社会的な経済的不安）に基づく効果にも一定程度の実証的効果があるようだ。

次に欧州統合への不信感の効果はどうだろうか。自国政治への不信・不満も、欧州統合への不信・不満も、移民が自国文化を破壊するという懸念を保有することと正の関係にある。そのため、この中には政治不信一般の効果が混ざっていると考えられる。特に、欧州統合への反感の持つ効果が大きい（本書からは割愛しているが、この効果は質問項目を欧州議会への不信へと置き換えても同様であった）。そのオッズ比は1・229あり、これはEU統合に対する反感が1段階上がったときにそれだけ文化的反移民感情を持つ確率が高まるということである（122・9%に上昇する）。この設問では中間的な見解を持っている人（回答では5点）に比べて、EU統合が完全に行き過ぎであると考えている人（回答では10点）は、5ポイント分の差があるため、後者が前者に比べて文化的反移民感情を抱いている確率はおよそ2・8倍となる（1・229の5乗は約2・804）。

右翼政党支持への効果を確認した際に用いた、4つの価値態度（伝統、規則、愛国、自由）の効果を見てみると、伝統や規則を重視するといった態度が、移民が自国文化を破壊するという懸念を高めていることがわかる。自国の伝統や習慣を重視する者が、自国文化の破壊を懸念するというのは比較的直感的な結果で当然とも言えるだろう。規則や命令を大事にする態度については、前章で確認した右翼政党支持には結びついていなかったが、移民に対する懸念視は高めるという結果が示された。

自国に対する愛着は、移民による文化破壊懸念を抱く可能性を高めることも低めることもしなかった。愛国心やナショナル・アイデンティティの強さと、排外的な感情のリンクの有無や条件づけは、広義のナショナリズム研究の一大分野をなしている領域であるが、ここでの結果は、両者はつながらないという結果を示している。当該変数は、第2章で検証した右翼政党支持への効果も有していなかった。概して近年のヨーロッパにおいては、愛国心は排外主義には結びついていない（ただし後述するように人種差別にはつながっている可能性がある）。

先述したように、昨今の極右政党などは、特にムスリム系移民を念頭に、彼ら移民が欧州的な自由主義的価値観を護持できない文化を有していると主張し、自由を守るためにこそ移民を排斥する必要があるといったレトリックを展開している。実際それは右翼政党支持には奏功しており、前章の分析結果からは自由を重視する者ほど右翼政党を支持しているという結果が出ていた。だが、それは人々の政党支持という部分には影響しても、移民に対する態度とは連動していない。むしろ、10％水準ながら示している係数は、1を下回っており、これは、自由を重視する人ほどより移民に対して懸念する態度を持たないことを表している。この結果は、規則や命令を重視する権威主義的態度の保有者が文化的反移民感情を抱きやすい結果と整合的な結果にもなっている。第2章で表れた結果と、ここでの結果は矛盾しているように見える。実際、矛盾しているのだろう。自由を重視する者は、移民が自国文化を破壊するかと直接問われればそんなことはないと答える傾向がある一方で、移民が自国の自由の脅威だと喧伝する右翼政党に対しては、その通りだと支持を寄せている。そして、第2章の分析結果と標準化オッズ比を比較する限り、後者の効果の方が大きい。自由重視の右翼政党支持確率に与える効果の標準化オッズ比が1・116（モデル2準拠）であるのに対し、自由重視の文化的移民懸念に与える効果の標準化オッズ比は0・974である。前者の逆数は0・896、あるいは後者の逆数は1・027。つまり、前者の方が強い効果を有しているということである。自由を愛する心が移民受け入れへの拒否感を減じさせる効果は、自由を愛するがゆえに右翼政党を支持してしまう効果よりも、小さい。

ここまでの分析結果を整理すると、移民が自国文化を破壊するという懸念（文化的反移民感情）は、経済的要因・非経済的要因のどちらからも影響を受けているということが言えそうである。ならば、より強い影響力を発揮している原因は何なのだろうか。標準化オッズ比の大小関係からわかるのは、特に欧州統合への反感ということがわかる（モデル2で標準化オッズ比1・7以上を出しており、他の変数のそれよりはるかに大きい）。欧州統合への反感については、欧州レベルの政治的不信感の効果としての顔と、文化的保守性の効果としての顔の、双方が内在しているが、欧州統合反対の次に標準化オッズ比が大きい変数が自国民主政治への不満であることを考慮すると、政治的不信の効果がより強く表れたものであると言えるだろう。次に大きいのは学歴の効果だ（モデル2で出ている標準化オッズ係数0・705の逆数は1・418なので、自国民主政治への不満の効果の標準化オッズ比1・395より、その効果量がわずかに大きい）。

全体として、ポスト難民危機期のヨーロッパにおいて、移民が自国文化を切り崩すという主観的認識は、経済的利害も含めた様々な要因によって形成されているものの、その中では特に教育（の欠如）と、何よりも欧州統合への不満や不信によって駆動されていることが明らかになった。それは、個々人が有する伝統や規則を重視するといった態度や、それぞれの職業上の脆弱性やソシオトロピックな経済的不満の効果よりも、強い効果を有している。

近年の欧州における反移民感情の在り方について、置き去りにされた貧困層や職業脆弱層の存在を指摘することは、誤りではないにせよ、周辺的な現象を誇張して論じているということが言えるだろう。移民が自国文化を破壊するのでは、と人々が恐れるのは、自分の地位が脅かされるとか、人一倍自国の伝統を重視するからという理由以上に、そういった域内域外移民を自国にもたらしうる欧州レベルの政治が信頼できないからである。

第3節　移民受け入れ拒否の計量分析

移民受け入れへの賛否と移民集団の人種的異同

次に、従属変数の質問を変えた分析を行う。先述した通り、移民が自国文化を破壊するか否かという質問は、移民に対する態度の様々な聴取法の一つにすぎない。しかもそれは、移民によってもたらされる現象への認識を聴取しており、厳密には移民（政策）に対する直接的な態度ではない。また、移民と一口に言っても様々な集団があり、同じ多文化政策をとったとしても移民集団が違えばホスト社会への統合度合いも変わってくる（Igarashi 2019）。この多様性に目をつぶるわけにはいかない。この点に関して、本書が依拠する欧州社会調査には他にも、「自分たちと同じ人種、エスニシティグループの移民をどの程度受け入れるか」「自分たちと異なる人種、エスニシティの移民をどの程度受け入れるか」と聴取する質問項目が存在する。

これらの2つの質問への回答を組み合わせると、本書が着目する、人々の移民受け入れに対する別の警戒感を把握することが可能だ。それぞれの質問に対する回答は「大いに受け入れる」「ある程度受け入れる」「あまり受け入れない」「まったく受け入れない」の4段階用意されており、受け入れに対して、賛成・積極か、反対・消極の2方向に分類できる。よって、2つの質問への賛否の組み合わせとして次の4つのタイプの回答者にわけることができる。①どのような移民でも積極的に受け入れる。②同じ人種の移民は受け入れるが、異なる人種の移民は受け入れたくない。③どのような人種であっても移民は受け入れたくない。④同じ人種の移民は受け入れたくないが、異なる人種の移民は受け入れる。

ここで重要なのは、回答者の中に、「いずれの人種だろうと移民を受け入れたくない」層と、「人種的に異なる社会からの移民のみ受け入れたくない」層がいることである。このような2つの反移民感情は質的にも異なり、いわば前者を（外国人全般を嫌うという点で）ゼノフォビア、後者を（異なる人種のみを嫌うという点で）レイシズムと区別することができるかもしれない。ヨーロッパの人の移動の文脈を考慮するのであれば、前者は移民の文化的背景差にこだわらず、移民全般を忌避する回答者であると想定できるのに対し、後者はもっぱら非欧州文化圏からの域外移民に対してのみ向けられる反移民感情であるとみなすことができる。そうであるならば、人が前者の反移民感情を抱く規定要因と、後者の反移民感情を抱く規定要因には差があるはずだ。

実際に分析対象国での記述的状況を確認しておくと、いずれの国にもこの2つのタイプの反移民感情を抱いている人々が一定数存在する（図3・4）。

たとえばアイスランドやドイツは、どのような移民でも受け入れるとする組み合わせの比率

図3.4　移民の人種的異同と反移民感情のタイプ

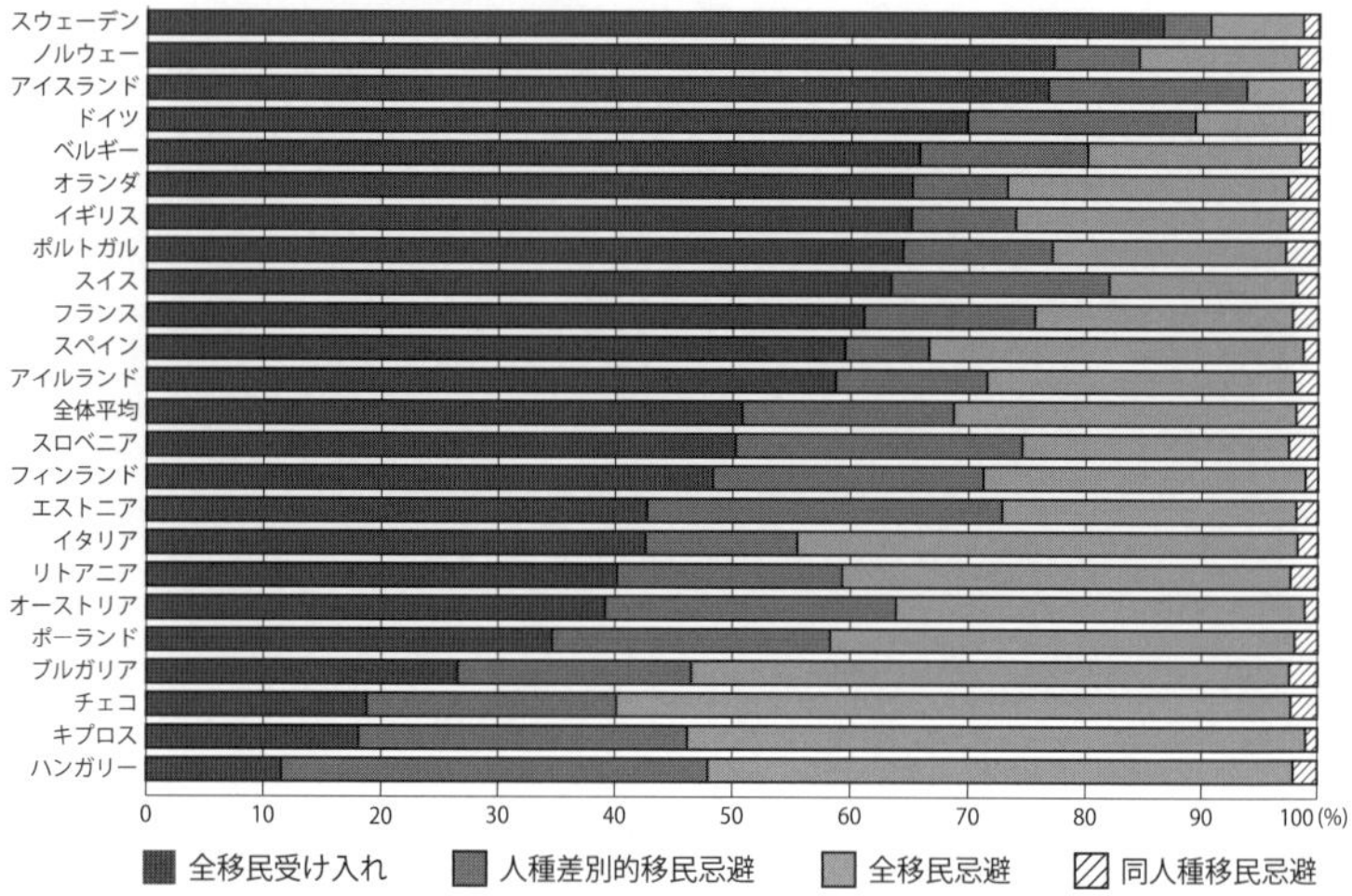

欧州社会調査（2016-8）より筆者作成

が相対的に多く、その点のみに着目すれば外国人流入に対して寛容であるように解せられる一方、同諸国内での移民忌避層のうちの過半数は、人種的に異質なグループに対してのみ拒否する態度を有しており、その反移民感情は人種差別的な傾向を強く持っている。スペインでは、移民受け入れ層の比率は欧州全体平均に近いが、忌避層をグループわけすると、どのような人種集団でも一貫して移民を嫌う層が多く、その排外主義は人種差別的傾向とは独立に外国人全般に向けられている（むしろ経済的理由に基づく排他性などが想定される）。キプロスやハンガリーなどは、どちらの理由にせよ移民を忌避する回答者比率が非常に大きく、全体として移民を受け入れようとする回答者の比率が少ない。なお、「異なる人種の移民は受け入れたいが、同じ人種の移民は忌避する」というゼノフィリア（xenophilia）的回答者の比率はどこの国でも少ない。

ここでは、多項ロジスティック回帰分析という分析手法を用いている。基本的にはここまで用いてきたロジスティック回帰分析と同様の手法であるが、取りうる従属変数が2パターン（あるいはそれ以上）あるときに用いる分析である。ここでの分析の文脈に合わせれば、「移民受け入れ層が、人種差別的移民忌避層になる確率」を求める分析と、「移民受け入れ層が、全移民忌避になる確率」を求める分析の2つを同時並行して実行するイメージに近い。なお、論理的に4つ目のカテゴリとなる「同人種の移民は受け入れないが、異なる人種の移民は受け入れる」という回答者は非常に少数かつ例外的なため分析時には欠損扱いとしている（同様に、2つの質問いずれかに回答していない者も、本分析上は欠損扱いとなる）。用いる独立変数の候補は、分析全体の統一性を維持するために、前節まで用いたものとまったく同様のものとする。

回帰分析の結果の解釈

分析結果の概要から述べよう（表3・2参照）。学歴が低いこと（および学生ではないこと）、人口密度の低い地域（地方）に居住していること、自国政治へ不満を抱えていること、欧州政治へ不満を抱えていること、伝統や規則を重視すること、については人種差別的に移民を忌避する感情と、人種無関係に全移民を忌避する感情の、どちらも強める効果を持っていた。他方で、収入が低いこと、失業中であること、失業率が高い地域に住んでいること、自分個人の生活への不満を有していることは、人種横断的に全移民を忌避する感情とのみ正の関係を持っていた。

後者の諸変数は明らかに経済的利害に関わるものである。これらの変数が、人種横断的に全移民に対する忌避感情「のみ」と関係しているということは、裏返して言えば人種差別的な反移民感情はこれらの経済要因によっては規定されていないということでもある。

移民（および移民受け入れ）に対する反感には、通常、文化的要素も経済的要素もないまぜにされた認識が形成されていることが多いだろう。人種という（文化的距離の代替となりうる）シグナルを用い、文化的理由からの反移民感情のみを析出してみると、そこに影響しているのは経済的要素ではなく、学歴や地方居住、伝統的な価値信念体系の方であることが明らかになった。

また、分析結果の標準化オッズ比を比較検討すると、ここでも最も強い効果を有しているのは欧州統合への反感である。欧州統合への反感が1ポイント増すごとに、ある人物が人種差別的に移民受け入れを忌避する確率は1・167倍になり、人種横断的にすべての移民の受け入れを忌避する確率は1・223倍となる。その次に強い効果を持っているのは学歴の低さである。欧州統合への認識と学歴が、最も強く反移民感情と関連していることを示す本分析結果

表 3.2　人種的異同と反移民感情の規定要因分析

	人種差別的移民忌避		全移民忌避	
	OR	StdOR	OR	StdOR
属性				
年齢	1.009	1.173**	1.003	1.048
性差（女性ダミー）	0.992	0.996	0.978	0.989
収入 (10)	0.992	0.978	0.967	0.911**
学歴 (8)	**0.867**	**0.759****	**0.809**	**0.663****
就労状況（参照＝常勤）				
学生	0.739	0.928**	0.416	0.806**
失業・求職中	1.143	1.025	0.881	0.977
退職・年金受給者	1.051	1.022^	1.020	1.008
主婦・主夫	1.011	1.003	0.940	0.985
都市居住 (k/km^2)	0.887	0.897**	0.950	0.954*
地域失業率 (%)	1.012	1.063	1.029	1.154**
態度				
自身の生活状況への不満 (11)	0.998	0.996	1.030	1.061**
自国の経済状況への不満 (11)	1.002	1.005	1.031	1.074^
自国の民主政治への不満 (11)	1.066	1.171*	1.092	1.244**
EU 統合への反対 (11)	**1.167**	**1.518****	**1.223**	**1.724****
伝統の重視 (6)	1.105	1.153**	1.054	1.078*
規則の重視 (6)	1.079	1.115**	1.097	1.142**
国家への愛着 (11)	1.048	1.106**	1.005	1.010
自由の重視 (6)	0.970	0.967^	0.934	0.927^
N		59796		
Pseudo R2		.1463		

^ p<0.10, * p<.05, ** p<.01

注：定数項・国別ダミー変数の効果は報告省略。各変数後の括弧内数字は何点尺度かの表記である。OR＝オッズ比, StdOR=標準化オッズ比。係数が太字：p<.05 & (StdOR >1.250 or < 0.800), 灰色セル：p<.05 & (StdOR >1.500 or < 0.666)

は、前節までに見てきた結果と整合的な結果となっている。

第4節　文化的な反移民感情は欧州統合への不信感の表れである

あらためて本章の議論をまとめよう。結論として、人々が文化的侵蝕者として移民を嫌っていることと最も強く関連しているのは、人々が欧州統合（ないし欧州政治）に対して感じている不信感である。このことは、移民が自国文化を破壊するかという認識に関する質問に依拠した分析からも、移民受け入れに関して想定される移民の人種的異同を区別した分析からも、共通して導き出された結果であった。関連して、自国政治への不満も（欧州政治に対する反感ほどの効果を持っていなかったにせよ）、移民を忌避する感情と連関していた。政治的不満のスケープゴートとして移民が忌避されている、あるいはそもそも移民受け入れが欧州政治、国内政治によって決定されてきたがゆえに、両者が強く結びついているということが想定される。このような状況があるときに、どれだけ政治の側が移民受け入れの必要性を問うたとしても、あまり実効的な世論の変化は望めないように思われる。

また、学歴の低さも、人々の移民に対する忌避感と強く関連していた。だが、これが何を意味するのかについての検討は慎重でなければならない。学歴がこのような効果を持つ理由については先述した通り、複数の理路が想定されるうえに、この後の第5章で後述するように人々の持つ戦略的態度とも関わっている。そのため本章ではここではその機序については検討を控え、ひとまず両者が外形的には関係しているという事実だけを指摘するにとどめる。

興味深いのは、経済的苦境の効果である。ある人が経済的に苦しい状況にあることは右翼政党支持にはつながっていなかったが（第2章）、移民に対する忌避感情とは一定の関連性が見出された。また、自分自身の経済的苦境よりは周囲の経済不況の方が重要であることも示唆された。人は、自分が苦しいときよりも隣人が苦しいときにこそ、ある種の「義憤」に駆られるかのようにして、魔女狩りの対象を探し出そうとするのかもしれない。ただし、各変数の効果を比較衡量した限りその影響力は限定的で、すでに述べた欧州統合政治への不信感などの効果の方が圧倒的に強い影響力を持っている。あくまで経済的要素より非経済的要素の方が重要だ、という点では、第2章の示した分析結果と整合的な結果になっている。

第4章

欧州各国の違いを分析する

——3パターンの排外的ナショナリズム

ナショナリズムの目標が
どのようなものになるかを決めるのは
政治的な諸関係と諸制度である

アントニー・D・スミス（2018）『ナショナリズムとは何か』第4章

第4章では、これまで見てきた排外的ナショナリズムの在り方について、各国ごとにそれぞれ存在する違いを分析する。ここまではヨーロッパを、一つの巨大な単位のように取り扱ってきた（むろん個別の計量分析では各国固有の固定効果は差し引いていたが）。本章ではこの前提を取り払い、国ごとの分析を総合することで欧州各国をいくつかのパターンに分類することを目的とする。

まず初めに、前章までで示されてきた右翼政党支持と（文化的）反移民感情の計量分析について、一国単位での分析結果の概要を示す。次いで、ここまでその重要性が何度も示された、右翼政党支持、文化的反移民感情、欧州懐疑の3つの関係性について、その因果関係の前提を一度取りはらい、どのような共通性と多様性が欧州各国において見られるか分析する。この時点で、各国ごとのナショナリズムの実証的な表れ方の個性が示される。

本章の結論を先取りして言うと、反移民感情と反EU感情の結節についてはヨーロッパ全体で共通して広く見られる一方、それら2つの感情と右翼政党支持の間には国ごとの個性が見られた。大きくわけて、3要素のすべてが強くつながるパターン、右翼政党支持と両者とのつながりが弱いパターン、右翼政党支持が反EUとのみ強くつながるパターンの3つがあり、その差異はヨーロッパ内にある構造的な政治的・歴史的背景の違いを表すものとなっている。

第1節　一国単位の回帰分析結果

ヨーロッパの国々は均質ではない。各国には固有の歴史的・文化的・社会経済的背景があるから、右翼政党支持や反移民感情の惹起《じゃっき》において、個別には異なる要素が強い効果を持ったり持たなかったりするだろう。政党間競争の経緯が各国ごとに違うのは言うに及ばず、移民問題にしても各国ごとに受け入れ移民集団の性質は違う。そういった各国ごとに異なる構造・状況の中で生きる人々はそれぞれ違った反応を示すことが当然のこととして想定されるだろう。

そのため、先ほどまで論じてきた大きな枠組みでの分析は各国単位でもなされなければならない。そこで、第2章と第3章で行った分析結果を数十カ国、それぞれ一国ずつ個別に行った。その分析結果をすべて本書内で示し表すのは効率的ではない。よって、以下では、分析結果において、各国で、1番目に強い効果と2番目に強い効果を示した独立変数を報告する。[27]

まず、第3章（の前半）で行った、移民がもたらす影響認知に関する文化的反移民感情の分析においては、ヨーロッパ全域を通じて、欧州統合への反感と学歴の低さという主要要因が、

27　いずれも第2章、第3章でのモデル2準拠。標準誤差算出に際してはクラスター頑健誤差が使えない（使う必要がない）ため通常の頑健誤差を用いた。

表 4.1　各国ごとのロジスティック回帰分析による主要独立変数

	右翼政党支持		文化的反移民感情	
	1	2	1	2
オーストリア	**文化反移民**	若年層	田舎	地域失業率
ベルギー	**文化反移民**	経済満足	**低学歴**	**反欧州統合**
ブルガリア	自国政治満足	-	**反欧州統合**	自国政治不満
チェコ	自由重視	高学歴	**反欧州統合**	都会
キプロス	自国政治不満	低学歴	自国政治不満	**低学歴**
スイス	**反欧州統合**	**文化反移民**	**反欧州統合**	若年層
ドイツ	**文化反移民**	自国政治不満	自国政治不満	**反欧州統合**
エストニア	**文化反移民**	高齢層	**反欧州統合**	自国政治不満
スペイン	自国政治不満	高所得	**低学歴**	**反欧州統合**
フィンランド	男性	**反欧州統合**	**反欧州統合**	自国政治不満
フランス	**文化反移民**	**反欧州統合**	**低学歴**	**反欧州統合**
イギリス	高所得	**文化反移民**	**反欧州統合**	**低学歴**
クロアチア	低所得	伝統重視	**反欧州統合**	田舎
ハンガリー	自国政治満足	経済満足	**反欧州統合**	自国経済不満
イタリア	**文化反移民**	地域低失業	**反欧州統合**	自国政治不満
アイスランド	女性	高齢層	**低学歴**	男性
アイルランド	n.d.	n.d.	**反欧州統合**	**低学歴**
リトアニア	高齢層	高所得	自国政治不満	**反欧州統合**
ラトビア	伝統重視	男性	**反欧州統合**	**低学歴**
オランダ	経済反移民	**反欧州統合**	**反欧州統合**	**低学歴**
ノルウェー	**文化反移民**	低学歴	**低学歴**	**反欧州統合**
ポーランド	伝統重視	**反欧州統合**	**反欧州統合**	**低学歴**
ポルトガル	n.d.	n.d.	**低学歴**	自国経済不満
スウェーデン	自国政治不満	経済反移民	自国政治不満	**低学歴**
スロベニア	男性	**文化反移民**	**低学歴**	若年層
スロバキア	若年層	規則軽視	**反欧州統合**	男性

筆者作成
注：第 2 章と第 3 章それぞれで示された主要 2 要因については太字にしている

ほとんどの国で同じように重要かつ最も効果量の大きな変数として存在していた。オーストリアだけが第1、第2の要因どちらもが独自のもので、やや例外的な結果となっているが、多くの国では移民を忌避する原因として大きな効果を持っているのは、欧州統合への反感か学歴の低さ（あるいはそのどちらも）という結果になっている。

国ごとの個性がより表れているのは、右翼政党支持の規定要因である。まず、所得や学歴の効果について国によっては反転しており、クロアチア、キプロス、ノルウェーでは低学歴・低所得などの社会的弱者が右翼政党を支持している一方で、チェコ、スペイン、イギリス、リトアニアでは高学歴・高所得の社会的強者が右翼政党を支持している傾向がある。「経済的理由から移民に反感を抱く人が右翼政党を支持している」というストーリーが重要な要素として当てはまるのは、スウェーデンとオランダだけであり、それ以外の多くの国々では文化的懸念を持つ者や、社会的強者からの支持などによって、排外的な右翼政党が支持されている構造がある。スウェーデンやオランダの事例というのは（両国が比較的移民受け入れ等に積極的であったこともあって）目が向きやすい対象であるがゆえに、この2国だけで起きているストーリーが、さもヨーロッパ全体のストーリーであるかのように誤解されてきたのかもしれない。しかし、本章の分析からわかるのは、仮にそれが事実であったとしても、わずか2カ国の例外的な事例にすぎない、ということである。

右翼政党支持について、ヨーロッパ全体の傾向としては、移民による自国文化への侵蝕を恐れる見解と、欧州統合への反感が最も強い効果量を持っていることを第2章で確認した。ところが、国によっては必ずしもこれらの要因は第1、第2の要因とはなっていない。特に、ブルガリア、キプロス、スペイン、クロアチア、ハンガリー、リトアニア、ラトビア、スウェーデン、スロバキアでは、先述の2大要因はこれらの国々における右翼政党支持の主要要因とはなっていない。

右に記した国々は特に東欧に多い。同様の結果は、本書と同じように欧州社会調査を用いた研究でも指摘されており、東欧諸国では、反EU感情が右翼政党支持の主要因である一方、反移民感情が与える影響は限定的とされる（Santana et al. 2020)。こうした国々は欧州統合には後発で参加した国々であり、統合ヨーロッパの中では経済的に劣後する国々であるため、移民を受け入れるだけではなく、移民を送り出す国々でもあることが関係している。これは、ヨーロッパにおける人の移動や民主主義を考えるにあたって、その中にある構造的分断とも関連している。

第2節　西と東の構造的差異

欧州諸国には単にそれぞれ一国ずつの歴史や社会がある、といった個別事情だけではなく、大きな3つの分断がある。①伝統的民主主義国家として固定的支持基盤の上に政党政治が行われる国と、新興民主主義国家として流動性の高い状況で政党政治を展開した国々、②欧州内で豊かな国としてEU域外からだけではなく域内からも移民を引き付ける国々と、EU圏内で移民送り出し国になっている国々、③欧州統合の中核として存在していた国々と後発加盟国として参加した国々、という違いである。そしてこれは、おおまかに言えば、欧州の東西という形で線引きすることができる違いである。具体的には、西欧諸国は欧州統合の既存加盟国としてその統合をリードする立場であり、欧州域外からだけではなく欧州域内からも多量の移民が入ってくるという状況がある。他方で、東欧諸国は後発加盟国としてその統合に際して種々の条件を課され、それへの賛否が早くから論争になりつつも、個々人レベルでは西欧への流出によって経済的便益を享受する者もあり、また欧州域外からの移民も実態としては少ないという状況がある。

これらの違いは当然、現地社会や政治勢力によっても認知されている。であれば、社会問題を基盤に政治的資源（もっと直截に言えば票）に換算しようとする政治勢力の行動・戦略にも差が出てしかるべきだろう。右翼政党の中には、すでに存在している反移民感情や欧州統合への反発を主たる資源に支持固めをしようとするものもあれば、まったく別の政治的基盤（たとえば歴史認識や伝統的ナショナリズム）に依拠しつつ、プラスアルファの要素として欧州統合への反感や移民の文化的脅威を煽動するものもあるだろうことが想定される。

この問題を考えるとき、西欧諸国と東欧諸国の政党政治上の差異は当然考慮しておかねばならない。西欧諸国は多くが古くからの民主主義体制であり、第二次世界大戦後の自由民主主義体制の中で政党政治を展開してきた。多くの国では左右の両極に議会制民主主義を否定する勢力があり、そのはざまで中道右派と中道左派が穏健な政策の範囲内で（右派政党であっても一定の福祉配分を行い、左派政党でも一定の競争原理を許容して）、安定的に政権交代を繰り返すことを暗黙、もしくは明示的に同意して政治を運営してきた（いわゆる「リベラル・コンセンサス」や「埋め込まれた自由主義」）。その過程で中道左右の政治勢力は、各自が支持基盤となる利益団体や自己の政党組織を育み、欧州統合を徐々に作り上げながらリベラルな価値観の推進を行ってきた。強い支持基盤の上に展開される政党政治は、安定的な選挙変動をもたらしたが、その裏返しとして劇的な変化のない硬直的とも言える政党政治を示していた。今日、これらの元となっていた種々の前提が崩れ、政党の組織的動員も弱体化し、政党政治が流動化する中で、新政党の台頭を目撃するようになっている（吉田２０１６）。

他方で、東欧諸国の場合はまるで真逆である。長い共産主義時代には国家と個人だけがある状態であり、人々を結ぶ様々な中間組織や市民社会は育成されず、むしろ破壊されていたから、民主化後に誕生した諸政党は、依って立つ組織的基盤のない中で、剝き出しの得票競争に参入した。政党と有権者をつなぐリンケージとしては、組織化されない形での綱領アピールが中心となり、カリスマ的個人への熱狂と、剝き出しの利益誘導によるパトロンクライアント関係がそれに加わる（Kitschelt 2001, 中田２００５）。選挙ごとに、政党の得票率は大きく変動し、選挙前に結成された政党が突如第一党になることや、かつて安定多数を占めていた政党が一挙に支持を失って次の選挙で議席を喪失するといったことも珍しいことではない（Rose & Munro 2009）。東欧諸国が民主化を果たしたときには、すでに欧州統合は進んでいたから、それに対する態度も最初から賛否両論が入り乱れる状況にあったし、共産主義時代には抑圧されていたナショナリズムや民族をめぐる争点が重要であった。今日、西欧社会が経験している、組織政治の退潮、政党政治の流動化、欧州統合への反発やナショナリズム争点の前景化といったものは、東欧諸国が30年前からすでに経験していた。「結果的には、東中欧諸国の政党システムが西ヨーロッパのそれの変化を先取りしている側面」（中田２００５：２０２）もあったのだ。[28]

各国の政党の政策位置や政党配列を研究する研究者からは、ヨーロッパの東西で政党間競争の次元が異なるといった指摘もされてきた。西欧では、経済的自由主義が既存路線であるから、その体制を保持しようとする経済的右派は文化的次元においても保守的な勢力（第１章での用語を用いればＴＡＮ側）と結びつきやすく、それに挑戦する再分配志向の経済的左派が、同時に文化的次元にあって革新的勢力（第１章での用語を用いればＧＡＬ側）と結びつきやす

28 その裏返しとして、東欧圏では新興ポピュリスト政党が西欧よりも親ＥＵ的となる傾向がある（Bakker et al. 2020）。反既存勢力色を出すために反ＥＵの旗を掲げる必要がない（掲げても意味がない）からであろう。

かった。他方で民主化後の東欧にあっては、経済的自由主義は新体制の革新勢力であり、文化的次元においても自由主義的見解を主張する政党が相当数いた。そのような改革の行き過ぎに慎重路線をとなえる経済的左派（多くは旧共産党系勢力）が文化的に保守的なＴＡＮサイドの意見とも結節した。つまり、西欧と東欧では、経済的左右と文化的保守革新の結びつきがまったく逆となる。[29]こういった政党配列上の差異があるために、反ＥＵ勢力（反経済グローバリズム左派かナショナリスト）が西欧において複数の陣営にばらけた一方で、東欧では左派ナショナリストの一陣営に集中する結果になったという指摘もある（Marks et. al 2006）。

もちろん、東欧諸国が民主化してすでに30年たち、すでに東西の差異は決定的な断絶というほどのものではなくなっている。だがその政党政治上の差異（すなわち人々の意思表示の媒介システム上の差異）は、偶然のものではなく構造的なものに由来しているから、ヨーロッパ内部にあるそのような差を認知して初めて、ヨーロッパ全体と各国ごとの個性の双方に目を向けた分析が可能になる。

なお、民主化に関連して、スペインやポルトガルといった国は、70年代後半に軍政から民主化を果たした国であったので、西欧と東欧の中間的な立ち位置にあった。ただし決定的に違うのは、軍政の権威主義体制下でも一定の政治的多元性が許容されていたため、民主化後に各政党が依拠する様々な組織的基盤が社会の方に用意されていたし、また経済原理は西欧諸国と同様に市場経済が護持されていた。組織的基盤のある政党による政治が比較的安定的に運営され、かつ経済的左右と保守革新の次元の結びつきが西側諸国と同様であったという点では、これら南欧諸国も西欧型政党政治に近い背景があったとも言える。

右翼政党支持、文化的反移民感情、EU統合への反感のつながりは、ここまで示した欧州各国の政治システム上の構造的差異に当然影響を受けている。次節ではこの問題を念頭に置きつつ、より詳しく国ごとの違いを検討していく。

第3節　右翼政党政治・移民文化破壊懸念・欧州懐疑のトライアングル

ここまでの分析において、ナショナリスティックな右翼政党支持は、移民が自国文化を侵蝕するのではないかという文化的反移民感情によって規定され、文化的反移民感情は欧州統合への懐疑感情によって規定されているという分析結果を示してきた。無論、この論理の流れには無理はない。通常私たちは、人が何かしらの政党を支持する場合には、一定の政策的選好を持っているからその政党を支持すると考える（本書の例であれば、移民による自国文化の侵蝕をおそれるからこそ右翼政党を支持する）。

29　そのため、「共産党が保守で維新が革新」という日本の若年世代の政治イデオロギー認知は（遠藤・ジョウ2019）、東欧政治研究者には幾分自然に受け止めやすいところがある。

だが、しばしば人々の態度は双方向的に規定される。何かしらの政策争点に対して特定の態度を有しているからある政党を支持するのではなく、自分の支持している政党が主張することだからその主張に同意するということもある。この論点については特に第6章で改めて検討する。

実際、本書のここまでの分析結果を振り返ると、こうした逆の因果が存在している可能性は否定できない。右翼政党支持は経済的不満によっては説明されないが、移民による文化的破壊を懸念する感情によっては説明されていた。他方で、その移民による文化破壊を懸念する感情は、弱いながらも経済的苦境によって説明できる部分があった。もし、経済不満↓移民による文化侵蝕懸念↓右翼政党支持という因果の流れだけが正しいのであれば、最初の右翼政党支持の分析を行った際（特に移民による文化侵蝕懸念の効果を統制していないモデルにおいて）、経済的不利益が右翼政党支持をある程度規定している関係が見出されていたはずである。だが、分析結果はそうなってはいなかった。これはどのように考えることができるだろうか。右翼政党支持と反移民感情の間には複雑な相互関係があり、右翼政党支持者だからこそ反移民感情を強めているのだという逆の因果関係もまた存在していたとするならば、経済不満が反移民感情に影響していながらも右翼政党支持には影響していないという現象が、全体像として存在していてもおかしくはない。

実際、政治学の先行研究はそういった逆の因果関係が存在することをしばしば実証してきた。つまり、政策を支持しているから政党を支持するのではなく、支持している政党が提唱している政策だから支持するということである。もっと卑近に言えば、「何を言ったか」ではなく「誰が言ったか」、こそが重要ということだ。人間は、信頼できることを言っている人を信頼するのではなく、信頼している人が言っていることを信頼する。

そこで以下では、重要な3つの変数間に関して、ひとまず因果の流れをどちらであると想定せずに、国ごとに相関関係の分析を行う。相関係数の算出においては、原因と結果の関係性を想定しないため、純粋に変数間の結びつきの強さや妥当性のみを検証することが可能となる。国ごとに結びつきをパターン化することで、ヨーロッパの中における排外主義感情の結びつきについて、その個性を把握することができるだろう。なお、分析データ上、右翼政党が存在していないアイルランドとポルトガルは分析対象外となる。

ここでも、国ごとの分析結果の数値を細かく挙げていくのは効率的ではない。数値は補遺に結果一覧を載せたので、関心ある読者はそちらを参照してほしい[30]。本文では、3変数の相関関係を分析し、その係数の大小をレーダーチャート化した。なお、関係に統計的有意性が存在しなかった場合（p＜.05）は、便宜的に相関係数0のところにグラフを布置した。

チャートの図全体が正三角形に近く大きくなっているのは、右翼政党支持と反移民感情、右

30 すべて0／1の2値変数に統一したのでスピアマン順位相関を用いた。

翼政党支持と反EU統合、反移民感情と反EU統合の3つの相関関係がいずれも強いことを意味する。これに当てはまるのは、オーストリア、スイス、ドイツ、エストニア、スペイン、フィンランド、フランス、イタリア、オランダ、ノルウェー、スウェーデンの11カ国である（ベルギーもここに加えていいかもしれない）。本書全体の枠組みから見て典型的とも言えるケースである。しかしこれらのケースは分析対象のおよそ半数といったところで、また明らかに経済的に豊かで伝統的民主主義国である西欧・北欧諸国に集中している。

レーダーチャートが左下だけに伸びているのは、文化的反移民感情と反EU統合の間にだけ強い相関関係だけがあり、その他2つの関係性が弱い国である。ブルガリア、キプロス、チェコ、クロアチア、アイスランド、ラトビア、スロバキアが当てはまり、リトアニアもその傾向がある。先ほどとは反対に、これらの国々はEU新規加盟の東欧諸国に集中している。

中間的なのはイギリス、ハンガリー、ポーランド、スロベニアである。上下に潰れた二等辺三角形のような形をとっているイギリス、ポーランド、（およびハンガリー）は、前述の東欧型の関係に加えて、右翼政党支持と反EU統合にも強い相関があり、反移民感情と右翼政党支持の相関関係だけはやや弱いケースである。言いかえると、EU統合への反感が反移民感情および右翼政党支持の双方と関連している。

図5.1　右翼政党支持・文化的反移民感情・反EU統合の相関のトライアングル

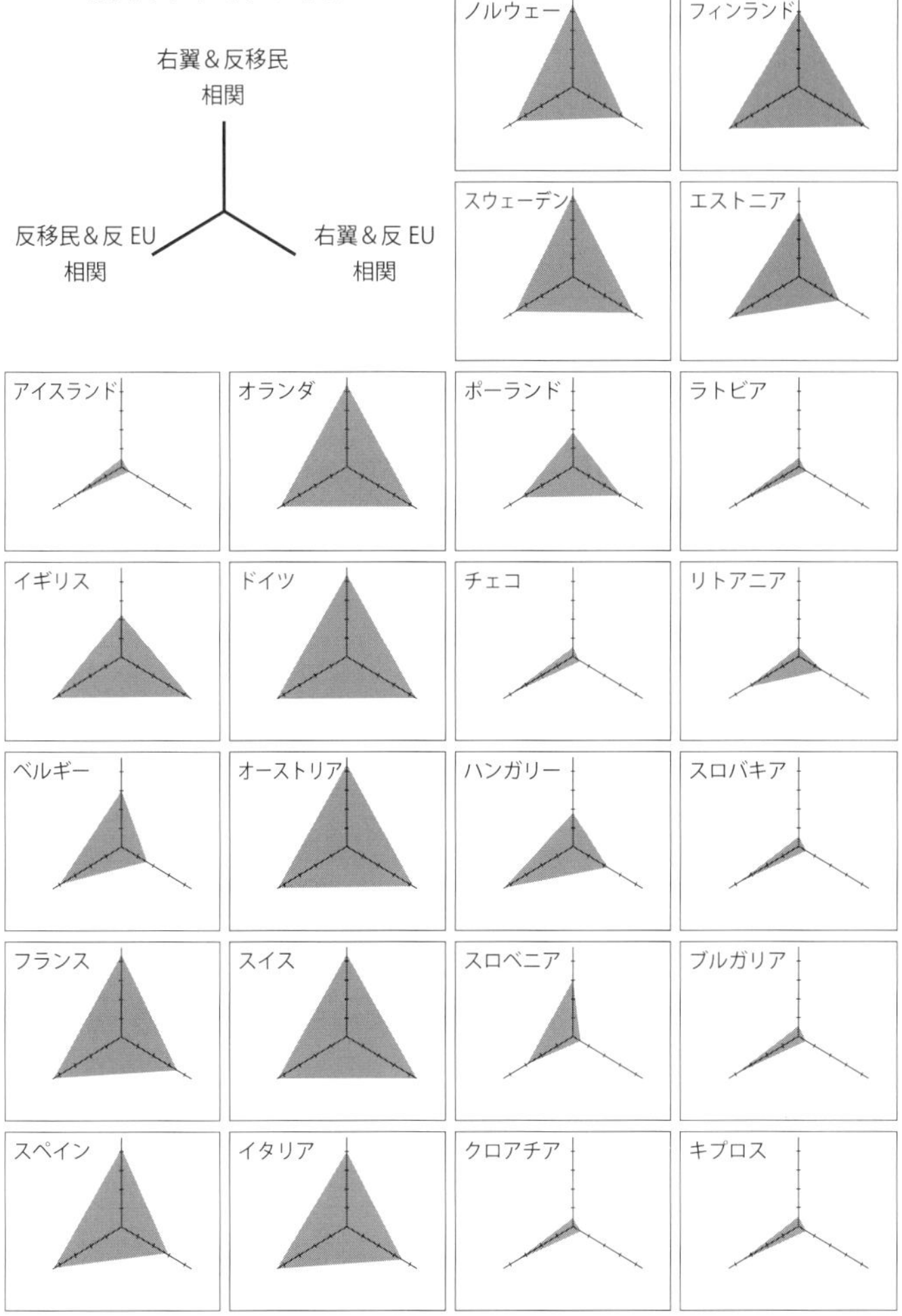

欧州社会調査より筆者作成
注：上限は相関係数 0.40。係数に有意性なし（p<.05）あるいは負のものは 0.00 として図示。

第4節　トライアングルの意味の検討

いずれのケースであっても、反ＥＵ統合感情と文化的反移民感情は強く相関しており、ここの関係が欠如しているケースは見当たらなかった。欧州懐疑感情と反移民感情は高度に密接しており、この関係はすべての国に共通である。しかもそれはＥＵ加盟国か否か、新規加盟国か既存加盟国かにあまり関係がない。国々の違いを特徴づけるのは、その右翼政党支持との関連性のパターンの違いにある。以下ではそのパターン別に内実を検討しよう。

新興ポピュリスト勢力に排外的ナショナリズムが一本化されるパターン

右翼政党支持が、反移民感情と反ＥＵ感情の双方と強くつながるのが、１つ目の西欧・北欧に多いパターンである。これらの国々では、右翼政党支持は反移民感情と反ＥＵ感情両方の態度に支えられている、あるいは両方の態度の煽動に成功していると言える。排外主義的ナショナリズムが、これら3つの要素を持って混然一体となっているパターンである。ここのケースに当てはまる国々の右翼政党を見てみると、フランスの国民戦線、オーストリアの自由党、ドイツのＡｆＤ（ドイツのための選択肢）、イタリアの（北部）同盟、スペインのＶｏｘ（声）、フィンランドの「真のフィンランド人」、エストニアの「保守人民党」など、国際ニュースによく登場し、しばしば右翼ポピュリストのラベルを貼られ、反移民と反ＥＵを掲げている政党である。

これらの国々・右翼政党が着目されやすいのは、それが西欧の先進国で表れている政治運動であるだけでなく、その台頭の理由のわかりやすさによる面もあるだろう。ヨーロッパで右翼政党が台頭しており、それは反移民と反ＥＵに支えられていると切り取ることができれば、簡単にその台頭を理解したつもりになることができる。実際に、ヨーロッパ全体の中では相対的に多いパターンである。

これらの国の右翼政党は西欧・北欧社会における既存路線であったところのＥＵ統合推進と移民受け入れ路線に対して、チャレンジャーとして異議申し立てを行う立場であるので、政党間競争の中では後発の政党である。それ故、反既存政党的傾向を持ち、すなわち反既存エリートとしてのポピュリスト型の実態を持つ傾向がある。これらの国々で新たに排外主義的主張を提示して、既存政治に挑戦する右翼政党が「ポピュリスト」なのは偶然ではないのだ。勿論、逆の前後関係も想定され、後発のポピュリスト政党だからこそ、既存路線に反抗する言説であるところの反移民・反ＥＵの意見を支持調達戦略として採用してきたという面もあるに違いない。実際、西欧の右翼ポピュリスト政党の多くは最初から反移民・反ＥＵを前面に掲げていたわけではなかった（古賀２０１４、国末２０１６）。だが、いずれにしても重要なのは、ポピュリスト右翼政党だけが反移民・反ＥＵの見解の受け皿となっており、ポピュリスト右翼政党の側も既存政治への挑戦として反移民・反EUの論点にこだわっているということだ。結果的に、排外的ナショナリズムに関与する複数の態度が強く一本化されている。

ここで見られるのが、反既存政治・右翼政党・反移民・反EUの強い結節である。だが、このパターンが多く見られる西欧や北欧だけがヨーロッパではないし、序章で整理したように、ポピュリストだけがナショナリズムや右翼勢力の担い手ではない。

既存ナショナリスト勢力が機会主義的に排外主義を利用するパターン

2つ目のタイプはこれと反対の状況にある。右翼政党支持はそれが存立する固有の別の理由が厳然として存在しており（大抵は領土問題や既存国内マイノリティ問題をルーツとする）、反移民感情や欧州懐疑感情とは別ものとして存在している状況になっている。右翼政党の例として挙げられるのは、チェコの市民民主党と「自由と直接民主主義」、ラトビアの「国民連合」、ブルガリアの「内部マケドニア革命組織・ブルガリア国民運動［以下：VMRO-BND］」や攻撃党、スロバキアの国民党と「我らは家族」などである。ここに挙げられた政党は報道等で触れられることはあまりなく、本書の読者にもなじみのない政党が多いだろう。それはこれらが主に東欧の国々だからという理由もあるだろうが、何よりその支持形態について先述の「反移民」「反EU」というわかりやすい理由で切り取れないことにも依存している。これらの右翼政党支持を理解するには各国の政治史についての一定の理解が必要であり（極端な例としてV

MRO-BNDに至ってはオスマントルコ時代までさかのぼらねば、この右翼政党の性質が何なのか理解できない）、そのわかりづらさがメディア等での報道においても「例外」扱いされる一因で、そのインパクトを低く見積もってしまう理由かもしれない。

もちろん、それぞれの右翼政党にそれぞれ固有のナショナルな主張がある、というだけの話ではなく、一定の共通した構造もある。例示した右翼政党に共通するのは、これらの政党が同国の政党政治創生期からその過程に多かれ少なかれ関与してきた政党たちであること（市民民主党、VMRO-BND、スロバキア国民党）、さらにそれら第一世代の諸政党が退潮してきたときに、それを右側から補完するような形で現れてきた政党（「自由と直接民主主義」、攻撃党、「我らは家族」）であるという点である。ラトビアの国民連合の場合はその両党が合同した経緯を持っている（第6章で詳述）。つまり、このパターンにあってナショナリスト政党や右翼政党とは、既存政治に挑戦する後発のプレイヤーなのではなく、むしろその真逆であって、既存政党政治のエスタブリッシュメントないしメインストリームとしての顔を持っている。[31]

こうした経緯ゆえに、ナショナリスティックな感情を有する有権者にとっては、あらかじめその意見を表明する政治的回路が事前に用意されていた。他方で、それら右翼政党が右翼政党

31 まれに選挙報道等で、民主化以来の伝統的政党を指して「ポピュリスト政党」呼ばわりをするケースが見られるのは、こういった政党政治や歴史を知らずに、右翼ナショナリスト政党＝ポピュリストという前出のパターンのみでしか世界を認識していないことの表れであろう。

たるゆえんは、反EU感情や反移民感情とは別のところにあるから、政党の側もそれらの争点にこだわることはあまりなく、反移民反EUの争点の利用は機会主義的なものに留まる。そもそも、これらの国々においてそもそも右派であることは、民主化・自由化を推進することで共産主義時代の影響から脱することも意味するから、反EU（ひいては反移民）のような立場とは必ずしも強く結びつかない。

もちろん、これらの国々でも、反移民感情と反EUは強く結びついて相関していることが前述の分析で確認できている。しかしそのような反移民・反EUの態度を醸成している人々の政治支持は、必ずしも右翼政党だけに一本化されない。たとえば、チェコで最も反移民・反EUなのは、左翼のボヘミア・モラビア共産党である。この他、スロバキアの「道標」（スメル党）、リトアニアの農民・緑連合、ブルガリア社会党など、これらの国々には「経済において左派、文化において保守」という組み合わせの有力政党があり（第1章の図1・4における左上の象限に位置する）、反移民・反EUの信念を抱く有権者にとって、意見の受け皿が複数用意されている。

つまり、伝統的事由に基づいてナショナリズムに訴えかける右翼政党があり、それらは時に排外的な主張を提示する面もある一方、必ずしも既存政治への挑戦として反移民・反EUの意見にこだわらず、その表明や利用は機会主義的なものに留まる。また、反移民・反EUの結節による排外主義的見解を持つものの投票先は右翼政党に限らず、左翼側にも用意されている。

様々な次元のナショナリズム争点が必ずしも一つの勢力に集約されておらず、むしろ2つの次元にわかれ、是々非々の態度でつかず離れずの関係を維持しているため、両者の関係はそこまで強いものとして表れてこないパターンとなっている。

穏健右派勢力が競争構造内で極端化していくパターン

3つ目のタイプは、右翼政党支持が反EU感情と強く結びついている一方で、右翼政党支持と反移民感情とのつながりが少し弱い国々である。ここに当てはまる国々とその右翼政党の典型は、イギリスの保守党とUKIP（イギリス独立党）、ブレグジット党、ポーランドの「法と正義」と種々の極右政党（家族同盟／自衛／国民運動）、ハンガリーのフィデスと極右のヨッビクである。いずれも一定の伝統と排外性を持ちつつも、そこまでラジカルではない右翼政党（保守党、法と正義、フィデス）と、それらに比べて過激な政党（UKIP、ヨッビク、家族同盟／自衛／国民運動〔第7章参照〕）が存在しており、前者が後者と比べて圧倒的に有権者からの票を得ているパターンの国々である。これは言い換えると、ハードなナショナリストとソフトなナショナリストが競争しており、ソフトなナショナリストが数の面でも勝利しているパターンである。

このパターンに共通するのは、すでに存在している二大政党制の競争構造の中で、右派陣営が下野している際に左派系政党（英：労働党、ポーランド：民主左翼同盟・市民プラットフォーム、ハンガリー：社会党）によってさらなる欧州統合やそれに基づく諸改革が推進され、それへの不満を受けて過激な右翼勢力の萌芽が見られたあと、既存二大政党の右派政党側がその新興極右勢力との競争を意識して、排外主義的な見解を取り込んで変質を遂げるというパターンをとっている。

ここで挙げた3カ国が二大政党制に近い政党政治を有していたのは偶然ではない。ヨーロッパの選挙制度は比例代表制が一般的だが、この3カ国は異なる制度を採用している。イギリスはよく知られているように（元）EU諸国内で唯一小選挙区制を採用している。ハンガリーの選挙制度は名目的には小選挙区多数代表制と比例代表制の並立制だが、比例区において大政党プレミアムがあるため大政党を形成する制度的インセンティブがある。ポーランドは、下院選挙は他のヨーロッパ諸国と同じ比例代表制であるものの、「上院議員が直接選挙で決まり」かつその「上院の選挙制度が多数代表制」の組み合わせを持つヨーロッパ唯一の例となっている。上院での勝利を確保するために、大きな政党を形成して選挙を戦うインセンティブが存在し、結果的に二大政党的な政党政治が展開される。[32]

英国の保守党は言うまでもなく歴史ある民主主義政党であるし、ハンガリーのフィデスとポーランドの「法と正義」も源流をたどれば両国の民主化・自由化運動を推進した政治的エスタブリッシュメントであるから、一般的に想定される過激なアウトサイダーとしての右翼政党のイメージにはそぐわないかもしれない。だがこれらの政党は、UKIP、ヨッビク、家族同盟などの登場を受けて、より右の勢力に大きく票を奪われないよう（多数代表制下ではわずかな票の変動で地滑り的に議席が動く）、その排外主義的な言説を取り込み、またそれができる政党組織の柔軟性を有していた。

右派の大政党が立ち位置を調整したのに合わせ、さらに左派の労働党、社会党、市民プラットフォームも立ち位置を調整する必要があったが、二大政党の左派側として多様な政治家層、有権者層を抱えている中で、移民難民受け入れに慎重な意見は左派政党側とその支持者にも存在していた（荻野2019、Rahman 2019）。その結果、反移民感情を抱く人のうちいくらかは左派政党にも流れ、必ずしも右翼政党に集中しなかった。他方でEUに対する態度の争点は二大政党間対立の中で意見がわかれたから、右翼支持に反EU感情の強い結びつきは維持された。

この3つ目のナショナリズムの表出は、前2パターンのように何かこれといった特徴があるわけではない。だが、その背景構造として二大政党が存在していること、中道左派政権時代に極端なナショナリスト陣営が登場してきたこと、中道右派が復権し過去の中道左派の親EU路線を巻き戻そうとすること、同時に極端なナショナリスト政党から票を取り返すために排外主

32　ポーランドにおいては民選の大統領選があることもこれを後押しする。大統領選は究極の定数1の選挙だからである。しかし、大統領選がある国は他にもあるから、これは副次的要因とすべきだろう。

義的主張を内部に取り込み変質すること（そしてそれがブレグジットや民主主義の後退といった国体に大きく関わるレベルの変革へと帰着していること）、といった点を共通性として挙げることができる。[33]

第5節　欧州各国の違い：小括

ヨーロッパにおける排外的ナショナリズムの現れ方は、その右翼政党支持との連結によって、大きく3つの在り方に分類ができる。

1つ目は、ヨーロッパ西方で主流とも言える、新興右翼政党への支持が反移民と反EUという相対的に新しい政策争点と一本化されて結びついているパターンである。フランスやドイツやオーストリアが典型例である。2つ目は、右翼政党支持にはそれ固有のナショナルな論理があり、反移民と反EUのような排外意識とは別種のものとして、機会主義的につかず離れずの関係にあるパターンである。東欧に多く、チェコ、スロバキア、ラトビアが典型である。3つ目は、二大政党の競争下において見られるパターンで、下野時に進行した欧州統合への揺り戻しと、極右政党の登場に対抗して、既存政党がナショナリスティックな主張を強めて取り込むパターンである。イギリスとポーランドがわかりやすい例となっている。

なお、本章ではヨーロッパの西と東の区別が際立つ個所が多かった。しかしそれは、東欧と西欧でナショナリズムの在り方が違い、西欧は進んでおり東欧は遅れているといった（いわゆるコーン・ダイコトミーの）議論ではない。第3の類型ではイギリスとポーランドという東西両国が含まれている。そこでは二大政党制的な政治運用の在り方が関与しており、重要なのは東欧か西欧かという地理的な区分ではなく、その政党政治の在り方、これまでの利益媒介の在り方の違いに由来している。

続く各章では、個別のテーマに沿って、一国に着目したやや深い分析を行う。それぞれ個別独立した論点を扱う章となるが、そこで扱われる国々は、フランス、ラトビア、ポーランドであり、それぞれここで挙げた3つのパターンのナショナリズムと排外主義と政党政治の関係性を描くものでもある。

33 スロベニアについては、反移民的態度と右翼政党支持のみ強い相関がある理路が不明瞭である。唯一の事例であるので、無理矢理に理念型に落とし込まず、例外的事例としておくのが穏当だろう。

第5章

右翼支持者が好む
反移民という建前

——フランス国民戦線支持者のサーベイ実験

自分の欠点を、
人に見せてもいいと思う面から見せたい、
という欲望が我々の率直さの大部分を占めている

F. ラ・ロシュフコー（1665）『箴言《しんげん》と考察』

本章以降では、ナショナリズムと排外主義と政党政治の関係性について、個別事例にフォーカスをあてながら、より具体的で複雑な関係を検討する。第5章が主に関心を持つのは、排外主義的な態度表明に関して、人はそもそもどこまで本音を語るのか、という問題である。反移民感情が右翼政党支持の主たる源泉であるということは、すでに明らかにしてきた。ヨーロッパにおいて最も有名な右翼政党の一つであるフランスの国民連合（以前の国民戦線の名前の方がよく知られているだろう）も、その主たる支持基盤として、反移民感情を持つ人々がいると想定されてきた。

しかし、調査回答者は時として、社会的にナイーブな質問に対して真の態度を隠す傾向がある。この研究では、実験的な手法を用いて、こういった人々の建前の壁を乗り越えて、より本心に近い態度を聴取する。その結果、国民戦線の支持者だけが（特に他の保守政党の支持者との比較において）必ずしも移民排外主義者ではないことを示す。人々は、社会的に望ましい回答をすることで本音を隠すこと、特に高所得層や高学歴層がこの本音を隠すことに長けていることも本研究は示唆する。このことが、しばしばジャーナリスティックな報道において「低所得者・低学歴層という置き去りにされた人々が右翼政党を支持している」という誤解を生産しているのかもしれない。恵まれた者は決してインタビューで本音を語ったりはしないが、苦境にある者はその怒りの表明を正当化できる。だから世間の耳目は後者にばかり集まりやすく、後者だけが右翼政党の支持者であるかのように誤解されていく。しかしどちらも秘密が保証された投票ブースでは右翼政党の名前を書くのだ。

以下では第1節において、本章のキーとなる「社会的望ましさバイアス」について説明する。第2節では、フランスを分析対象とする理由と分析に用いた調査方法を説明する。第3節では分析結果について簡単に述べ、第4節では既存の世論調査との比較からその結果内容への検討を深める。

第1節　反移民感情と社会的望ましさバイアス

移民や人種に対する態度など、特に社会的にナイーブな質問に対しては、回答者が正直な態度を隠して、社会的に望ましい、あるいは要請されている態度に基づく回答がなされることがある（Kuklinski et al. 1997, Glaser & Gilens 1997）。こういった問題は社会的望ましさバイアス（Social Desirability Bias: SDB）と呼ばれ、特にインタビューなどの手法において最も顕著である。人々は、記者や研究者からある質問に対する回答を求められても、より「社会的に望ましい」回答をする傾向がある（Groves et al. 2009）。これは対面のインタビュー調査において最も顕著であるし、対面の世論調査でも見られる現象である（よってタブレットを手渡して調査員に見えないように回答してもらうなどの工夫もなされている）。

一般的には、移民に対して寛容な態度をとることが社会的に望ましい態度とされ、他方で排他的な態度を表明することは差別主義者のレッテルや社会的スティグマや制裁にさらされる可能性がある。だからこそ、単純に対面世論調査やインタビューによって人々のどれくらいが移民に対して反発しているのか調査しても、たいていその回答は割り引かれたものになるし、反移民感情は低めに見積もられる。「ホンネ」と「タテマエ」の問題は日本以外にも存在するということだ（秦・中井2019）。特に、移民に対する態度が社会的に重要な争点の一つとして長く存在してきたヨーロッパにあっては、日本よりはるかに、このホンネ／タテマエのギャップが大きいかもしれない。

この問題に対応するため、多くの研究が実験的手法を用いて「社会的望ましさバイアス」を回避し、反移民感情や評価の、より正直で「本音の」レベルを推定してきた（Janus 2010, An 2015, Hainmueller & Hopkins 2015）。当然、バイアスの強さは、聴取される争点や国・地域によって異なるものの（Middleton & Jones 2000）、多くの研究では、「社会的望ましさバイアス」によって、回答者の反移民的な態度・意見の表明が少なくなっていること、つまり多くの人々は本音では移民を忌避していてもそれを調査員に伝えず、移民を忌避していないふりをして回答していることがわかっている。

他方で、特定の状況下では、回答者は自分の率直な意見以上に、むしろあえて反移民的な態度をより強く表明する場合もある。クノール（Knoll 2013）は、アメリカの保守的な人々が、従来の対面調査において本心よりもっと、排他的な態度を示すことを明らかにしている。この現象は、これらの回答者が、外国人に対する反移民感情や排他的な言説を表明することが「社会的により望ましい」とされるような社会に生きてきたために起こる。自分の周りを、反移民的な態度を有する人々に囲まれていたり、人間関係のネットワークがそういった人々の中にある場合、本音では移民を忌避していないのに忌避しているようなポーズを示さねば、コミュニティ内部での承認や敬意を得られないといった状況がある。そういった状況では、移民に対して本音の意見以上に排他的な態度を表明することが、仲間意識の確認として機能したり、自身のアイデンティティ表明となったりといった社会的な作法として内面化されている場合がある。それは決してアメリカ固有の現象ではないだろう。

そういった、「社会的望ましさバイアス」の複雑さがある中で、右翼政党支持者へ行ったインタビューの言説を他政党支持者と比較してしまうと、その背景について誤った見積もりをしてしまう可能性がある。つまり、本心ではそう思っていない理由づけ（reasoning）を、真の原因だと誤解してしまう可能性である。

本研究はヨーロッパで最も有名かつ強力な右翼政党の一つである、フランスの国民連合（旧・国民戦線）の支持者が移民に対してどのように考えているのか、「社会的望ましさバイアス」を回避できるシンプルなサーベイ実験を用いて検証した。その際に、他の政党支持者や社会経済的背景を考慮しつつ分析する。

第2節　分析対象と方法：フランスにおけるリスト実験調査[34]

リスト実験を用いた態度聴取

本研究では、リスト実験（項目カウント法）と呼ばれる手法を用い、移民労働者に対する回答者の「社会的望ましさバイアス」を、政党支持率との相互作用の中から排除することを試みる。これは「社会的望ましさバイアス」の影響を回避・軽減するための一つの方法である（Imai 2011）。リスト実験では、回答者に様々な社会的集団が記載されたリストを見せて、その中に嫌いな集団や否定したい集団が「いくつ」あるか指定してもらう。ここで重要なのは、回答者に求められているのは、あくまで嫌いな集団の「数」だけを答えるという点である。回答者は個別の選択肢を名指しして回答する必要はなく、回答者が答えるのはあくまで数だけなので、どの集団を嫌っているのかは誰にもわからないようになっている。[35]それゆえ、回答者は社会的規範や社会的に望ましい回答へのプレッシャーから解放されて、自分の正直な態度を回答することができる。

ところがこの実験では、回答者は実は2つ（もしくはそれ以上の）のグループにランダムにわけられている。1つ目のグループと2つ目のグループでは、見せられているリストが違うのだ。1つのグループは回答時のリストに、研究上関心ある対象集団（本研究の文脈では移民）

が含まれているが、もう1つのグループで見せられているリストには当該対象集団（本研究の文脈では移民）が含まれていない。そのうえですべての回答者が、どれだけの数の「忌避する集団がいるか」を回答する。

もし、世の中の誰も移民を隣人として忌避していなければ、前者のグループと後者のグループ群で、忌避する集団数の数は変わらないはずである。反対に、世の中の全員が隣人として移民を忌避している場合、前者の答えたグループの平均「忌避する集団数」は、後者の平均「忌避する集団数」の数より1多くなる。前者のグループと後者のグループの唯一の違いは、回答選択肢に含まれる「移民」という選択肢が1つ増えているか否かだけだからだ。

そのため、2つのグループを全体として見たときに、「忌避する」集団数のギャップは、そのターゲット集団を嫌ったり忌避したりしている人の潜在的な割合を意味することになる。個人個人で誰が本心として移民を嫌っているかはわからなくとも、全体としてどれくらいの人々が本心で移民を嫌っているのかが、これでわかるようになるのである。

34 フランス語質問票の校正をしていただいた、大嶋えり子博士、レジス・ダンドワ（Regis Dandoy）博士、および共同研究の一環としてコーディング等を担当してくださった秦正樹博士らに、謝意申し上げる。本研究で使用した調査項目は、ＩＲＢ（北九州市立大学＃30－1）による倫理審査を受けた。

35 ただしすべての選択肢を選んでしまった場合（上限の数字を回答する場合）のみ、回答者が何を嫌っているかがわかってしまう。そういう状況にならないよう、選択肢には通常選ばれないような選択肢も入れておく。

フランスを事例とする理由

本分析を検証する対象としてフランスが好例である理由をいくつか述べておこう。極右政党の支持者の素直な態度を調査するためには、政党システムが安定し極右政党への支持も長期間存在している国が有用である。あまり直近で右翼政党が登場してきたような国で分析を行っても、その右翼政党への支持については、新しい政党への目新しさの期待であるとか、その政党の政策綱領がよく知られていないゆえの支持であるとか、様々な要素が含まれてしまう。それなりに古くから存在しており、（表向き）反移民を標榜していることが知られている政党への、率直な支持態度を調査するのが好ましい。国民戦線の支持者が実験的な調査方法で示す反移民感情の表れ方は、ヨーロッパの他の地域の他の右翼政党の支持構造を知るうえでも非常に意味のあることである。

フランスの国民戦線（FN：Front National, 2018年以降は国民連合と改名）はヨーロッパの中でも代表的な極右政党の一つである。1973年総選挙前に結党した当初は、必ずしも反移民を旗印としていたわけではなく、むしろ新自由主義的な経済政策や反共主義を基軸とし（国末2016）、左右二大陣営に対する挑戦者としてその地位を確立していたが、徐々に反移民的言説を前面に出していくことでその支持を伸ばしてきた。社会経済的に脆弱な住民が多く住む都市郊外地域など、かつて共産党が強かった地域（「赤い郊外」）で支持を伸ばしてきたことから、貧しい白人層（プア・ホワイト）が主たる支持層だと考えられることが多かった（自前の労働組合さえ組織している［譚2017］）。他方で、各政党の支持者の中では最も学歴が高いであるとか（Evans 2005）、実際には自営業者などの方が国民戦線支持率は高いとの指摘、あるいは住宅政策の変更で団地居住の象徴的価値が「降格」した屈辱感こそがその支持源泉であるとする議論もある（森2016：126-9）。

父のジャン＝マリ・ルペンが党首を務めていた頃は、過激な言説や反ユダヤ的議論を開陳してきたことで、その支持も限定的であった。しかし娘のマリーヌ・ルペンが党首となってからは、剥き出しの人種差別的な言説は抑え、より普遍的言説に結びつけた反移民メッセージを表明するようになってきた（畑山2013、大嶋2015：61）。特に2015年に父のジャン＝マリを党から除名したのは一つの大きな転換であった（Beauzamy 2013）。フランス国内に流入するムスリム移民の持つ価値観や伝統が、フランスの自由と平等に対する侵害となるといった言説で、普遍的価値観と結節させる形をとってきた。これがより幅広い支持をもたらす一因となり、2017年の大統領選において、マリーヌ・ルペンは大統領選挙の決選投票に進むほどの支持を集めるまでになった。

伝統的な調査によると、国民戦線支持者は最も外国人嫌いで、特に移民や外国人労働者に対する嫌悪感が強いと言われてきた。2017年にフランスで実施された欧州価値観調査（EVS）の最近の調査では、回答者に「移民／外国人労働者を隣人にすることを気にするかどうか」という質問に対し、全フランス回答者の9・6%が「はい」と述べている。この割合を党派別に見ると、国民戦線支持者の34・0%が「はい」と答えたのに対し、共和国前進支持者では4・1%、共和党支持者では15・1%、社会党支持者では5・5%となっており、この数字を率直に受け止めれば、国民戦線支持者が最も外国人嫌いであることが明らかに類推できる。実際、サーベイを用いた多くの量的調査は国民戦線支持の主要因は反移民感情にあるとしてきた（e.g. Van der Brug et al. 2000）。

他方でいくつかの詳細な定性調査では、国民戦線の中核的な支持者であっても、単に反移民感情を示すだけではなく、様々な理由で、よりニュアンスに差のあるものになっていることが指摘されている（Stockemer 2014）。それは、「反移民極右政党に投票する国民戦線支持者は、反移民イデオロギーではなく、むしろ抗議の有権者」（Miller 1994: 207）も含んでいる、ということである。従来、男性で保守的な価値観の支持層が多いと見られていた国民戦線の支持者だが、近年の別の調査では、そういった層は国民戦線支持層の中ではむしろ少数派となっており、実はリベラルな価値観を持つ高学歴若年女性という支持層がその相当程度を占めていることも明らかになっている（Lancaster 2020）。そこでは、LGBT擁護などのリベラルな観点から、それを許容しないムスリムへの反発として国民戦線を支持する動きも論じられている。[36]

つまり、表層的には反移民感情や社会経済的脆弱性による支持が見える国民戦線であるが、ミクロな視点からはもっと幅広い層からの種々の理由に基づく支持も散見されているのである。ではなぜ、国民戦線支持層は反移民感情が強いように見えるのだろうか？　それが真の国民戦線支持層の特徴だからだろうか？　それとも単に国民戦線支持層「以外」がその正直な態度を隠している一方で、国民戦線支持層があけすけな理由を表明しているだけなのだろうか？あるいは当の国民戦線支持層ですら、本心ではそこまで移民を嫌っていないにもかかわらず、「国民戦線しぐさ」とでも言えるような規範により移民忌避を名目に挙げているだけなのだろうか？　国民戦線支持者である理由として反移民を理由に挙げておけば、記者は満足して早々にインタビューイーを解放してくれるからだろうか？

　いずれにしても問題は、従来の調査方法では、回答者の中には正直な態度を明らかにしない人がいることに起因している。この問題に関して筆者と秦正樹《はたまさき》博士（現・京都府立大学）は、複数の先進国での反外国人感情を分析するために共同研究としてサーベイ調査を行った。当該研究は必ずしもフランスに限った研究ではなく、またそもそも政党支持との関連を追究するものでもなかったので、その成果はすでに別稿（秦・中井2019）で公表されており、本章はその際用いたデータの残滓《ざんし》を利用したものである。

　調査では、様々な社会経済的項目や政治的態度の質問とともに、リスト実験として回答者群

36　移民と言った際、フランスでもEU拡大に伴う東欧移民は当然想定に含まれるが、元来は旧植民地マグレブ地方からの移民が想定される（山田2012）。

表 5.1　回答者に示された 2 パターンの設問と回答リスト

統制群	実験群
設問文	**設問文**
このリストには様々なグループの人が載っていますが、あなたが隣人にしたくないグループがいくつあるか数字で教えてください	このリストには様々なグループの人が載っていますが、あなたが隣人にしたくないグループがいくつあるか数字で教えてください
リスト	**リスト**
- 赤ちゃん / 小さな子供のいるカップル - 犯罪歴のある人 - あなたの友達	- 赤ちゃん / 小さな子供のいるカップル - 犯罪歴のある人 - あなたの友達 **- 半年前にこの国に来た外国人労働者**
回答選択肢	**回答選択肢**
0, 1, 2, 3	0, 1, 2, 3, 4

を2つにわけて次の質問をした：「このリストには様々なグループの人が載っていますが、あなたが隣人にしたくないグループがいくつあるか数字で教えてください」。1つ目の回答者群（統制群）には3つのグループが提示される。①赤ちゃん／小さな子供のいるカップル（*Des couples avec bébés/petits enfants*）②犯罪歴のある人（*Des personnes ayant un casier judiciaire*）③あなたの友達（*Vos amis*）、である。もう一つの回答者群（実験群）には、先述の3つのグループに加えてもう1つ、④半年前にこの国に来た外国人労働者（*Des travailleurs étrangers sont venus dans ce pays il y a une demi-année*）が加えられる（表5・1）。前者のグループを統制群、後者のグループを実験群と以下呼称する。

先述のように、回答者は、望ましくないグループの「数のみ」を尋ねられる。個々の回答者は社会的に望ましいものでなければならないという圧力から解放されて回答できるようになる。研究者は、回答者の個々の態度を把握することはできないが、集団的に態度を把握することは可能である。統制群と実験群の間の「望ましくないグループ」の平均数の差は、彼らのリストに「外国人労働者」が含まれているかどうかの違いだけから来ている。

2018年7月30日から2018年8月1日までの期間、サーベイ・サンプリング・インターナショナルのサンプルプールを利用してweb調査を実施した。回答者617名のうち、設問を読まずに回答したと思われるサティスファイサー[37]を排除した後、562名の有効回答を得た。本調査はオンラインで実施されたため、当然、全国調査と比較して偏りがある可能性がある。だが本調査で重要なのは偏りがあるかもしれないサンプルの中で、統制群と実験群の間に表れる差異なので、この偏りの問題はあまり重要ではない。この問題については、後述のディスカッションセクションでも検討する。

第3節　分析結果：国民戦線支持者は必ずしも反移民ではないかもしれない

図5・1は、統制群と実験群の両方の「望ましくない隣人」の平均数の差を示している。統

37 たとえば、モニター協力費のみを目的として、すべて1を選んだりするような回答者のことである。

図5.1　望ましくない隣人グループの平均数

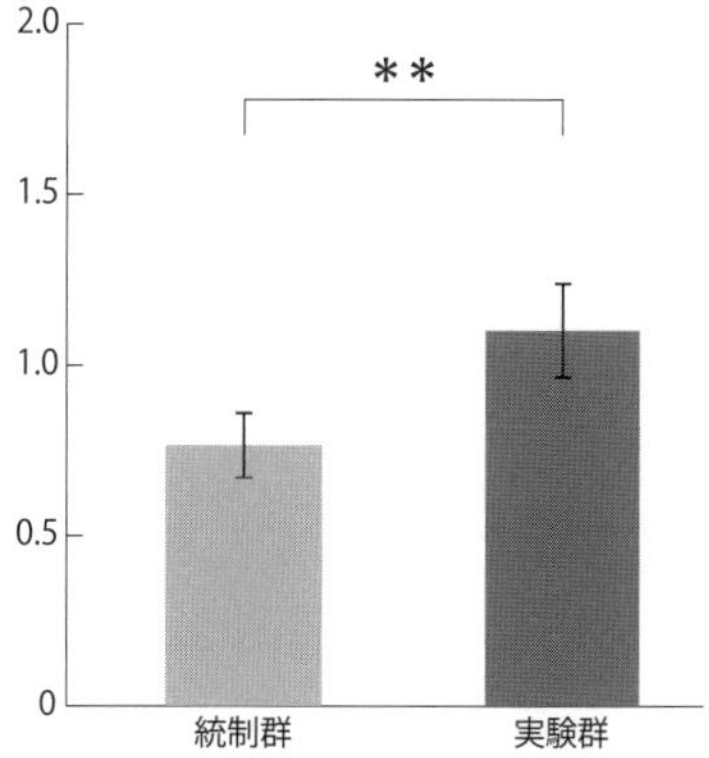

筆者作成
注：統制群はリスト質問に 1) 赤ちゃん／小さな子供のいるカップル、2) 犯罪歴のある人、3) あなたの友達、の 3 つのグループを含んでいる。実験群はこの 3 つに加えて 4) 外国人労働者を含めている。

制群は平均で0・765（±0・049）グループを「望ましくない隣人グループ」として見ているのに対し、実験群は平均で1・102（±0・070）グループを「望ましくない隣人グループ」として見ていることが示されている（括弧内の数字はプラスマイナスの標準誤差区間を示す）。0・337（±0・084）という両群の数字の差は、アンケートのリスト内に「外国人労働者」がリストに入っているかどうかの差だけから来ている。つまり、実験回答者の約34％は、移民労働者を自分の素直な態度において、望ましくない隣人と考えていることになる。この差には統計的有意差が存在する。

　このような差を、支持政党ごとに見るとどうだろうか（図5・2）。まず、国民戦線支持者について言えば、統制群と実験群の間では、実質的な違いを見出すことができなかった。統制群の回答者が、望ましくない隣人の平均数として1・045グループと回答したのに対し、実験群の回答者では平均1・528であった。数字上のギャップは存在しているが、このギャップは、2つの対象グループ間の平均を比較したt検定では統計的に有意ではなかった。「実験群

図5.2　政党支持と望ましくない隣人グループ数のリスト実験結果

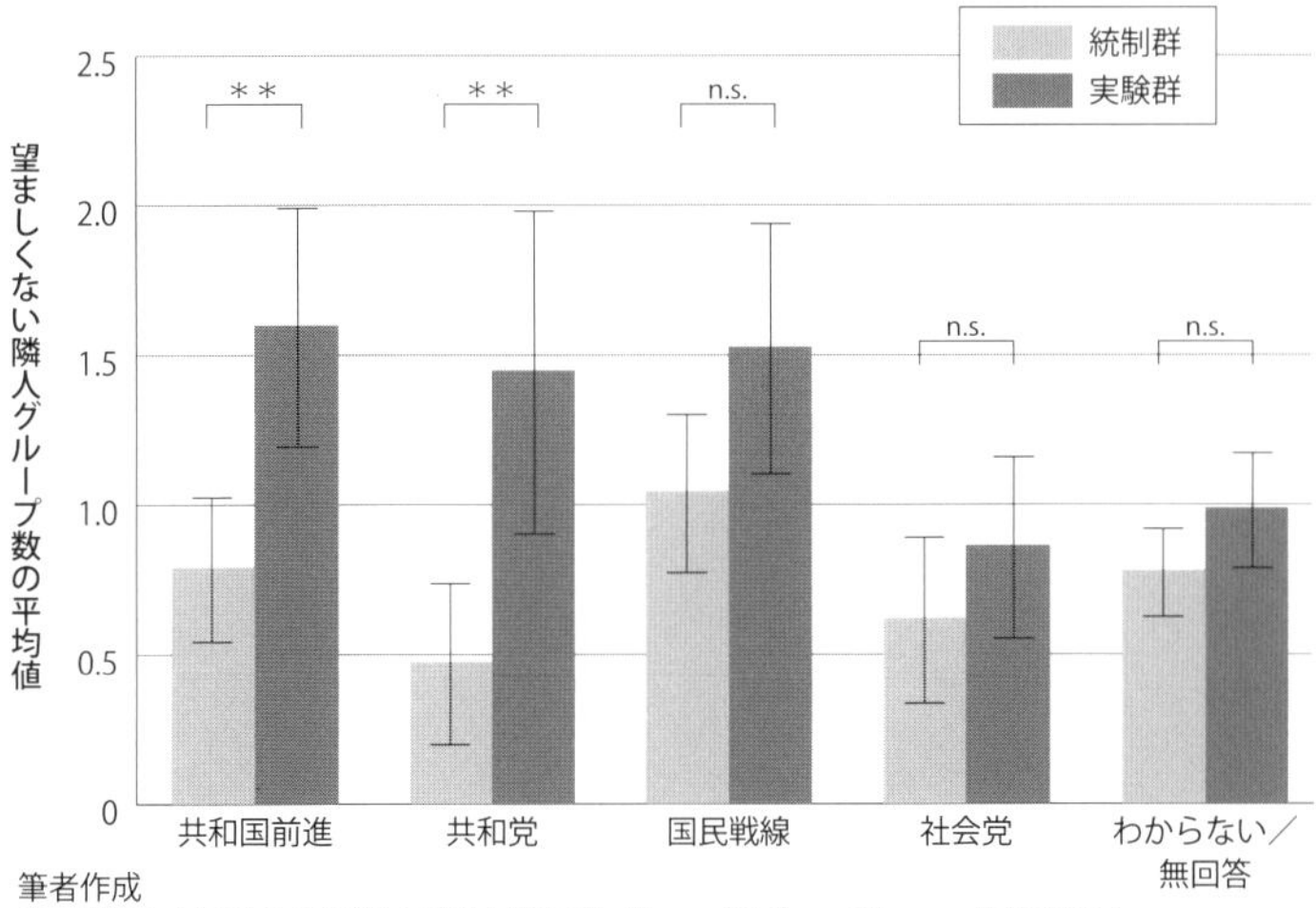

筆者作成
注：図 5.1 と図 5.2 の縦線は 95%信頼区間 , ** p < .01, * p <.05, n.s. = 有意差なし

の方が統制群より忌避するグループ数が多いとは言えない」可能性が十二分にあるのであって、それは国民戦線支持者が本質的に反移民グループですらない可能性を示すという、衝撃的な結果となっている。

　他方で、伝統的保守政党陣営の「共和国前進」支持者と共和党支持者では、望ましくない隣人グループの数に統計的に有意な差が存在することも明らかになった。「前進」支持者は、実験群では平均1・60のグループを望ましくない隣人として挙げているのに対し、統制群の0・792群を望ましくない隣人として挙げている。この差は0・808ポイント（±0・240点）であり、「前進」支持者の8割前後の人が本心では移民を隣人として嫌っていることを意味している。共和党支持者の間でも同様の差が見られ、統制群では0・476、実験群では1・450のグループが忌避されていた。0・974（±0・317）ポイントの差は、移民を隣人として嫌う共和党支持者の潜在的な割合を示唆している（ほぼ全員という含意である）。これらの結果は、いわゆる中道右派政党の支持者の多くが、密かに、移民を隣人として受け入れることを忌避していることを示しており、それはともすれば国民戦線支持者より多いようである。

社会党支持者と、支持政党が「わからない／無回答」グループでは、国民戦線支持者と同様、統制群と実験群の間には統計的に有意な差が存在しなかった。このことは、これらの政治的グループが、外国人労働者を望ましくない隣人として扱うとは、言えないことを意味している。一言で言えば、国民戦線支持者だけでなく、社会党支持者や超党派のグループも、本質的には反移民グループではないということである。

第4節　学歴と職業による本音度の違い——従来型調査との比較

本音をより聴取できる実験調査から明らかになったのは、国民戦線支持者は必ずしも反移民主義者ではない（むしろ中道右派政党支持者の方が本心では反移民的態度を有している）ということであった。もちろん、サンプル数が少ないので統計的有意差を検出していないだけの可能性もあるが、同じ程度にサンプル数が少ない共和党支持者などでは、一定数の反移民主義者がいることを検出できており、それより少ないということが重要である。他方で、既存の対面世論調査では、冒頭で述べた通り、国民戦線支持者は他の政党支持者に比べて、移民を隣人として嫌う割合が高いという結果が出ている。

つまり、国民戦線支持者は本心ではそこまで移民を嫌っていないにもかかわらず、対面調査で聞かれると「移民が嫌いだ」と答えていることが、他の政党支持者よりも多い人々だということになる。このギャップはなぜ起きているのだろうか？　我々がリスト実験を行ったのは2018年であり、対面調査である欧州価値観調査EVSは前年の2017年に行われているから、世論の分布が大きく変動したという理由は考えづらい。

社会経済的地位への着目が、我々の調査方法と従来的な調査方法の間にギャップがある理由を説明するためのカギとなるかもしれない。図5・3と図5・4は、学歴・雇用形態別に、移民を嫌う人の平均的な割合を、我々のリスト実験の結果と対面価値観調査のデータの双方から示したものである（あいにく所得階層については本調査では聴取していなかったため、比較検討ができなかった）。対面調査である価値観調査では、仕事が不安定な人や低学歴層は、そうではない人に比べて反移民感情を表明している。しかし我々のリスト実験では、安定した職業にある人や高卒・大卒程度の（中間的な）学歴を有する人の方が、移民を嫌う比率が多い。

失業者は、対面調査のEVSでは最も反移民的な回答者であったが、リスト実験調査ではそうではなかったし、（標準誤差は大きいため断言はできないが）最も反移民的ではない回答者

図5.3　EVSとリスト実験の雇用形態別の反移民感情

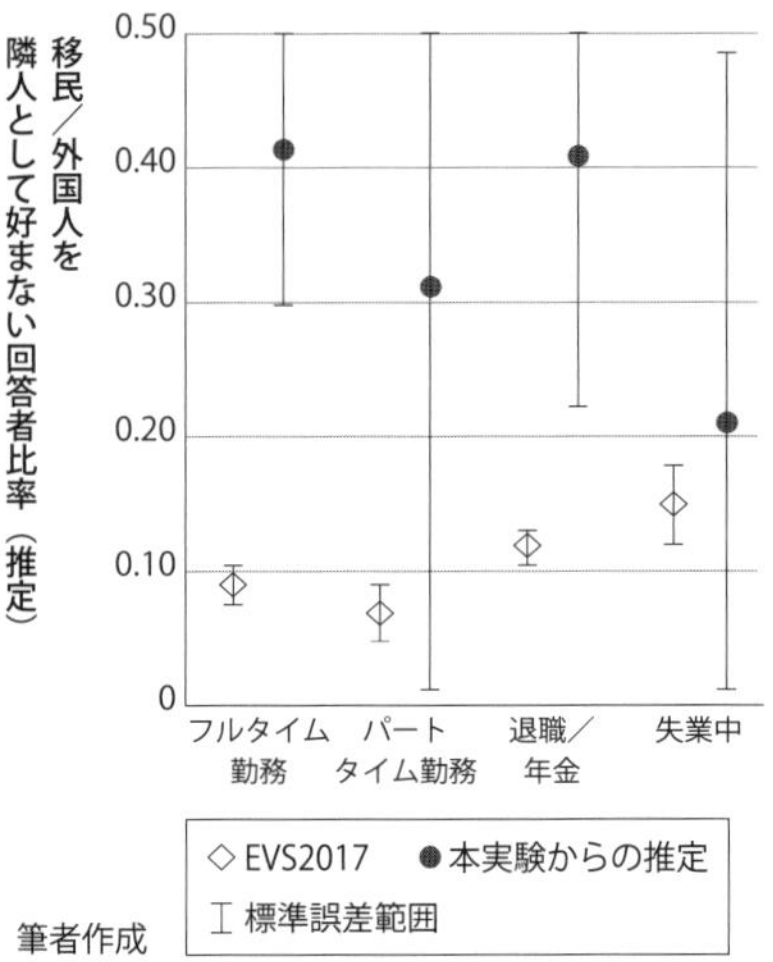

筆者作成

である可能性すらある（図5・3）。このギャップは、フルタイムやパートタイムで雇用されている労働者が、本音の反移民感情を隠していることによって起こる。就労している人は、様々な社会的規範の網にさらされているので本音を隠すのかもしれない。加えて、無職の人々はその明示的な苦境ゆえに、社会的に望ましい回答をしなければならないという社会的な圧力から、相対的に自由であることも理由の一つだろう。彼らは調査者に対して正直な怒りを表現するための社会的ライセンスを与えられていると主観的に感じているのかもしれない。

ＥＶＳの対面調査では、低学歴者ほど反移民的な傾向が強かったのに対し、本音を暴く我々のリスト実験では中等・高等教育を受けている人の方が反移民的な傾向が強いことが明らかになった（図5・4）。このような学歴による「社会的望ましさバイアス」ギャップは、フランスの事例のような文脈を超えてしばしば報告されている。本書の第2章、第3章でも示された通り、学歴の高低は反移民感情を説明する強力なファクターであった。学歴や職階が高まるほどに、社会には望ましい回答と望ましくない回答があることを学び、本音はさておき何が社会的に望ましい態度なのか、身につけていく効果は当然あるだろう。勿論、もっとシニカルな解釈として、本音を隠せるスキルのある者が、高い社会経済的地位につけるということだけなのかもしれない。重要なのは本心で正しいことではなく、正しいと見られることであり、本心で正しくなくとも正しいと見られることに長けた者こそが栄達を得るのではないか——『国家』でグラウコンがプラトンに投げかけた紀元前より存在する論点の一つでもある。本分析の結果をもたらしているメカニズムがどちらなのかはわからないが、もし後者であるならばグラウコンの試論は当を得ていたとも言えそうである。

　これらの結果は、右翼的なポピュリズム政党や候補者の台頭に関する一般的理解と学術的研究との間の理解のギャップを説明するものでもある。ルポやインタビューに根差した仕事では、右翼政党や候補者を支持しているのは社会経済的地位の低い「取り残された人々」であることが指摘されてきたが、多くの学術的研究では、そういった個人の社会経済的地位の低さが右翼ポピ

図5.4　EVSとリスト実験の教育レベル別の反移民感情

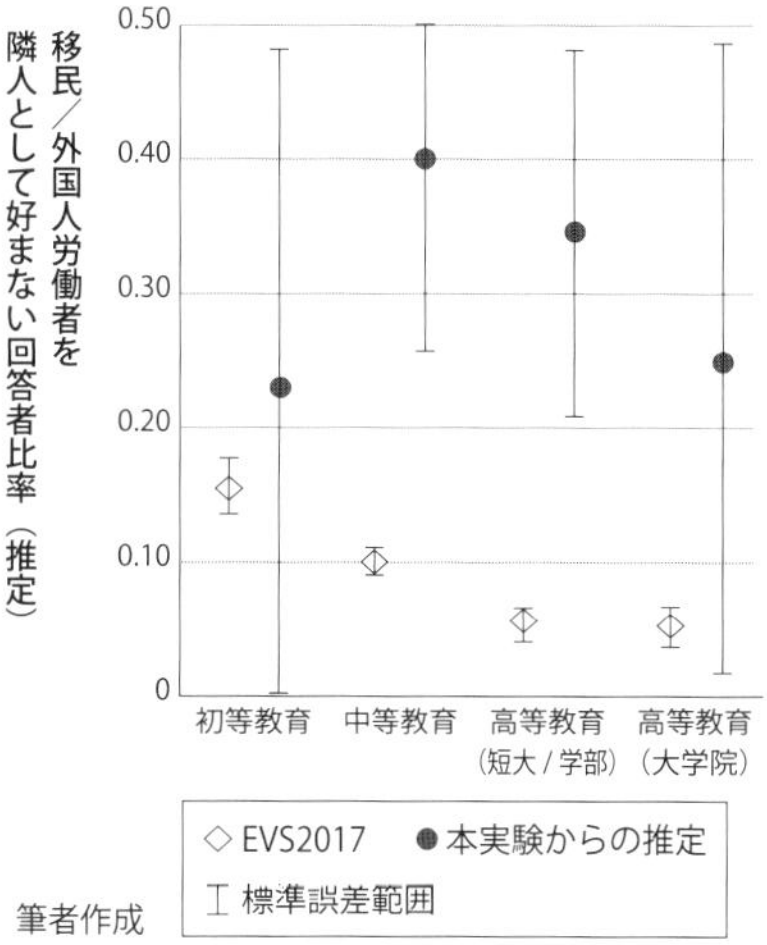

筆者作成

ュリスト政党への支持を説明することはないと主張していたし、また本書前半の分析結果もその結果をサポートしてきた。ルポルタージュ等においては情報入手の手段としてインタビューを用いることが多い。それ自体は決して悪いことではないのだが、時に、インタビュイーが社会規範の強い圧力の下で回答や話題を提供することも意味する。そのような状況では、多くの人は移民に対する率直な態度を隠すだろう。地位が不安定な労働者のように、怒りを表現する正当な理由がある人は、社会的望ましさのバイアスから比較的自由に反移民の感情を明らかにすることができる。しかし、このような意見は、社会調査で見ることのできる真の意見の分布と同一ではない。政治家など、長期的に接触する機会があり信頼関係を醸成できる相手から、情報を引き出す限りにおいてはそのような問題は起こりづらいだろう（またジャーナリストの仕事の神髄の一つはそこにこそある）。だが、一般市井の人々に対するランダムなインタビューにおいて、このような信頼関係を一瞬で構築し本音を引き出すのは至難の業《わざ》である。

第5節　反移民感情と極右政党支持：本音はどこに

本章ではリスト実験という手法を用いて、フランスにおける政党支持と移民・外国人労働者に対する率直な態度の関係を明らかにした。その結果、右翼政党の国民戦線支持者が、他の政党支持者と比較しても、必ずしも反移民的な態度を突出して有していたわけではない可能性が示唆された。他の保守系の政党支持者がその反移民的態度を通常は隠しているのに対し、国民戦線支持者はそれを隠していないだけであった可能性がある。

リスト実験（項目カウント法）は、移民や外国人労働者に対する傾向など、社会的にナイーブな質問に対する回答者の正直な態度を明らかにするのに適した方法の一つである。本章の調査では、回答者を2つの群にわけ、いくつかの想定される隣人リストの中から「望ましくない隣人」の数だけを答えてもらった。この際、実験群回答者にはリストに移民／外国人労働者を含め、統制群回答者にはそれを含めなかった。回答者は、嫌いなグループを個別具体的に名指しする必要がなく、実際、一人一人の回答者のうち誰が移民を嫌っているのかは内心を知っている回答者以外には誰にもわからない。ところが、全体として見れば実験群と統制群の間で、「望ましくない隣人」数に差が表れ、この差はリストの中に「移民・外国人労働者」が含まれていたか否かのみによって発生している。だから、その差こそが人々が本音で考えている移民・外国人労働者嫌いの集合的比率となるのだ。

そして、それを人々の支持政党と組み合わせてみたときに、国民戦線支持者の中では、統制群と実験群の間で、望ましくない隣人の数について有意な差は見られなかった。国民戦線支持者が本音の部分では移民・外国人労働者を嫌っているとは言えないことを意味する結果が得られた。他方で、中道右派の共和国前進支持者と共和党支持者においては有意な差が見られた。

この結果は、EVSのような伝統的な調査に基づく認識と矛盾している。EVSでは国民戦線支持者がフランス人回答者の中で最も外国人嫌いであることを示していた。本調査結果は、このことの一因として、回答者の「社会的望ましさバイアス」効果があったことを示唆している。回答者は、移民や外国人労働者に対する正直な態度を隠している可能性があるのだ。この点で、もしかすると国民戦線支持者は、他の保守的な回答者と比較して、移民や外国人労働者に対する本音の態度を隠さない正直な回答者であるだけなのかもしれない。

勿論、我々の実験と比較対象のEVSは完全には同じ調査ではない。だがほぼ同じ時期（2017年と2018年）に行われており、フランス国内世論の大きな時間的変動によってこの違いが出た可能性は低いだろう。我々の実験がオンライン調査であり、全国調査のEVSとは分析対象者にズレがあるというポイントは考慮しなければならないが、仮にオンライン調査回答者が全国調査と比してバイアスを含んでいるとしても、その偏ったグループ内部での比較実験において差が見出されている以上、国民戦線支持者が内心では反移民ではないかもしれないという結果は有効なものとして取り扱わないといけない。

この研究成果は、本書全体の議論とはどのように接続できるだろうか。まずもって社会経済的な脆弱性から反移民感情や右翼政党支持を説明しようとする議論へのカウンターとなるだろう。フランス国内でも国民戦線が支持される理由の一つには、「大量失業が際立つ社会的文脈」の中で移民がさらに流入してくることへの反感が語られているらしい（宮島2010：226）。実際に、本章の分析でもEVSでは失業者の方が就業者に比べてわずかに反移民感情は高かった。しかしリスト実験を行った結果では、むしろ就業実態と反移民感情の関係は逆であった。本音の部分では低学歴や失職者だからといって、反移民感情を有するわけではないことを、フランスでのリスト実験は明らかにした。実際には仕事があってもなくても、学があってもなくても、同じ程度には反移民感情を抱き、右翼政党を支持しているのかもしれない。しかし、実際にその見解を表立って表明するか否かに関して言えば、就労状況や学歴の高低が影響していることを本章の分析結果は示唆している。またそれ故に、本書の第3章で示された、文化的反移民感情に対する学歴の強い効果も、どこまでそれが本音の効果なのかは割り引いて考えなければならない。

国民戦線支持者は単に反移民感情を「正直に」表明しやすいだけの人々であるのかもしれない。だが、もちろん正直であることは必ずしも良い規範的行動や政治的に正しい態度であるとは限らない。反移民の「正直」な態度表明は、それ自体が社会的結束や人権を危うくする可能性がある。社会的結束や人権擁護という観点から見れば、反移民の憎悪を内心に抱きながらも沈黙を維持することの方が、およそ好ましいことであると言える。この点で、本調査結果は、本音を表明しない者の一貫性のない態度を非難するものではないし、むしろ本音と建前の一貫性のなさこそが、社会的結合の維持のためには重要だという含意すら導き出せる。「仮面をかぶることがcivilityの神髄」であり「「シビリティ」は「自由」や「デモクラシー」を機能させる」(木村2010：ii)のであれば、皆が本音で語りあう社会空間は必ずしもユートピアではないだろう。

だが、当初に述べた通り、本音を吐露している者も隠している者も、匿名性が保持された投票ブースでは本音を吐き出せるということは考慮しておく必要がある。第4章で検討したように、国によっては右翼政党支持がポピュリスト支持・反既存政治的傾向を同時に帯びていることも述べた。この際、反感の対象になっているのは、先述したようなある種の言動不一致の「正直ではない」政治的態度である可能性もある。正直という美徳と結節する形で、反移民を表明し極右政党を支持している人もいるのであれば、そのような人々を悪魔化したり無能な弱者のごとく描き出すことは、ますます反感を強め、彼/彼女らの態度を過激化・硬化させ、翻って社会的少数派の人権や便益の侵害を助長することにもなるのではないだろうか。

第6章

ナショナリストが煽る市民の排外感情

――ラトビア選挙戦の効果検証

オブロンスキーは,
主義主張をみずから選んだことはなかった。
主義主張の方が彼に向ってやって来るのだった

トルストイ(1877)『アンナ・カレーニナ』

本章では右翼政党が選挙で人々の支持を求めて競争することと、人々が移民への排外主義的感情を抱くこととの関係性について、現地調査での結果をもとにより深く検討する。

ここで検討したいのは、移民への排外感情が選挙に影響するのかという観点ではなく、反対に選挙が移民への排外感情に影響するのかという点である。ここまでの分析では、どのような政治意識や背景が右翼政党支持へつながっているのかという分析を取り扱ってきた。つまり、意識が先行し、選挙（結果）が後に来るということを前提とした分析になっている。

ところが第4章においても若干触れたように、政治学や隣接分野研究は、この流れの逆もあることを明らかにしてきた。そこで第6章では、この逆の因果の流れの効果がどのようなものなのかを検討する。

ナショナリスティックな政党・政治家側からの働きかけの効果を見たいのであれば、その活動が最も活発になるときに着目すればよい。それは総選挙の時期だろう。筆者は東欧のラトビアに着目した。ラトビアという国は、ヨーロッパの中では圧倒的にナショナリズムや移民をめぐる争点が顕著な国で、何十年も右翼政党の政治的存在感が強固な国だった。すなわち、人々はこれらをめぐる問題について強固な価値観をすでに形成しており、たった一回の選挙戦でのナショナリスト政党のアピール程度では、最も世論が動きづらい国であると言える。もし、この国で、選挙前後の短い間に人々のナショナルな感情が煽られたりすることがあれば、きっと他の国の人々にも起こりえるということが言える。

筆者は実際にラトビアで総選挙の前後に世論調査を行って、人々の移民に対する態度が変化しているか確認した[38]。結論を先取りすれば、わずか1カ月の間にも移民に対する態度を幾ばくか変化させていることがわかった。ただしそれは移民が自国文化を破壊するという抽象的な懸念ではなく、中東からの移民に対する警戒感として、政治的関心の高い無党派層において表れた。また興味深いことに、ヨーロッパからの移民に対する警戒感も高まっていた。

つまり、移民が文化を破壊するという懸念があるから右翼政党が支持されているという流れだけではなく、右翼政党が存在している選挙競争の中で移民に対する懸念が高められているという影響もあることを本章では示す。ただしそれは、右翼政党の直接の支持者というよりは、政治的関心の高い無党派層という、「意識の高い」有権者の中で起きていることを示している。

以下、本章では、第1節で選挙とナショナリズムに関係する諸理論を整理する。第2節では分析対象であるラトビアとその右翼政党・ナショナリズムについて説明する。第3節では分析に用いるデータと方法を説明し、第4節でその分析結果を報告し議論を深める。

38 筆者はかつて多様なナショナリズムに与える効果を分析したが（Nakai 2018, 中井２０１９）、本書では特に排外主義的な感情に着目する必要から、対移民態度のみに着目する。

第1節　選挙とナショナリズムの理論

政治家と有権者の情報接触

そもそも、なぜ選挙は有権者の政治意識形成において重要なのだろうか。理由は政治家側の戦略と有権者側の心理の2つにある。

まず、政治家側には人々の意識に訴えかけたり動員したりすることで、自分たちへの支持を増やそうとする動機がある。人々の政治意識・アイデンティティが選挙結果に影響を与えるならば、それを見越した政党政治家たちは選挙での得票増大のために、人々の意識に訴えかけ影響を及ぼすことを企図する。民族主義的な勢力ならば、人々の民族意識・ナショナリズムに訴えかけることを通じて、その支持を増やそうと企図する（Collier & Hoeffler 1998, Collier et al. 2005, Cederman & Girardin 2007）。

有権者は、選挙のために投票先を判断する必要がある。だが、非常に多くの情報がある中で、すべての情報を検討するのは大変である。その際、民族や帰属意識をめぐる主張や情報は、見えやすく入手しやすくわかりやすい情報の一つであり、有権者の手持ちの政治情報が少ない場合には第一義的に重要な政治情報でさえある（Chandra 2004; Hale 2008）。また、有権者のみならず人間は、自分が信頼や支持を寄せている集団や人物の意見を、内面化する傾向にある。支持を寄せている右翼政党が移民排斥を唱えれば、その意見について考えたことがない有権者であっても、移民排斥を唱え始めるかもしれない。

これらのメカニズムゆえに、選挙の時期は、政治意識に訴えかける活動が活発化しやすい契機であると考えることができる。民族紛争の研究においては、民族間暴力が選挙の時にこそ発生しやすいという指摘が常識的理解になっている節すらあるが（Brass 1997, Wilkinson 2004, Cederman et al. 2011）、それはこうしたメカニズムによるものである。

では、選挙戦とそれに付随する宣伝や情報接触を経ることで、人々の反移民感情は影響を受けるのだろうか。また、受けるとすればどのような意識なのだろうか。この際、理論的には2つのタイプの変化が想定される。一つは選挙戦を通じて有権者が、移民争点に、経済や福祉の争点よりも着目するようになるという変化であり、もう一つは移民争点次元の中でその態度の強度や同意・不同意の好みが変わるという変化である。先駆的研究であるエイフェルトらの研究では、アフリカで行われた世論調査と選挙実施とのギャップを利用し、選挙直後に実施された世論調査の結果ほど（選挙実施が近いほど）、人々は自身にとって重要な帰属意識として、経済的な社会階層や職業の違いなどよりも自身のエスニック・アイデンティティを挙げるようになることが明らかにされた（Eifert et al. 2010）。ただ、狭いエスニック集団に向かうアイデンティティだけが高揚させられるわけではなく、筆者が東島雅昌《ひがしじままさあき》氏と共同で行った研究では、選挙時には民族横断的な国家帰属意識やナショナル・プライドの高揚が（ナショナリスト政党が強い所ほど強く）見られることを明らかにした（中井・東島2012、Higashijima & Nakai 2015）。フレスケン（2018）もルーマニアのデータを用いて、選挙時には民族横断的な国家帰属意識が高まることを論じている。転じて、選挙が近いときに実施した世論調査ほど、反移民感情が高まるという指摘もある（Whitaker & Giersch 2015）。

ではヨーロッパの民主主義国において、右翼政党が存在する所では、選挙時に反移民感情が高まっているのだろうか。仮に高まるとして、どのような層が反移民感情を高めるのだろうか。

政党支持・政治関心と右翼政党による動員の効果

右翼政党の存在と反移民感情の関係性について、選挙の効果を考慮するならば、その政治環境も考慮に入れなければならない。

選挙時にこれら反移民感情を強める影響を受けやすい層として最初に想定されるのは、そのような反移民言説を熱心に展開する右翼政党を支持している者であろう。当該右翼政党を支持している者は、そうではない者に比べて、自身の支持政党の情報により頻繁に接触するし、またその情報に対して好意的・受容的な態度で接することが想定される。もし政党側の動員にそれ固有の効果があるならば、その効果は当該政党支持者に最も顕著に見られるはずだ。

だがここには一定の難しさもある。実際には右翼政党と反移民感情の関係は（まさに本書の前半で証明したように）、移民に対する反発をすでに持っている人が右翼政党を支持している面もある。そうすると、これらの人々は最初からすでにかなり高い反移民感情を有しているため、右翼政党の宣伝・動員を受けても、もうそれ以上反移民感情を高められない域にあることが考えられる。つまり、反移民感情が高止まりしてしまっており、それ以上の上昇を確認することができない状況にある(このような分析上の問題を一般に天井効果と呼ぶ)。

また、右翼政党を支持している人は、日常的に自身の支持政党の情報により頻繁に接触するだろうが、必ずしも選挙シーズン時にことさらに増えるわけではないかもしれない。選挙戦の時期にはすでに投票先は右翼政党にすると決めているだろう。

選挙の時期に、あえて各政党の選挙宣伝に触れていくのは、どのような層だろうか。それは、政治には関心がある(すなわち選挙時に多様な政党の情報に接触する契機が多い)ものの、特定の支持政党を持たない無党派層だろう。だとすれば、そういった政治関心の高い層や無党派層の方がむしろ、選挙期間に右翼政党から投射される政治宣伝やメッセージに触れ、移民に対する反感を強めるかもしれない。

このような支持政党と政治関心の違いに合わせた分析が、背景にあるメカニズムを考えるうえでは必要となる。のちほど分析結果を提示するが、その概要を先に言えば、政治関心の高い無党派層が選挙によって最も反移民感情を高めやすい。

第2節　ラトビアの右翼政党と反移民・難民運動

本分析に適しているのは、①移民問題を含むナショナリズム争点が日ごろから政治的・社会的に顕著であり、②反移民的な右翼政党が頑健に存在しており、③定期的に民主的な選挙が行われている国である。そのようなヨーロッパの国は複数あるが、本章はラトビアの分析が最も興味深い知見を提供できると考えている。

なぜならばラトビアは、後述するように、日常的にナショナリズムや人口動態に関する争点が社会的に重視されており、各人がアイデンティティ問題について良かれ悪しかれ強い信念を形成する機会があることに加え、その独立回復以降、ほぼ一貫して右翼政党が政権の枢要を占めてきた。ある時の選挙において、突如移民争点が着目されたり、突然右翼政党への着目が高まったりした状況で人々の反移民感情が高まったことを観察できたとしても、それは自然なことで何ら不思議ではない。ラトビアでは、多くの人々がナショナリズムの問題に長年直面し、ナショナリスティックな政党が長期的に政権に参与し続けてきた。「にもかかわらず」それでもなお選挙時に反移民感情が高まるのであれば、きっと同様なことは他のヨーロッパの民主主義国でも起こりうる。最も起こりづらい所で起きる現象は、どこででも起こる蓋然性が高い。

「移民＝占領者」排除こそが民族的悲願であったラトビア

見ようによっては、ラトビアはヨーロッパの中で最も右翼的でナショナリスティックな国家であるかもしれない。過去30年の政権の中で、右翼政党が連立に含まれていなかった時期は数年にすぎない（26政権中20政権が右翼政党を連立に含めている）。これだけ右翼政党が政権を一貫して掌握してきた国は、ほぼ全政党による連立が慣習化しているスイスを除けば、ヨーロッパでは他に存在しない。そのナショナリズムはエスニックな原理に基づいており、国籍取得ハードルがヨーロッパで最も高い国の一つでもある（MIPEX 2015, Nakai 2014）。第1章で用いた、議会政党の政策的位置をコーディングしたチャペルヒルデータセットで、そのGAL-TAN軸（文化的対立軸）において最も全政党の平均位置がナショナリズムの側に偏っていたのも、ラトビアであった。

ラトビアで民族主義・ナショナリズムこそが政治的メインストリームとなった背景の一つには、長年のソ連＝ロシア支配がある。第一次世界大戦後に独立を果たしたラトビアであったが、第二次世界大戦と独ソ間の緊張はそれを維持させなかった。モロトフ＝リッベントロップ秘密協定により、ラトビアはソ連の占領下に置かれ、終戦後もその状態にとどめ置かれた。西欧や北米に脱出（移民）できなかった多くのラトビア系エリートや富豪がシベリア送りとなり、そのまま帰らぬ人になった。ラトビアはソ連内では最も工業化が進んだエリアであったた

め ソ連も積極的資本投下を行ったが（Simon 1991）、第二次世界大戦による荒廃とシベリア追放で足りなくなった労働力を埋めるために、ソ連中から「移民」が呼び寄せられた（Lieven 1994: 183）。彼らはその共通語からロシア語系住民と呼ばれた。

ラトビアの独立回復が現実味を得るにつれて、このロシア語系住民の処遇が問題となった。すでに2世3世が出生し、国内ロシア語系住民の多くはラトビアで生まれ、ラトビア国内から出たこともない者たちとなっていたが、他方で先述のラトビアの歴史を愛国的に解釈する層から見れば、「違法な占領」時代にやってきた「占領者の子孫」にすぎず、「ロシア人krievi」「移民imigranti」「占領者okupanti」といった単語が、しばしば相互交換可能な単語として認識される言説が醸成されていった。

独立回復期には様々なアクターの相互作用があったが（Agarin 2010）、最終的に勝利しラトビア政治のメインストリームを掌握したのは、先述のようなラトビア・ナショナリズムを主張する勢力であった。1941年から1990年までのソ連時代は違法であり、「なかったこと」とされ、約50年の「占領」によって中断を余儀なくされた時期であったという解釈が国家公式のものとなった。その論理的帰結として、ラトビアは1991年を独立とは呼称せず、憲法も1922年憲法を（修正して）そのまま用い、選挙のカウント数なども1993年のそれを「第5回総選挙」と公式には呼称して、1931年の第4回選挙の次の選挙という形式をとっている。同じような世界観の延長として、その「占領期」にやってきたロシア語系住民の法的権利を認めず、畢竟その子弟にも公的権利を与えなかったから、政治参加は1940年以前にラトビアに居住していたラトビア系民族の子弟に限定された（Cianetti 2014, Nakai 2014）。居住者の数割程度が民主的決定から排除されており、エスニック・デモクラシーと形容されていたゆえんである（Smith G. 1996, Linz and Stepan 1996）[39]。

このような、エスニックに狭い線引きで政治を行っていこうとするラトビア・ナショナリズムの思想や運動を具現化した政党が、右派の独立運動勢力たる「ラトビア民族独立運動（LNNK）」とその分派「祖国と自由のために（TB）」であった。両者は一時分離する時期もあったが、EU加盟前後を通じて、一体の「祖国と自由のためLNNK（TB／LNNK）」として長らく活動した。そして、ラトビア人によるラトビアの確立とソ連＝ロシアの影響力排除を第一に、厳しいラトビア語オンリー政策の確立、ソ連時代の「占領」補償の要求（Pettai & Pettai 2014: 293）などに力点を置いていた。先述のようにラトビアのほぼすべての政権に参加

39　当初は単に国籍／市民権がないだけではなく、その他の法的地位もない状態であった。これらの対応は1990年代に国際的な批判を浴び、ラトビア政府は「非市民パスポート」の地位を創生することで対応した。本パスポート保有者は出入国管理上の便宜について当該保有者にラトビア政府公式の承認を与えるものである一方、公民権を行使できる市民としては認めていないという形をとっており、国際的にもかなり珍しく特異な法的地位である。UNHCR（国連難民高等弁務官事務所）などは、これを依然として法的庇護のない無国籍者であり人権侵害として問題視しているが、ラトビア政府側は無国籍者とのラベリングには強く反論している。

しており（例外は２００４–９年）、１９９７–８年のクラスツ政権では政府首班でもあった。ラトビアでは首都リーガが、国全体の3分の1程度の人口を抱えるため、そこでの市議選・市政も極めて重要なインパクトを持つが、リーガ市では１９９４–７年、２０００–１年、２００７–９年に「祖国と自由のために」が政権を担当している。

同党がどの程度〝右翼〟だったのかについて議論はあるし、現地では「極右」というラベリングに対しては反発も多いが、研究者の中には極右（radical right, extreme right）として扱う者もおり（Mudde 2007: 54, Auers & Kasekamp 2015: 139）、事実、欧州会派はナショナリストグループのＥＣＲに属している。

ただ彼らは右翼政党として、ロシア連邦ないしロシア語系住民からの影響に対してきわめて排外主義的な勢力ではあったものの、欧州懐疑政党ではなかった。同党の最優先目的はラトビア民族＝国家の独立の維持であり、その潜在的脅威たるロシア（人）への対抗であったから、その対抗措置として有用な限りにおいてＥＵに対しては受容的な態度を有していた（Vasilopoulou 2019）。１９９０年代のラトビアが採用していたロシア語系住民子弟に対する様々な差別的措置について、ＥＵから是正を強く求められたときには、反発や曖昧な態度を示しつつも、最終的にはＥＵ側の意向を呑み込んだし、ＥＵからなされる自国への要求がロシアからの安全保障に資すると解された場合には、彼ら右翼政党がむしろ積極的にＥＵ側の言説を利用していた（Schulze 2018）。

従来、民主化勢力・独立回復勢力の中核として大きな支持を得ていた「祖国と自由のために」だが、その熱狂に基づく支持も冷めてくるにつれて、徐々にその党勢を弱め、2006年選挙時の得票率は6・9％にまで落ちた。この党勢を回復させるために、同党は、議会外の極右組織「すべてをラトビアのために！」と合併し、「国民連合（NA）」を形成した。

「すべてをラトビアのために！」は、ネオナチ的傾向を有したライヴィス・ジンタルスを頭目に2000年ごろに誕生した青年組織である。もともと非常に少数のネオナチ・ファシスト組織として（リーダーのジンタルスがナチス式敬礼をしている写真などは今でも非常に有名である）、独自の武装・軍事訓練を行う過激派・民族派青年組織Klubs415などと協力関係を築きながら、徐々に政党としての組織形成を行い、2006年には総選挙にも出馬した。当該選挙では得票率1・5％の泡沫政党として1議席も取れなかったが、ラトビア＝ロシア領土の国境画定条約（ラトビアからロシアへの領土請求権を取り下げる内容）が2007年に批准される際に国会前で行ったパフォーマンスで耳目を集める。またジンタルス率いる執行部が剝き出しのナチズムを撤回（ないし隠匿）し、穏健化のポーズを示すことで、党勢が衰退しつつあった「祖国と自由」との連携が模索され、2010年選挙で選挙連合を組んだことをきっかけとして、2011年に正式に合同での政党登録を行った。

合併後の国民連合は、名目的には内部に2つの組織を有し続けている形をとり、当初は両組織から一人ずつ党首を出すという二頭体制を標榜していたが、事実上は「すべてをラトビアの

図6.1　国民連合の11月の独立記念パレード

左：トーチパレードの様子。中心で旗を持っている人物の右にいるのがジンタルスである。両サイドに党旗がはためく。右：国民連合配布の式典ビラ。愛国心が国家建設に必要だというメッセージや、パレードの始点がかつての独裁者として評価のわかれるウルマニス像であることなどが記載されている。下部にきちんと政党シンボルも印刷されている（どちらも筆者撮影）

ために！」系のメンバーが執行部を占める形となっている（「祖国と自由のために」系の議員は多くが欧州議会へと活動の場を移した）。党首ジンタルスは政治家としての洗練性や落ち着いたふるまいを身につけており、迂闊な言動もほとんど見られない一方、幹部メンバーの中には、ＳＮＳ上で度々ヘイト発言を流布したり、現在進行形で国外ネオナチ組織と協力関係を構築し続けていたことを暴露されたりするなどして（Dragiļeva 2019）、物議を醸す人物も少なくない。国民連合の公式Ｔｗｉｔｔｅｒは、時折アカウント停止の扱いを受けている。

　国民連合は従来的には歴史認識などの争点を主戦場に、過去の栄光化・舞台化に戦略的に長けている。毎年3月に第二次世界大戦中に同地で形成されたＳＳ部隊を称揚する記念日には式典を組織し、11月の独立記念日にはかつての独裁者ウルマニス像からスタートするトーチパレードを組織するようになり、わかりやすいラトビア・ナショナリズムを喚起している（Auers and Kasekamp 2015: 141)。どちらもナチズムや戦間期の権威主義体制との関連が想起され、特に前者についてはロシアだけでなく西欧からの批判も相次いだが、あくまでファシズムと共産主義という左右の全体主義に反対する集会であるとフレーミングを変更し、後者についてはわかりやすく独立を祝っているだけと穏健化して、毎年のように参加者を増やしている（またそれ故に、現地の住民ですら、これが国民連合という特定政党主催のイベントであることを知らない者も多い）（図6・1）。

右翼政党・国民連合と難民危機

上述のように独立回復移行の民族主義運動の潮流と、アウトサイダーとしての極右組織が合併してできた国民連合が、その言説をアップデートして自国への人の流れを批判材料にするようになった契機は、2015年の難民危機であった。

ラトビアはヨーロッパの中でも相対的に貧困な地域で、域外移民が多くやってくるようなことはなく、難民が直接その土地を目指してやってくるような地域でもなかった。移民といえばソ連時代の国内移民としてやってきたロシア語系住民が想定されることの方が多かったし、国民連合の政治的資源もそういった国内ロシア語系マイノリティと、その利益代表を標榜する政党を攻撃するところにあった。

当該戦略は多少なりともラトビアの人口変動に（国民連合が願うように）影響を与えてい

た。ＥＵ加盟後、ラトビア国外に移住したラトビア人コミュニティに関する体系的調査のうち、ロシア語系住民に着目した聞き取り調査からは、一定数のロシア語系住民が出身国を捨てて他国に住む方が出身国にいるよりも合法的に扱われると感じていることが見られる。「ラトビアでは私は〝占領者〟と呼ばれ、行ったこともないロシアに出て行けと言われるけれど、移住先ではそのように言われることはない」「ラトビアに住んでいるときよりも移民先にいるときの方が、自分は移民だと感じづらい」といった証言がならぶ（Jurkāne-Hobein & Kļave 2015）。こういった事情もあって、独立回復後のラトビアにあっては人口流入よりむしろ人口流出の方が問題視されることもあった。ラトビアの人口流出は近年でも毎年総人口の１％を超えており、独立回復直後に２６５万人程度いた国内人口は、２０１９年には１９０万人程度まで減少している（中井２０１６）。

ソ連時代のロシア語系住民という括弧つきの「移民」（その本質は移民問題というよりは歴史認識問題である）と、独立回復後の人口流出としての「移民」が問題であって、国内に多様な移民が入ってくるということについての議論はあまりなされることがなかった（Kovalenko et al. 2010）。あくまで移民とは、ロシア語系住民たちのことであり、欧州域外からの移民というのは社会の争点としては着目されていなかったし、畢竟政治勢力も目を向けていない問題であった。

ところが２０１４–５年の欧州難民危機は、負担の分担の名目のもとで、それまであまりラトビアに縁のなかった中東北アフリカ地域からの難民・移民を、国内に受け入れる可能性をもたらした。当初、小国ラトビアが予定していた受け入れ人数は、わずか数十人で、その後の最終決定（EU理事会決定2015／1601）でも281人という非常に少ないものであったが、これは極めて感情的で激烈な反発を社会の一部から招くことになった。右翼の国民連合は当時も与党であったが、受け入れを進めようとする政権全体の方針とは異なり、ナショナリスト政党としてこの政治的好機を積極的に活用する一大キャンペーンを展開した。

国民連合は、EUによる「団結」の名のもとに行われる難民受け入れ「押し付け」が「白人に対するジェノサイド」だとして、大規模抗議集会の呼びかけなどを行った。その反発の様相は、相当程度、反イスラムと人種差別的含意を含んでいた。受け入れ反発デモにおけるメッセージのほとんどは、「バルト諸国は白人の土地だ」「ヨーロッパはヨーロッパ人に、アフリカはアフリカ人に」「皆はイスラム化を望むのか」といった、典型的なレイシズムとイスラモフォビアの陳列展覧会となっていた。ヨーロッパ性＝白人性の護持を主張に掲げるものも多かった（図6・2）。

無論、ラトビア社会や政党の中には難民受け入れを推進する意見もあった。同じく与党で首相を輩出していた政党「統一」は、EUとの関係を重視し、難民受け入れを推進する立場にあった。しかし、連立与党である国民連合は難民受け入れに賛成すれば同党は連立から離脱すると脅迫し、国民連合の協力なしに与党を維持できない「統一」はその圧力に屈し、最終的には

図6.2

左：国民連合らによるポスター。「団結」と人権ビジネスに反対！　と書かれている（Spektrs (2015)）、右：反難民デモの様子。人種、文化、政治不信に関わる抗議が書かれているが、経済についての言及はない（写真：ロイター／アフロ）

分担受け入れに対して消極的拒絶を行った（小《お》山《やま》・武田2016）。「統一」のこの行動は、単に権力維持に執着したというよりも、当時の議会状況の構造的帰結でもある。議会に残る他の政治勢力は、ラトビア系政党から国政参与をタブー視されていた親露系政党か、できたばかりのアマチュアポピュリスト政党しか残されていなかった。国民連合は、連立メンバーと対立しても自党が排斥されないであろう状況と契機を最大限に利用した。

興味深いこととして、難民受け入れを主張する「統一」の側も、国民連合とは異なる形でナショナルなエピソードに基づく言説を展開した。「統一」はテレビCMの中で、かつてラトビア人の多くが難民や移民として、西欧や北米に逃れていったこと、そしてその多くが命をつなぎ、ラトビアに帰還してきたことをアピールした（Vienotība 2015, BNS 2015）。実際、ラトビア独立回復初期の政治エリートには北米亡命者やその子弟が多かった。通常、エスニックな民族主義に基づく移民排斥に対しては、寛容といった別の価値次元を持ち出し相対化することが多い。しかしラトビアでは、どちらもが自分たちが真の民族主義者だという形で支持調達を図っていたのである。[40]

政治家たちは時に移民争点を用いて、政治的宣伝や運動を展開し、それを通じて社会に対して訴えかけを行う。重要なのは人々がいっそういった政治的争点を重視するのか、という点にある。もちろん大きな事件が起これば、いつでも政治エリートや人々は政治的態度を形成することがある。だがそうでなくとも、制度的契機としてこのような活動がより活発になることが想定される時期がある、それが選挙である。

2018年選挙前後の政治論争状況

ラトビアが経験した次の総選挙は2018年であり、すでに欧州難民問題は下火となっていた。2018年の総選挙において、どの程度移民問題は争点だったのだろうか？　極右政党はどのような主張を展開していたのだろうか？

40　この国では政治的生存のための得票競争に勝つために、ラトビア民族主義への忠誠がほぼ不可欠である（中井２０１５）。

２０１８年の総選挙においては難民・移民の争点は必ずしも主流のものではなく、基本的に選挙戦は、経済、失業、汚職、連立案などをめぐって議論されていた。しかし移民をめぐる争点は皆無や周辺的ということでもなかった。たとえば、３大全国誌の一つLatvijas Avīze紙は投票１週間前の9月25日に、各政党代表者に対して移民政策への態度を聞き、それをまとめる特集記事を用意しており、一定の関心は存在していたことがうかがえる。[41]

各政党のマニフェストや宣伝においては、多くの政党はあまり移民に対する主張を前面には展開してなかった。これは関心がないというよりは、ＥＵとの連携を重視すれば賛成の立場を主張したい一方で、あまり明確に賛成の態度をとるとラトビア民族主義の観点から攻撃され支持を失うという競争構造の中で、あえて沈黙したという側面もあった。

そんな中、ナショナリスト政党の国民連合は、党綱領において移民に対する制限を明確に掲げていた。国民連合から離党したメンバーによって形成された保守系の新政党である「新保守党」も「経済難民」という言葉を用いて欧州圏への入国強化に言及していた（Jaunā Konservatīvā Partija 2018, Latvijas Televīzija 2018）。国民連合は選挙戦全体としては経済回復やラトビア民族主義を通じたラトビア社会の統合を呼びかけつつも、時折移民争点にも言及して支持固めを行っていた。たとえば党公式ＳＮＳアカウントは投票日３日前にも、「国民連合の移民政治への態度」と題して、その制限や縮小を訴えかけており、たとえば「国民連合は移民による破壊からラトビアを守る唯一の政党です」「ＥＵ加盟国に押し付けられた難民・移民の割り当てに反対」といった宣伝を行っていた（Nacionālā apvienība 2018）。党公式の声明においては、剥き出しの人種差別を表にはせず、抽象的な移民に対する反対を述べるにおおよそとどめていたが、党主要メンバーの中には、中東アフリカ地域からの移民に対する剥き出しのイスラモフォビアや人種差別的態度をもって、反発をＳＮＳ等で表明する者が散見された。２０１８年の選挙戦においてはこのような情報環境が存在していた。

第3節　分析対象と方法：ラトビアにおける通時的世論調査

もし２０１８年の選挙戦における、これら国民連合を中心とした右翼政党の活動や政治宣伝が、人々の反移民感情を高めるのだとすれば、選挙の前と後で、人々の政治意識に統計的に有意な差が見られるはずである。本研究では、２０１８年10月の総選挙時前後に、筆者が現地で実施した世論調査データを用いる。調査対象は、ラトビア全土における18歳以上の居住者である。既述の通り、国籍政策が制限的なため、対象者は必ずしもラトビア国民＝市民権保有者に限られない。実査は現地世論調査会社（ＳＫＤＳ社）に依頼し、行政地域による層化を行い、

41　ちなみに「ＥＵとの共通利益に応じて中東アフリカ地域の移民を受け入れるべきか」という率直な質問に対して、明確に「Jā（はい）」と答えた政党は8党中1党のみであった。このことも、ラトビア政治における全体的な移民受け入れの消極性を示唆している（Latvijas Avīze 2018）。

図6.3 「移民はラトビア文化を破壊するか」という問いへの回答傾向

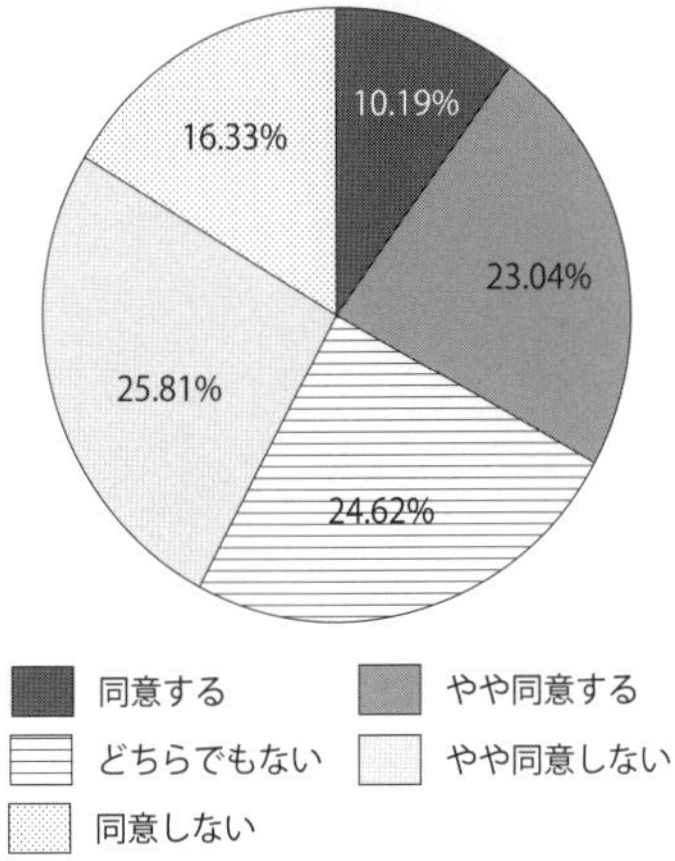

出典：筆者による世論調査

ランダムサンプリングに基づき、対面訪問調査（PAPI調査）を実施した（ランダムルート法で訪問邸宅を決め、誕生日法で聴取対象者を決定）。先述のように、明確なマジョリティ・マイノリティ構造があるため、質問票はラトビア語とロシア語の2言語で用意した。

従属変数の質問としては、本書前半に用いたものと整合的な「移民はラトビア文化を破壊するか」（反移民感情）を用意しつつ、他方で、人種差別的効果を見るため、「アジア」「ヨーロッパ」「アフリカ」「中東」からの移民それぞれに対する受け入れ態度を併用して聴取した。

このほか調査では、回答者の年齢・性別・学歴・就労セクター・職業・母語・居住地・議会等への信頼、政治への関心、政党支持などを聴取している。政治への関心について、「大いに関心がある」「ある程度関心がある」「あまり関心がない」「まったく関心がない」の4段階の回答選択肢を用意した（設問文や回答選択肢について、多くは既存の社会調査と同じものを用いた）。このうち、前2者を高政治関心グループ、後2者を低政治関心グループとした。

全般的な回答状況として、「移民はラトビア文化を破壊するか」というステートメントに対しては、同意する層よりも同意しない層の方が多い（図6・3）。出身地別の移民に対する受け入れ賛否については、ヨーロッパからの移民については受け入れ積極派が3割程度いるのに対し、中東、アフリカ、アジアからのそれに対しては1割程度しかいない。まったく受け入れないとする意見は、中東出身者に対しては6割程度の回答者、アジア・アフリカ出身者については、7割程度の回答者がそのような見解を有している（図6・4）。アジアからの移民については、新時代の移民というよりはソ連時代の中央アジアやシベリアからの旧時代の移民として想定された可能性もある。

では、これらの移民に対する感情は、選挙直前動員期とその前後で、変化するのだろうか。選挙の前後で、その変動に有意差が存在するか検討する。出身地別の移民については、4グループすべてを見るのはやや冗長であることから、現地での実質的重要性を鑑み、ヨーロッパと中東からのグループへの態度を確認する。

図6.4　移民をどの程度受け入れるか：移民出身地別の回答

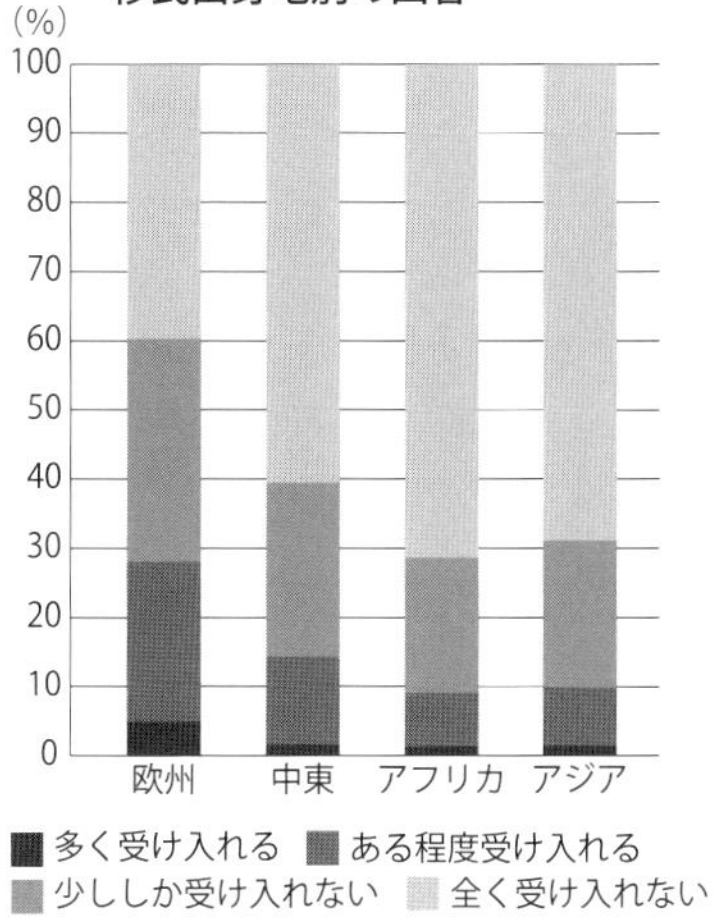

出典：筆者による世論調査

第4節　選挙前後の比較分析結果

結果としては次のことが確認された。有権者全体をサンプルとして分析を行った場合には、選挙前後で人々の反移民感情に有意な差は見られなかった一方、政治情報環境を区分した分析では反移民感情を高めるグループが存在していた。結論を先に述べると、反移民キャンペーンを伴う選挙によって反移民感情を高めるのは、政治関心の高い無党派層であった。

選挙時に反移民感情を高めるのは、無党派層や政治関心の高い人

初めにラトビアの回答者「全体」での分析結果に言及しておくと、選挙の前後で、移民による自国文化への侵蝕懸念や、ヨーロッパや中東からの移民に対する受け入れ拒否について、統計的に有意な差は存在しなかった。もちろん平均値の変化はあるが、得られたデータのサンプルサイズやその分散に基づけば、選挙前後ではっきりと差があるとは言えない変化の範囲であった。

とはいえ、本章前半で述べた理論に基づけば、重要なのは、人々に働きかけるナショナリスト政党からの政治的宣伝の効果は一様ではない、ということにある。それは、国民全体に広く及ぶものというよりは、むしろ特定のグループに対して影響を与えるものだ。政治関心の高低

図6.5　政治関心・政党支持別の反移民感情変化

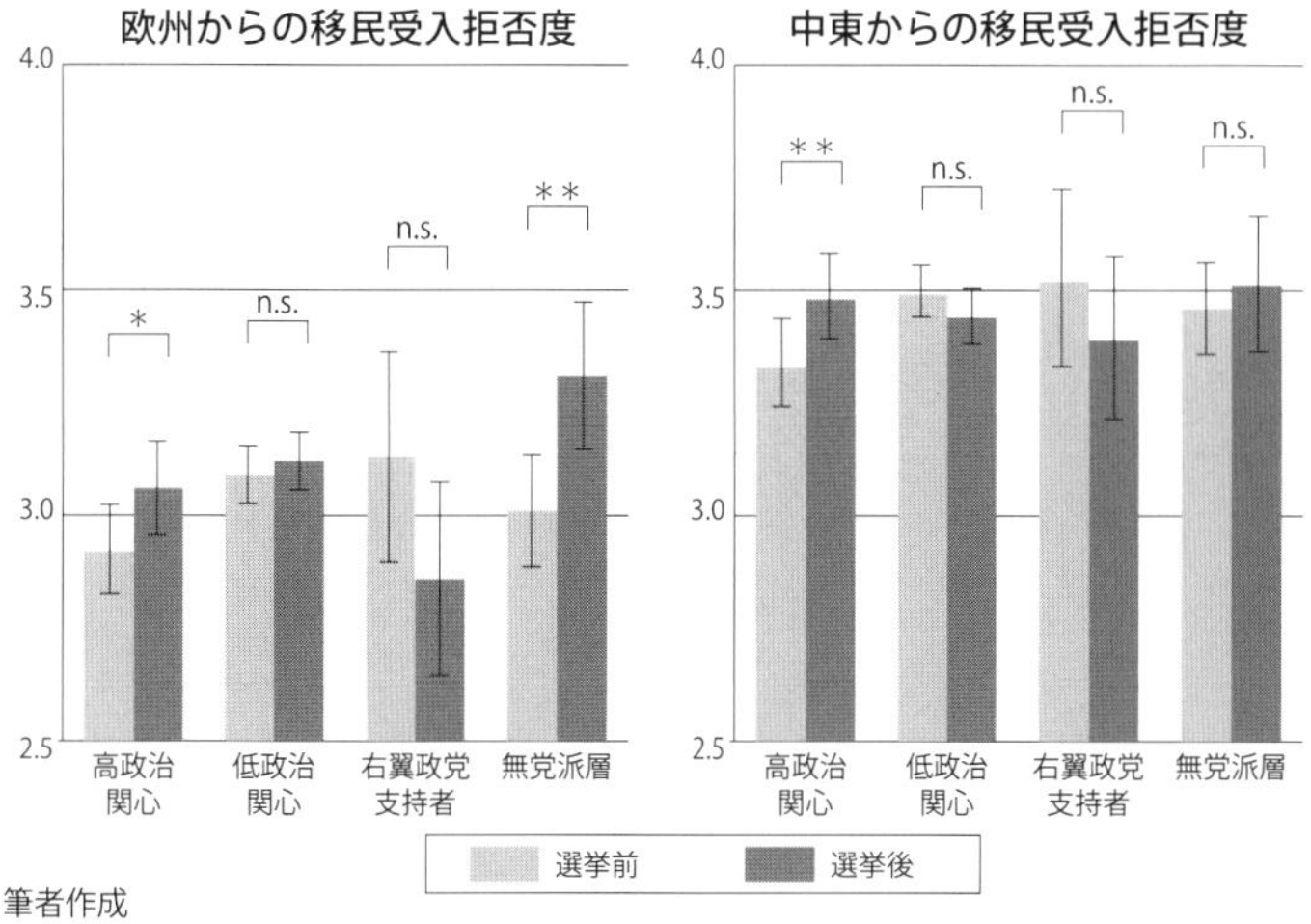

筆者作成
注：縦線は 95%信頼区間。**P<.05, *P<.10, n.s.= 有意差なし (not significant)

や政党支持の違いによって、その効果は異なってくるはずだ。だが、政治関心ごとに回答者をグループわけしても、移民による文化侵蝕への態度については、選挙前後で統計的に有意な差は確認されなかった（そのため結果報告を割愛する）。

ところが、具体的な移民受け入れへの反発度については、グループわけしたことによって選挙前後での変化が発見された。移民の出身地別に、そこからの移民をどの程度受け入れたくないかという設問への回答平均値を見ると、政治関心の低い層と、国民連合の支持層の間では、選挙前後で有意差は確認されなかった。つまり、すでに右翼政党を支持している層や、政治関心の低い層は、選挙運動の影響によってあまりその態度を変えていない。他方で、高い政治関心を抱く人は、ヨーロッパからの移民・中東からの移民、双方に対して、選挙後に、より排外的な態度を有するようになっている（図6・5）。本書では中心的に扱っていないが、政治関心の高い層は、選挙に伴って、アジアからの移民に対しても排外的感情を強めていた。選挙前（いわば平時）においては、高政治関心層は低政治関心層に比べて、これらの非欧州地域出身の移民に対して低い反感程度を有している。ところが、こういった高い政治関心を持つ者たちは、選挙を経ることによってそれら低い政治関心層と同程度、あるいはそれ以上の反移民感情を抱くようになっている。

同じことが、無党派層にも言える。無党派層は、中東系移民に対する受け入れ態度に対しては選挙前後で有意な変化を見せなかったものの、他方で「ヨーロッパからの移民」に対しては選挙前後で有意な差を示しており、しかもそれらヨーロッパからの移民の受け入れに対してより拒否感情を強めていた。

結果に対する議論

政治関心が低い者たちよりも、政治関心が高い者たちの方が、選挙時にナショナリスティックな主張を展開する右翼政党の動員効果を受けたと見えるのは、一見反直感的に思われるかもしれないが、先述の通りそれは政治宣伝の効果としては整合的な結果である。選挙戦のさなかにあって、自身の投票判断を行うために、政党政治家の主張を聞きに行ったりオンラインの投稿をわざわざ見に行ったりする層というのは、政治関心の高い層である。政治関心の低い層は、そもそも投票判断を行おうとしないだろうし、行おうとしていても様々な政治家の投稿を自ら見に行ってまで判断しようとしない。

また、それが極右政党支持層ではなく無党派層の中で起こるというのも整合的な結果である。極右政党支持層は普段から自身の支持政党の主張を見聞きしており、また選挙に際してどこに投票するかの信念も形成されているから、選挙戦のさなかにあえて情報を入手しようとはしないし、入手したところで事前の信念と大きく意見を変えることもないだろう。無党派層こそが、(投票意図がある限りにおいて)選挙に際して政治家から発される情報を必要とするのであるし、またその影響を受けるとも言える。

選挙後に反発が強まる効果が、中東からの移民に対してよりもヨーロッパからの移民に対しての方が強く見られたのは、本研究のデザイン上は意外であった(調査時の意図としては、中東やアジアとの差を見るための参照点として用いる予定であった)。ヨーロッパからの移民に対する反感の方が選挙において惹起された理由の一つは、本調査があくまで「ヨーロッパからの移民」と聴取し、「ヨーロッパの移民」とは聞いていなかったことによるかもしれない。ラトビアの政治社会で一時大きな問題になった難民受け入れ問題は、他の欧州諸国に押し寄せた難民をラトビアでも分担して受け入れるかという問題であった。しかもそれが、EUからの決定によって「押し付けられた」ことに対する反発であることも含まれていた。実際、ラトビアが受け入れた難民たちは、その出身地域こそ中東アフリカ地域であったが、ラトビアには「ヨーロッパから」やってきていた。だから、「ヨーロッパからの移民」と聴取した際、回答者の相当数には、これら他の欧州諸国を経由してやってくる中東・アフリカ圏の難民が想定され、そしてそれ故に選挙時反移民キャンペーンの効果が強く表れ、欧州懐疑感情との相乗効果がさらにそれを強めた可能性が十二分にある。

なお、政治関心は一般に学歴とも関連する傾向があるが、本分析が対象としたラトビアでは学歴との間に明確な関係は存在しなかった（図表割愛）。強いて言えば、初等義務教育修了者でも、高等教育修了者でもない、中間的な中等教育修了者（日本で言うところの、高卒・専門学校卒程度）が、ヨーロッパからの移民に対して選挙後に反発を強める傾向があった。

第5節　政治意識の高い者たちが選挙に際して排外的になる

あらためて議論をまとめよう。本稿の発見・主張は以下のように要約される。選挙に伴うナショナリスティックな右翼政党からの政治的働きかけは、広く人々の反移民感情を高めるわけではない。だが、高い政治的関心を持つ層や、無党派層に限って見ると、選挙後に移民受け入れに制限的な態度を強めていることが明らかになった。右翼政党の熱心な岩盤支持層は、そもそも選挙時にあえて態度を変えることはない。政治関心のまったくない層もまた、選挙時の右翼政党による動員の影響を受けない。中間的な位置にある、政治関心は高いが無党派層である人々が、選挙に際して右翼政党から発される反移民的なメッセージに触れることで、その態度をやや排外主義にシフトさせる可能性が示唆される。

本稿は、上記の主張を、ナショナリズムをめぐる意識の短期的変化が発生しづらいハードケースとみなしうるラトビアでのデータをもとに論じた。そのことは、同様の現象が、異なる諸国においても観察されうることを示唆している。付け加えておくと、決して上述のような移民問題の争点が、選挙争点の主軸にあったわけではない。他の多くの国々と同じように、選挙における争点の多くは、経済や汚職、連立の可能性といったようなものであって、移民・難民の問題は副次的なものであった。そのような、ナショナリズム意識変化が起こりづらい状況でも、ナショナリストが反移民感情に訴えかけることによって、人々の排外的な感情をわずかにではあるが統計的に意味のあるレベルで高めていた。そうならば、普段ナショナリスティックな争点が重要ではない国で、しかも諸政党がその主張を全面的に掲げて選挙戦を戦った場合には、一体どれだけの人々がその排外主義的な感情を高めてしまうのだろうか。

本稿が全体的に論証したのは、選挙や政党政治というものが、人々のアイデンティティや意識や態度を確認し交渉するための装置として働くだけではなく、反対に人々のアイデンティティや意識を形成するための機会も提供している面である。

もし、反移民感情の抑制を目標に掲げるのならば、選挙時期はとりわけその高揚や暴発に注意しなければならない。その際、この効果が表れやすいのは、党派的に熱心な層や、反対に政治的に関心の低い層でもない。政治的関心は高いが無党派層という、ある意味では「意識の高い」有権者たちであった。自己の判断で選挙ごとに投票先を決めようとする、最も政治的洗練性の高そうな有権者こそが、むしろ選挙に際して排外主義を強化させやすい。私たちは、ともすれば、政治家による動員によって人々が排外的な言動をするようになったというエピソードを聞くと、それは学のない不見識で政治的意識の低い人間の陥ることだと考えがちなのではないだろうか。しかし本章の分析結果はこれがまったく逆であることを示している。そのような動員の影響を受けやすいのは、先述したような（そして本書を手に取っているような社会的意識ある）人々であることを、本章の分析結果は示している。

第7章

主流政党による排外主義の取り込み

──ポーランドの右傾化と反EU言説

坊主憎けりゃ袈裟《けさ》まで憎い

（日本のことわざ）

この十余年で、政治の右傾化という観点から見て最も顕著な変化を見せたのは、ポーランドと言っていいだろう。後述するように、ポーランドはわずか数年で最も移民・難民忌避層の多い国となった。2019年には難民受け入れに積極的に活動していた市長が暗殺される事件も起きた。ポーランドでは民族主義的な主張をする政党は民主化後から常に存在していたが、周辺的な存在にすぎなかった。ところが、大政党たる「法と正義（P.i.S）」の変質を経て、右翼政党単独で過半数を得るほどの勢力へと成長した。法と正義政権の下では、司法の独立の侵害など、民主主義の後退も見られ始めている。

本章では、現地世論調査データや質的な分析を通じて、ポーランドにおける右翼政党支持・反移民感情・反EUのトライアングルについて分析する。ポーランドは、急速に排外主義的感情が発露されるようになった例として非常に明快であり、なぜ排外主義が高まるのかを分析するにあたって一国研究を超えた含意を有している。また、第4章で確認した欧州における3つの排外的ナショナリズム表出のパターンのうち、ポーランドは政党間競争を通じて中道勢力が排外主義化したパターンである。ここで見られた政治のパターンは、固有名詞を排除しつつ読み解けば、同様のパターンの国（具体的にはイギリスとハンガリー）における排外主義の在り方を見るレンズを提供することにもなるだろう。

第1節ではポーランドにおける種々の世論のトレンドについて確認し、この3感情が必ずしもわかりやすい形で連動していたわけではないことをまずは示す。第2節ではポーランドにある政治的な東西分断と法と正義の支持の偏りに触れ、これと関連する欧州懐疑・反EU感情の東西分断があることを示す。第3節では法と正義以前にも存在した極右との相互関係の中で、なぜ法と正義が台頭したかを、その右傾化・反EU化が加速する過程と併せて述べる。第4節では、このような背景を経た中で2015年の難民・移民危機がどのように論じられたのか、その言説を分析し、欧州懐疑とライバル政党批判（と陰謀論）の文脈に移民・難民問題が結節された結果、ポーランドにおいて急速に反移民の言説が広がったことを論ずる。

第1節　大きく変動したポーランドの世論

ポーランドは、数年前まで「移民を多かれ少なかれ減らすべきだ」「移民が増えると犯罪が増える」といった主張を支持する比率が、ヨーロッパの中では相対的に少ない国家であった（McLaren 2013, 仙石2017：285）。「外国人を受け入れることがこの国をよくする」という態度を有する人々の割合も、長らくスウェーデンについで2番目に多い国であった（Bachman 2016）。そもそも、ポーランド自体が、移民受け入れよりも移民輩出の方が一貫して多い国であったから（中井2016）、自分たちや家族・友人が移民であることをよく経験していた。イスラム教徒の人権をヨーロッパで最初に成文憲法で保障した歴史もある。

第一次世界大戦後の国民国家建設時代には、ポーランド化政策が進みヨーロッパ内でも極め

図7.1　2015-6年のポーランドにおける反移民・難民感情の急速な変化

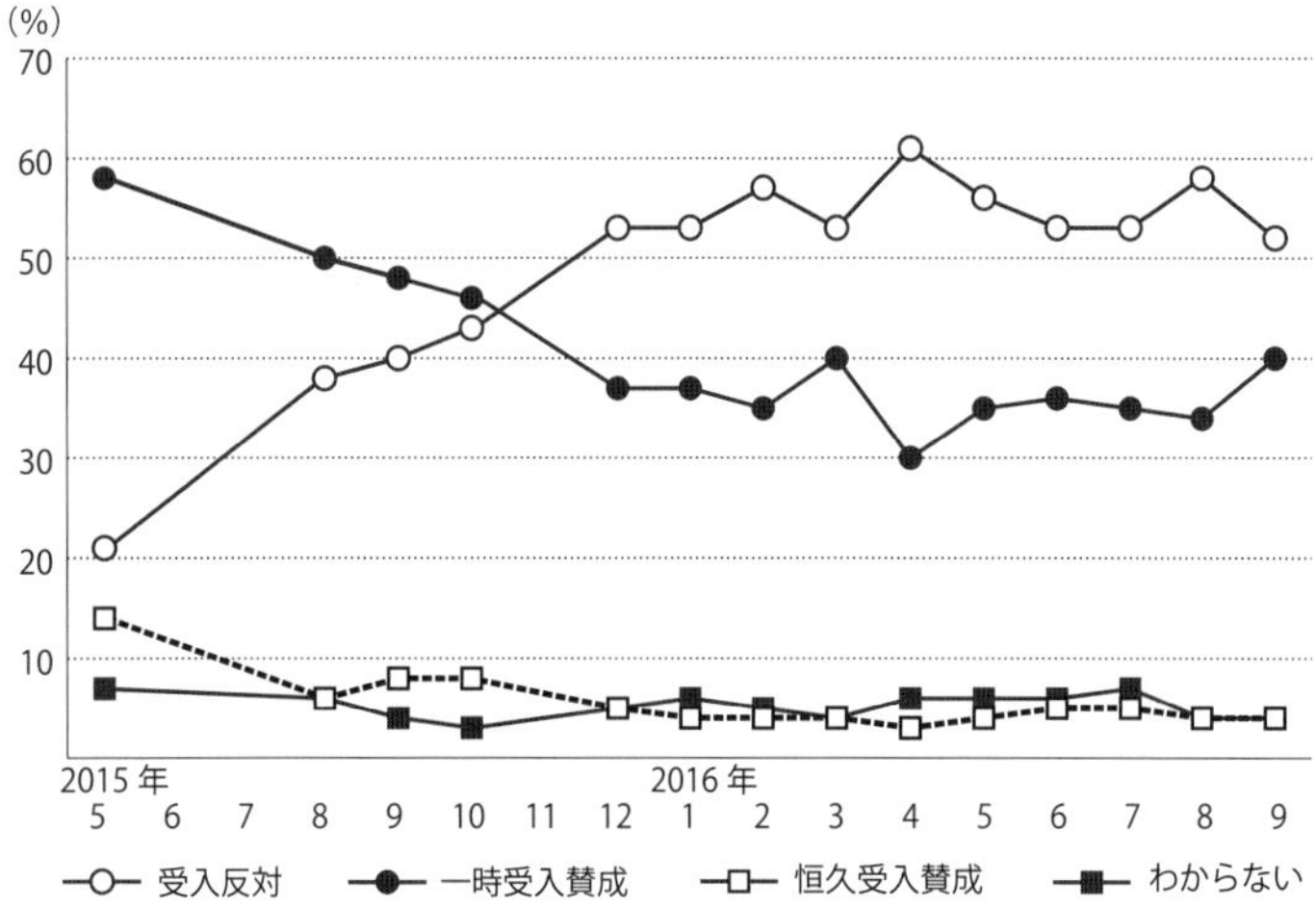

出典：CBOS, Polish public opinion: solid and professional, 9/2016

て民族的に同質的な国家となったが、それでも数十万人単位の移民を抱えている。歴史的経緯により、ポーランドと、ロシア・ウクライナの関係は敵対的で、特に最大移民集団の出身国であるところのウクライナとの間には相互に集団殺戮の記憶も生々しく、しばしば歴史認識論争を展開している（野村2013、ボグミウ2018）。また非欧州圏としてベトナムからも数万人単位の移民を抱えてきた経緯があった。このような背景がありながら、従来、移民に対する感情は一般に悪くない状況が長らく続いていたし、難民申請も（申請数自体が少ないながら）よく承認してきた経緯があった。

　ところが、ポーランドにおける反移民感情は2015年以降に急速に強まり、いまでは最も移民や少数派に対して不寛容な世論が醸成された。それまでの移民に比べればはるかに少ない数千人の難民受け入れをめぐって、外国人に対する大きな反発が惹起された。世論調査会社ＣＢＯＳの調査によると、同年5月の段階では圧倒的に少数派であった難民の受け入れへの反対派は、同国の選挙戦が始まった夏ごろから急速に増加した（図7・1）。

この設問では「紛争から逃れてきた難民を受け入れるべきですか？」という抽象的な言葉で調査が行われている。その際にどのような移民・難民を想定するかは、回答者の認識にゆだねられている形だ。これとは別に同調査ではウクライナ系難民と中東・北アフリカ系難民とわけて聴取している回もあり、そこでは前者に対しては受け入れ賛成が多い一方で、後者に対しては受け入れ反対が多い傾向がある（CBOS 2018）。受け入れ反対の増加は、回答者が想定する移民・難民増が前者から後者にシフトしたことによる面もある。

だが、このような反移民・難民感情の高まりは、必ずしもポーランドにおける右翼政党の支持増とは同時発生的ではない。ポーランドで最も大きな右翼政党と言えるのが、法と正義であるが、仙石（2018）も指摘するように、同党に対する世論調査等での支持率は、いわゆる欧州難民危機が発生する2015年の夏以前から高止まりしているので、決して反移民感情の高まりによって第一党の地位を確立したわけではない（図7・2b）。むしろ法と正義は、経済的にはやや左派的とも言える再分配プログラムを通じて幅広い層からの支持を調達してきていた。野党時代には、時の政権の雇用政策の失敗などから、若年世代の支持が法と正義に移ったことも指摘されている（仙石２０１７、Sengoku 2018）。法と正義は、ライバルの市民プラットフォーム（ＰＯ）の支持率を２０１２年には追い抜き、併せて左派の統一左派（ＺＬ）の支持も奪っている。かつて東部農村部の支持が厚かった農民党（ＰＳＬ）の支持はそれ以前から低調である。こうしたことからも、排外主義的ナショナリズムだけを煽って選挙での勝利を獲得した、というような認識枠組みはいささか単純だろう。

では、欧州懐疑感情はどうだろうか。我々は過去の研究で、２０１５年ごろの難民・移民受け入れへの反感要因の主軸に欧州懐疑感情があることを示してきたが（中井・武田２０１８）、その欧州懐疑感情のレベル自体もポーランドではこの時期に強くなったわけではなかった。概してポーランドにおいて欧州統合への賛成と反対の比率は加盟以降一貫して同じ程度で推移している（図７・２ａ）。

では、なぜ、ポーランドの人々の多くが急速に反移民感情を表明するようになったのだろうか。変わったのは、人々の排外主義的な態度の程度や強度の変化ではなく、その意味の関連づけであった。先述したように、想定される移民・難民像が変わったこともある。加えて、右派政党であるところの法と正義がＥＵに対する懐疑感情を一つの支持調達として採用し続けてきた中で、従来あまり争点ではなかった移民・難民問題を結節し前面化させた経緯がある。市川はこのことを、移民・難民問題が安全保障化する中でその声を「ＰｉＳ（法と正義）が機敏にすくい上げ、同党のナショナリズム重視の姿勢と融合させた」と表現している（市川２０２

図7.2 (a)　ポーランドにおけるEU統合への賛否

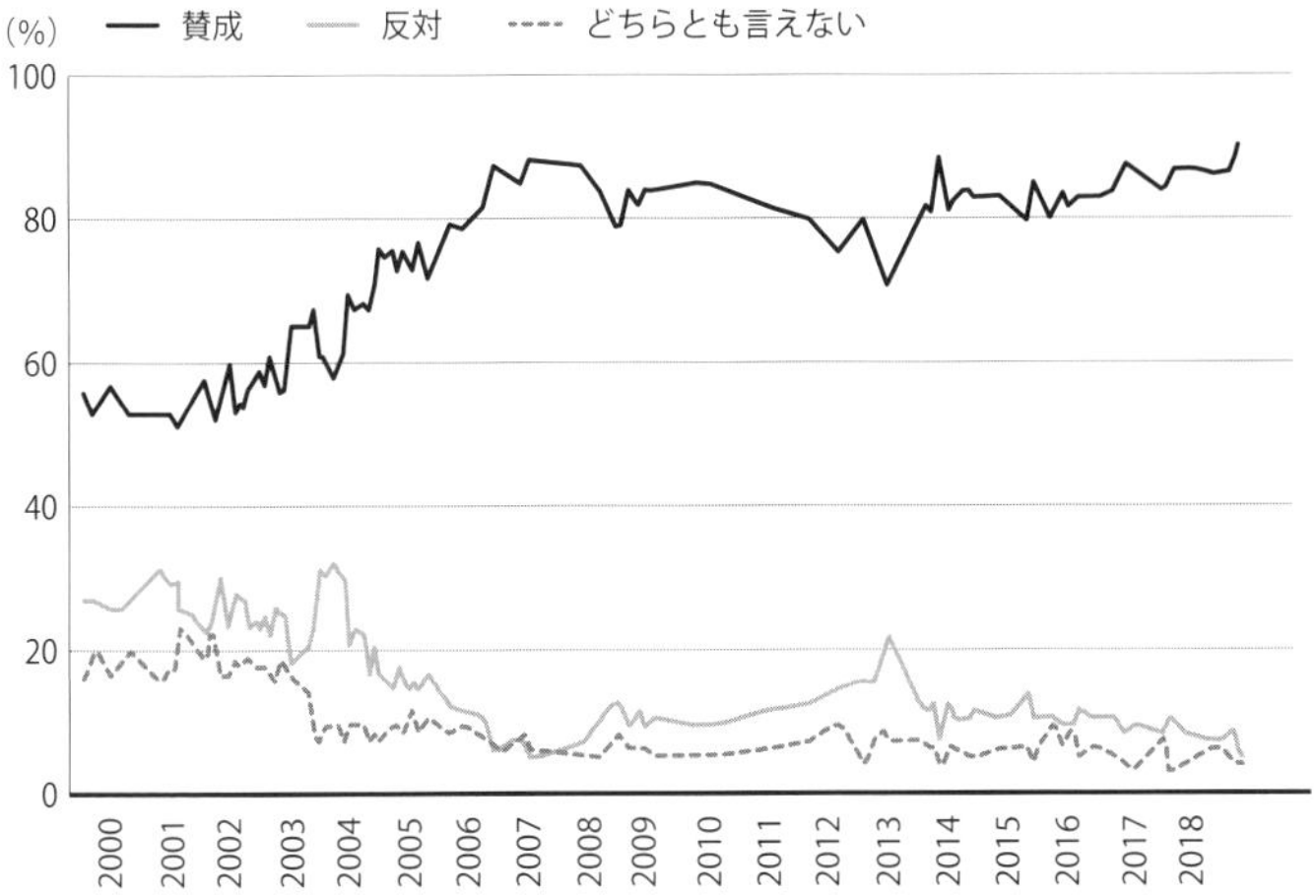

出典：CBOS "TRENDS: The attitude to the membership of Poland in the European Union"
https://cbos.pl/EN/trends/trends.php?trend_parametr=stosunek_do_integracji_UE

図7.2 (b)　ポーランドにおける主要政党の政党支持率

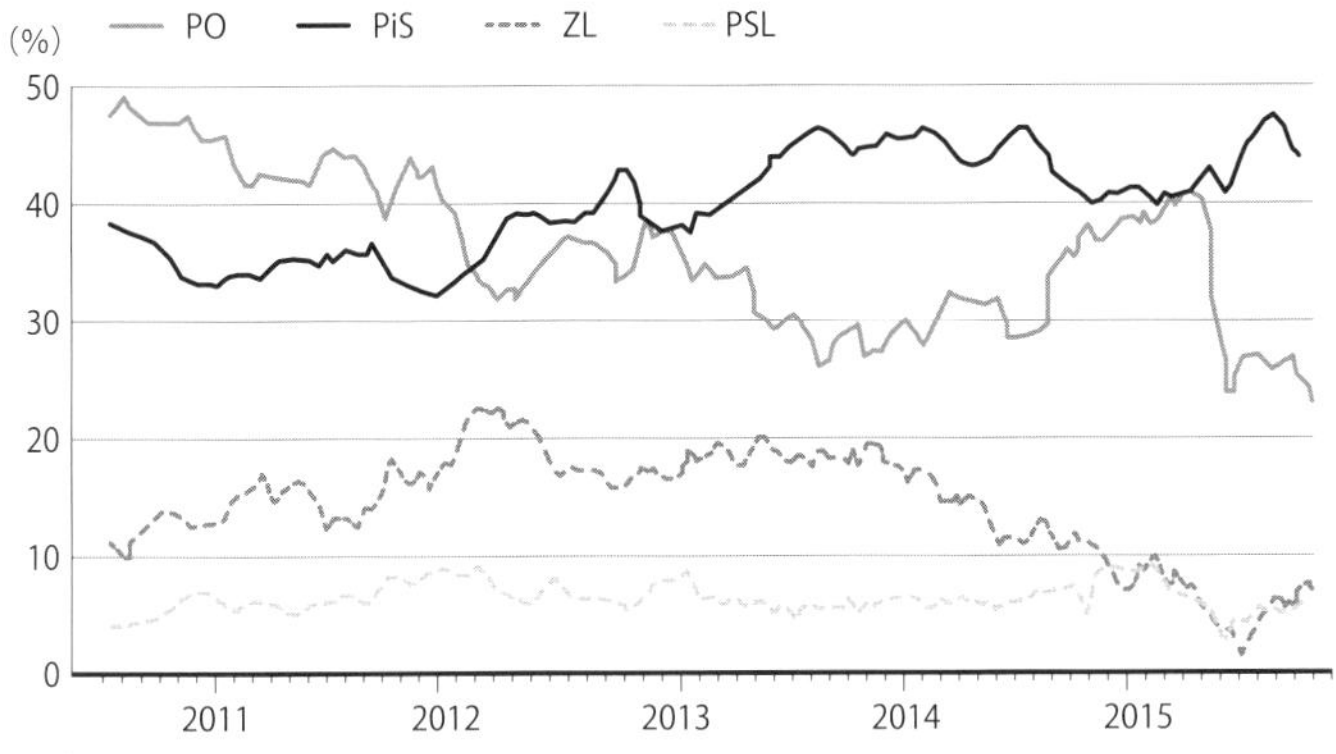

出典：Niepewnesondaże (2015)

0：93)。社会現象を認識するためのフレーミングの変更・意味連関の組み換えが急速に起きたのだ。

さらに、当時のポーランドの与野党間競争が、ポーランド国内政治とEU政治の対立のステージにも変換される構造が発生し、この組み換えは時に陰謀論さえも巻き込みながら、素早く、かつ強力に行われた。また、法と正義自身は、常に自分より右に極右の新興勢力を意識しながら、大政党として選挙を戦う必要があり、時に穏健に時に過激に主張を繰り出す。中田(2019)の「国内の政党政治の対立構造やナショナリズムを利用するのが効果的かどうかについて、各政党が慎重に見極めながら対応している。ゼノフォビア、文化的未成熟という見方では把握しそこなう部分があろう」という指摘は慧眼《けいがん》である。

ポーランド政治も多くの国家と同様、通常は経済や分配をめぐって社会・政治に対立が生まれ、人々の支持や態度を規定している。だがそれに合わせてアイデンティティをめぐる争点も争われることがある。ただ、そのアイデンティティ政治や排外主義といった広義のナショナリズム争点の利用は、単に遅れた東欧の認識の発露というものではなく、政党政治の文脈の中で戦略的に用いられてきた。人間は個別の事実をバラバラに評価するのではなく、ストーリーづけられた全体の中で解釈するものである。以下では、法と正義というストーリーテラーがどのような環境の中でいかにして誕生し、どのようにナショナルなストーリーを紡ぎ、排外主義へとつなげてきたかを整理・分析する。

第2節　分断された二つのポーランド：世論の東西分断

ポーランドでの法と正義の台頭が国際的に耳目を集めるにしたがい、その支持分布とポーランド分割時のかつての国境線が重複していることが（やや一般的媒体も含めて）度々言及されるようになった。ポーランド東部の旧ロシア領・旧オーストリア領だった所でもっぱら法と正義支持者が多い一方、ポーランド西部の旧ドイツ（プロイセン）領でリベラル政党の市民プラットフォーム支持者が多いという構図（図7・3）が明確に存在している。

だが、これをもって法と正義の支持基盤が、歴史に根差した変えることのできない態度の反映であるかのように論ずるのはやや早計である。ポーランド政治における東西ギャップは、法と正義に固有のものではなく、民主化直後からすでに見られていた。1993年の完全自由選挙において、西部で勝利したのは民主左翼同盟、東部で勝利したのは中道右派のポーランド農民党（人民党）であった。もともとこの二つの政党は、社会主義時代に政党独裁を敷いていたポーランド労働者党と統一農民党の後継政党である。1995年総選挙では、西部で再び民主左翼同盟が勝利し、東部では旧「連帯」系の選挙連合が勝利した（つまり東部はむしろ民主化勢力の基盤であった）。

法と正義が、首都のワルシャワを除いた東部中部で勝利し、西部北部で左派系やリベラル系

図7.3　2015年総選挙における「法と正義」得票率分布と旧国境

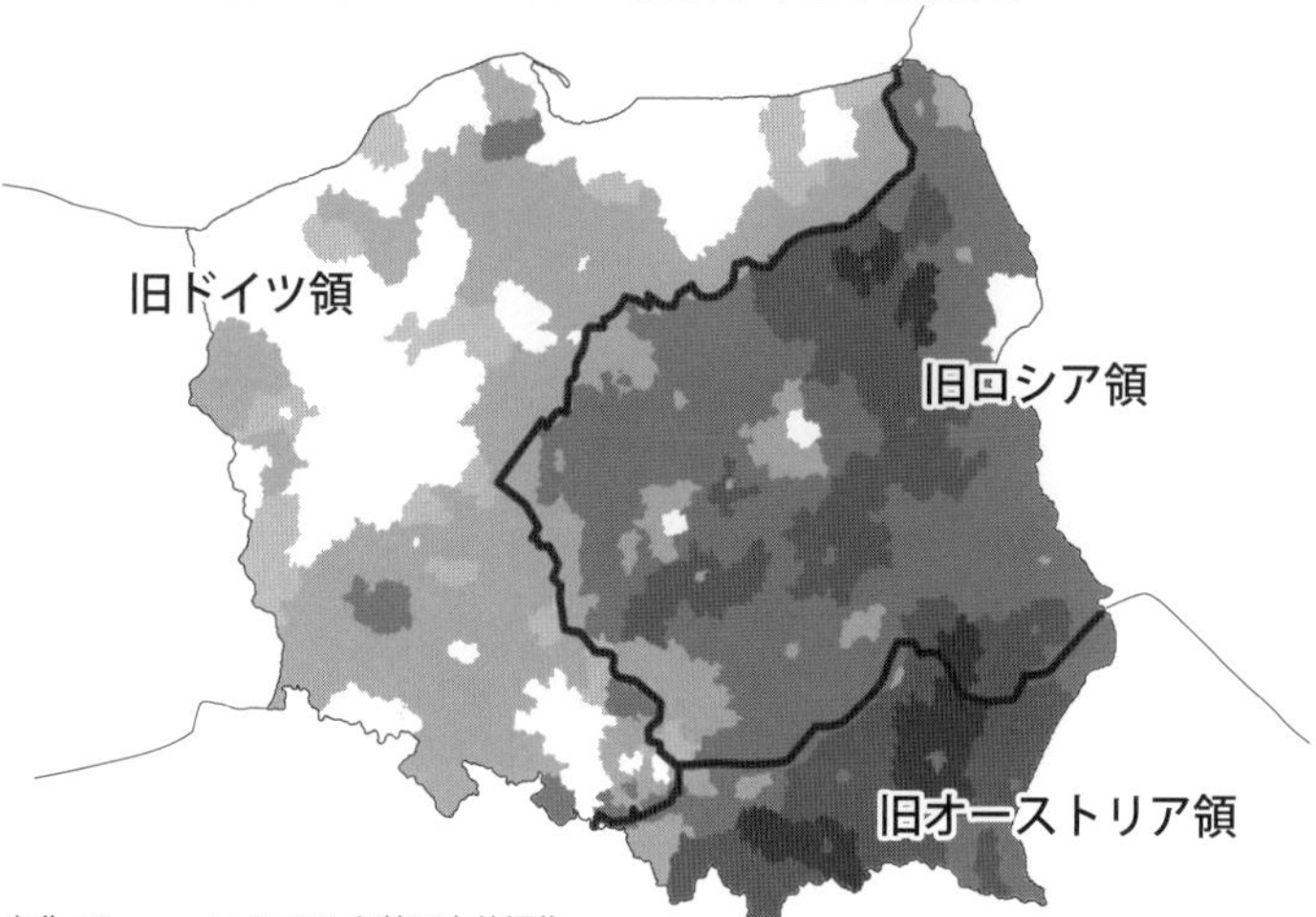

出典：Economist (2018) を基に中井編集

の政党が勝利するというのは、かねてから存在しているポーランドの東西政治的亀裂を異なる政党で代替したにすぎない。繰り返し立ち現れるポーランドの政治的分断、そしてその背景にある社会的分断を指して「ポーランドAとポーランドB」と形容することはよく知られており(Stanley 2013: 188, 195-6)、またそこに意味付けを行って西部北部を「自由ポーランド」、東部中部を「団結ポーランド」とする呼称もある(Jańczak 2015: 128)。

ではなぜポーランドでは東部と西部で政党支持体系や政治意識が異なるのか。これについては過去の国境線の自然実験的な効果の検証として一定の研究と議論が蓄積されてきており(例：Grosfeld & Zhuravskaya 2015)、その内容には議論もあるが、端的に言って西部が都市部であり東部が農村部ということについては広範な合意がある。

西部はドイツの母体となったプロイセン、そしてさらにその母体となったブランデンブルクの中心地に隣接し、積極的な投資や工業化が行われた一方、東部・南部はロシアやオーストリアから見れば辺境に当たる農業地域であった。現在も、農業従事者は圧倒的に東部に集中している（図7・4（a））。鉄道網についても、現在も明確な東西差があり、その密度はいまでも旧ドイツ領をなぞっている（図7・4（b））。さらに東部は第二次世界大戦以前からポーランド領として土着住民がいた地域であるのに対し（特に東南部はオーストリア・ハンガリー帝国の多民族国家政策下でポーランド文化がよく維持された）、西部の過半は第二次世界大戦後にドイツより受け入れた土地（「回復領」）であるからして、そもそもポーランド領ですらなく、その居住者はポーランド各地からの（しかもその多くはポーランド東部からの）移民であった（Jaćcak 2015: 127）。すなわち、土着の農民層である東部と、移住してきた都市商工業層からなる西部という、大きな社会人口的差異が背景に存在していたのである。東部と西部の対立は、「土着文化・農村文化」と「移民文化・都市文化」からなる二つのポーランドの大きな対比と分断の政治的表出であった。[42]

42 日本でも都市部と農村部では大きく価値観や政治的支持に違いがあるし、移住者とその子弟によって構成される北海道は革新勢力・リベラル勢力が強力な地域である（「民主王国」「最後の社会党王国」［高畠１９８６］などの形容）

図7.4　ポーランド地域別の差異

(a) 第1次産業従事者比率
[濃色ほど多い] (2013)

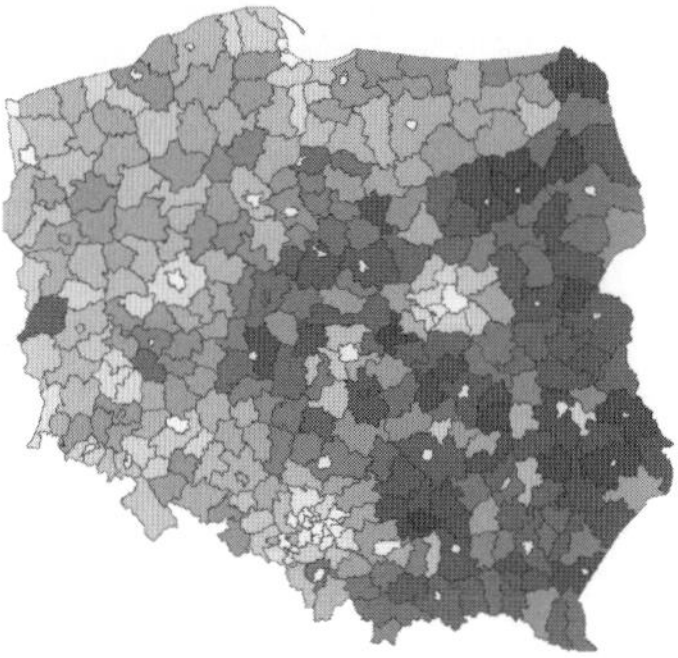

出典：Kieńć (2017)

(b) ポーランドの鉄道網

出典：Winnetou 14 (2015)

(c) EU加盟レファレンダムの賛成率
[濃色ほど賛成多数]

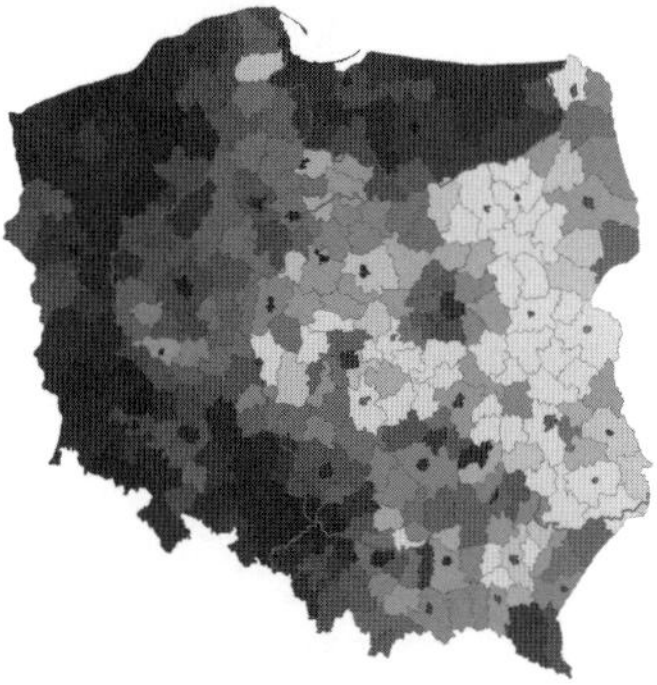

出典：Rodriguez-Pose (2018)

(d) カトリック主日礼拝への参加率
[濃色ほど参加多数]

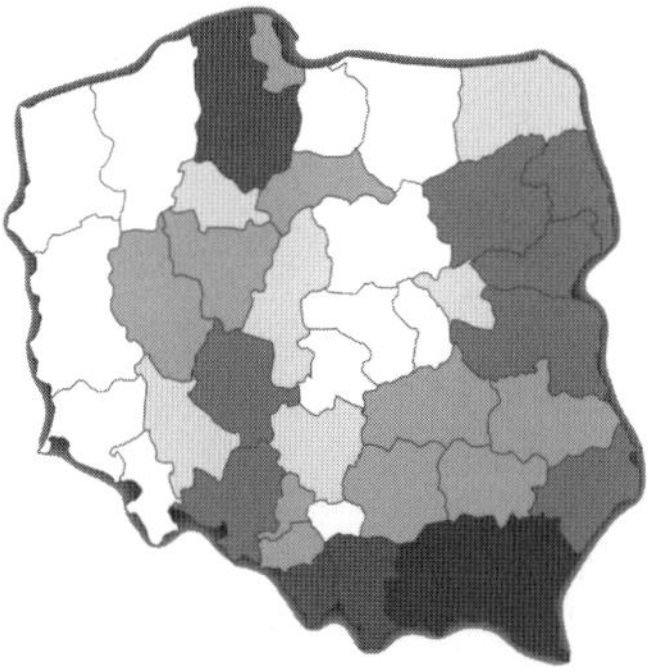

出典：GIS-Expert.pl (2018)

反EUの東部と親EUの西部

そしてこのことは、ポーランドにおける反EU感情と強く結びついていた（図7・4(c)）。EU加盟を問うレファレンダムにおいて、圧倒的に加盟賛成が多かったのは西部北部と各地の都市であり、東部の農村部では加盟に対して慎重な意見が多かった。欧州統合を果たし、市場と移動が自由化するに伴って有利になるのは、都市部で働く商工業従事者である。彼らのスキルは土地に縛られず、人の移動によって自分たちが西欧で働きに行けるようになれば、むしろ人生の選択肢は広がっていく。実際にポーランドはEU加盟後に西側諸国に対して多くの移民労働者を輩出し、イギリスで最大の域内移民はポーランドからの出身者であった。また西部は東部に比べてEU加盟国からの投資が入ってきやすかった（市川2019：339）。他方で農業従事者は、その生産活動にあって土地から離れることはできず、また自由市場競争にさらされることは自分たちの産業と生活の衰退を意味するから、欧州統合に消極的な傾向を有していた（実際には、EU加盟によって補助金を得て多くの利益を得たのは、これら農村地帯でもあったのだが）。

なお、法と正義の台頭（やポーランドの保守政党の台頭）については、しばしばポーランドにおけるカトリック勢力との関連で論議されることがある。ポーランドにおいてカトリック組織が一定の政治的動員力を持っていることは事実であるものの、法と正義支持の主たる要素と言えるほどのものかは判然としない。少なくとも、地域別のデータを見る限り、カトリック信仰の強弱については（南東部の旧オーストリア領を除くと）、明確な東西差が存在していない（図7・4(d)）。法と正義が宗教的保守層からの支持を集めているのは事実であろうが、その保守性の実態は必ずしも宗教的要素のみではうまく説明できない[43]。

法と正義の台頭以前から、唯一はっきりと当初から存在していた政治的な態度の差は、EUに対する不信感の東西差であった。その事実は法と正義も認識していただろうから、反EU感情へのコミットは選挙戦略上有効であったことが想定される。そして後述するように、法と正義はこの反EU感情に、宗教や文化、同性愛やLGBT、そして2015年には移民・難民の問題をフレームとして様々に結びつけ、かつ付け替えていくことで台頭していった。以下ではその歴史的展開と来歴を見ていく。

第3節　欧州懐疑を取り込み成長してきた法と正義——中道から右翼へ

「法と正義」は、旧民主化勢力の連帯系のメンバーのうち、レフ・カチンスキとヤロスワフ・カチンスキの双子の法学博士を中心として、保守的なグループが2001年に結成した政党である。当時の法と正義はおよそ中道ないし中道右派の穏健な政党とも言われ、公に反外国人・反移民を標榜することは殆どなく、EUの連邦国家化に慎重論を唱える緩やかな保守政党といったところであった（Lipinski 2014, Stoyanov 2017: 114-5）。

２０００年代中盤に明確に排外ナショナリストや右翼政党として活動していたのは、歴史的極右の「民族急進陣営（ＯＮＲ）」のような政治団体、「ポーランド家族同盟（ＬＰＲ）」や「自衛（Samoobrona）」などの政党であって、これらの組織はかなりはっきりとした人種差別的・権威主義的・反ＥＵ的言説を持って政治活動を展開していた（Pankowski & Kornak 2005: 159-161, Kasprowicz 2015: 161）。議会政党として、自衛は経済的にはラジカル左翼を志向しつつファシズム的独裁への希求を有していたこと、ポーランド家族同盟は超保守的なカトリック・ラジオ局として有名なラジオ・マリアからの支援も得ていたことなどがその特徴にあった。法と正義から見れば、文化次元でより「右」に一定の政治勢力がいることは議席増の妨げにもなっていた。２００５年の総選挙で法と正義が選挙戦略でこれらの政党を意識し、主張のウイングを右側に広げたことが、同党の変化の転機であったと指摘するポーランド政治研究者がいる（ibid, Pytlas & Kossack 2015: 116-7）。実際にこの戦略は功を奏し、より保守的でポピュリスティックな言説で戦った２００５年の総選挙で、法と正義は33％の議席を得て第一党となった。

43 念のため本書が用いた欧州社会調査のデータで、第３章と同じ分析に加える形で、教会に通う頻度や自己申告の宗教的信仰の強さを独立変数に含めたチェックも行ったが、宗教的信仰は右翼政党支持に影響を与えていなかった。

選挙勝利後、法と正義が最初に連立相手として構想したのは市民プラットフォームであった(Stanely 2013: 183)。中道派のドナルド・トゥスクらを中心に形成された同党は、法と正義と同様、政党のルーツとしては同じ「連帯」出身である。最終的にこの構想は成立せず、法と正義は極右勢力との連立を余儀なくされたものの、一度は市民プラットフォームとの連携を模索したことは、当時の法と正義が表面上の言説としては保守的なレトリックを用いつつも、実態においては妥協的で、かつ中道路線であったことを示唆している。

当時のポーランドではEU加盟直後ということもあって、EU（すなわち西欧）との間に新たな価値をめぐる軋轢があることが浮き彫りになっていた。主に中絶と同性愛の争点である。ポーランド家族同盟などの極右勢力が中絶禁止を志向する法改正（97年憲法38条改正）を目指す一方で、国内リベラル勢力やEU（や西欧）諸国からは強い批判にさらされた。間に挟まれた政府首班の法と正義は、同法案に賛成すればポーランド家族同盟や自衛の極右勢力の支持拡大を助ける一方で、自党は政権党として内外の批判にさらされることから、あえてこれら法改正成立に消極的に動いたとされる（Pytlas 2016: 91)。それらの極右勢力への支持が弱まれば、保守的な有権者の投票先は法と正義に向かう。法と正義は連立相手の手法と票田を取り入れることで、自身の支持基盤を拡張する契機を見出したのだ（Stanley & Cześnik 2018: 74)。

そのような同床異夢と政権内部の不一致に加え、別に発生した極右勢力のスキャンダルを受けて、２００７年に法と正義は解散総選挙を実施する。政権在任中に党としての政策実現をほとんど達成できなかったポーランド家族同盟と自衛は議席を大きく減らし、支持層と議員の一部が法と正義に流入した（おそらくそれは法と正義の意図したことであった）。選挙結果における第一党は市民プラットフォームとなりトゥスク政権が成立する。法と正義は議会野党へと転落したものの、その得票数自体は増加しており、右傾化戦略が得票上有益であったことを確信する（ibid.）。

ＥＵからヨーロッパを守るポーランドという認識枠組み

この間の国会論戦において用いられた言葉のフレーミングを分析した研究によると、法と正義がもっぱら依拠していたのは「脅威／崩壊」とそれへの「保護／防衛」（19・３％）、ＥＵ関係のフレーム（11・３％）、法と秩序の回復（14・７％）であり、特に顕著であったのは「ＥＵと腐敗した西欧からヨーロッパを守る」という認識／論理立てに基づく議論であった（ibid: 95-100）。まさしくナショナリズムの一面の表れである。ここでは、ヨーロッパとＥＵ（ないし西欧）は同一視されず、キリスト教の堡塁でもあるポーランドこそが真にヨーロッパの価値を体現しており、ポーランドはこれらＥＵや西欧から、ポーランドの主権と伝統を守るだけではなく、ヨーロッパも守らなければならないという主旨のフレーミングが展開された。当時、主に論じられていた争点は堕胎で、このほか同性愛／ＬＧＢＴや対ロシア関係が言及されることもあった。堕胎や同性愛を認めないポーランド的価値とそれらを認めるＥＵ、ロシアの脅威を

「正しく」認識しているポーランドとそれを理解せずロシアに対して宥和的なEU、といった対立構造である。[44]

このような認識は政治エリート固有のものでもなく、国民・有権者の一部で相当程度共有された認識でもあった。右派的な人々を集めるwebプラットフォーム上の言説を分析した研究によると(Konieczna-Salamatin & Sawicka 2020)、特徴的に見られた言説として「我々は信仰・文化・伝統を守り、欧州委員会の反価値に対抗する。左翼・マルキスト・共産主義者ども」「ジェンダー平等や同性婚はヨーロッパの価値ではない」「ドイツやフランスからの攻撃が増す中、ポーランドの役割は高まっている」といったEU(とその主要国である西欧)とヨーロッパ的なものを分離させ、前者からヨーロッパを守るポーランドという構図が見られる(ibid., 16-8)。特にジェンダー平等については共産主義時代に推進された観念であることもあり、ポーランドに限らずそれを打倒すべき共産主義イデオロギーと結びつける観念連想は強い。反対に、経済的イシューについてはEU/西欧からの役割を評価する向きがこれらの右翼陣営にも見られていた(ibid.)。

いずれにしても、ここで重視されているのは、ポーランド的文化という存在への認識があること、そしてそれと衝突し破壊しようとしているEUという認識があり、そのEUから真のヨーロッパ的価値と文化を維持するポーランドというストーリーである。2015年以前においては、主に争点となり「悪魔化」されたのは、LGBT、ジェンダー平等、同性愛といったものであった。EUによって推進されるものであれば何であろうと、この言説に落とし込むことが可能となる言説空間が用意されており、そして2015年以降はここに難民・移民の受け入れが含まれることとなった。

市民プラットフォームとの対立激化とEU政治化

法と正義は議会少数派である間も、党首ヤロスワフ・カチンスキの弟であるレフ・カチンスキが大統領であることを梃子《てこ》にして政治的影響力を行使してきた。半大統領制であるポーランドにおいては、内閣／議会で決定した法案に対して大統領が拒否権を行使してその決定を差し戻すことができる。レフは、市民プラットフォームを中心とする中道左派政権の政策に対して拒否権を行使して（あるいは行使できることを政治資源として）、その政策的影響力を発揮しており、その在任中18回拒否権を行使していた（Stanley 2013: 189）[45]。

44 ポーランド人が反EUを語る際に反ドイツという言葉を用いることは象徴的である。法と正義の影響力が強い現在、その法と正義の政治に反旗を翻す中立的独立メディアは「ドイツ新聞」や「ドイツテレビ」と呼称されることが多いそうである（伊東2020）。

45 ただしこれは、レフ・カチンスキがとりわけ多くの拒否権を行使したということは意味しない。先代のクワシネフスキ大統領も、内閣（議会多数派）と出身政党がずれていた時期には3年間で28回の拒否権を行使しており（仙石2004）、半大統領制において通常想定されている制度的機能として見るべきだろう。

この状況が大きく変わったのが2010年のスモレンスク事件である。カチンの森追悼式典に参加するため、レフ大統領以下多くの政府高官を乗せた政府専用機が墜落し、多くの関係者が死亡した。これが法と正義のさらなる変質・右傾化の契機になったとの指摘や（Kasprowicz 2015: 170）、それまで与党・市民プラットフォームに対する批判材料を見つけられずにいた法と正義に、攻撃材料を与えたという指摘がある（Stanley & Cześnik 2019）。

同事故の犠牲者にはレフ大統領夫妻も含まれ、当時下院議長であったコモロウスキ（市民プラットフォーム）が臨時大統領となる。その後の大統領選にトゥスクは出馬せず、彼の支援を受けたコモロウスキが勝利して大統領となった。外形的には、市民プラットフォームの政策遂行を妨げていた大統領が死に、その後釜に市民プラットフォーム派の議長がスライドしたことになる。この事故は正式な調査を経て純粋に技術的なものと判断され、また犠牲者の中には市民プラットフォームの関係者も多くいたのだが、前述のような背景から、法と正義――特に兄のヤロスワフ――は、この墜落事故が政府（市民プラットフォーム）による陰謀・クーデターであるという陰謀論を開陳し始める。カトリック系のラジオ・マリアを通じてこのような反与党活動を広め、2014年の欧州議会選挙においては、スモレンスク事件は市民プラットフォーム政権がロシアと共謀して起こした陰謀であったとする選挙戦を展開した、のちにトゥスク個人を95名の殺人罪で告発するというキャンペーンも展開されたが（Imielski 2016）、どちらも決定的な証拠提出がなされていないことは言うまでもない。[46] この陰謀論は、当初は誰も信じていないといった状況であったが、その後国民の3分の1程度がそれを信じ、またそれを信じるかどうかが法と正義を支持するかどうかを予測するうえで、精度の高い指標になっていた(クラステフ2018：82-4)。

さらにこの二大政党の対立は、国内を飛び越えてEUへと拡大した。前述のトゥスクが2014年に2代目の欧州理事会議長(いわゆるEU大統領)に選出されたためである。トゥスクに対する執拗な法と正義による攻撃は、前述の文脈の上でEUレベルにも飛び火した。ポーランドにおけるEUへの批判的見解・攻撃は、市民プラットフォーム(およびトゥスク)と法と正義(およびカチンスキ)という二大勢力対立の、もう一つのアリーナとなった。法と正義が国内で市民プラットフォームと戦うことは国外でEUと戦うこととイコールになった。

一度は下野した右派の政党が、その影響力を(当時の)与党の左派政党から奪い返そうとする戦いは、そのままEUへの戦いと重複していった。両者を厳密に弁別することは不可能であったし、一般有権者にとってみればそれらがオーバーラップしていることこそが、複雑な現実を平易に理解するための一助にもなっていた。2015年の欧州難民危機と、それによる「難

46 余談であるが、日本でスモレンスク事件の陰謀論が言及される際、このあたりのポーランド国内政治闘争の側面が知られていないこともあって、スモレンスク事件自体に「ロシアによる陰謀の証拠資料がある」と言及されることが多いように見受けられる。だが、その本質は、法と正義が市民プラットフォームを攻撃するための怪文書の類であり、いわばロシアの名前はそこで勝手に使われているにすぎないのが実情である。

民・移民の負担の分担」は、まさにこのようなコンテクストの中で発生した。

第4節　法と正義が展開した反EU・反与党の言説

いわゆる難民・移民危機において最も政治的に大きな争点になったのが、2015年6月と9月になされたEU理事会（閣僚理事会）の内相法相理事会（司法内務理事会）による2つの決定である。[47] 前者は厳密には6月に合意し、9月14日に最終決定とされた。後者は9月9日に欧州委員会より提案され、同22日にEU理事会で決定された。欧州委員会はEUの行政機関に当たるから、国内政策過程において、行政より閣法が提出され議会で議決が行われる状況と類似していると理解してもらえればいい。

そこでは、イタリアやギリシャに集中した難民を、EU加盟国各国でその人口比等に応じて分担して受け入れることを義務付ける決定がなされた。これは各国が一定規模の移民・難民をいわばEUから押し付けられることのようにも受け止められた。欧州統合の進展後も、国境管理・住民管理の政策領域は各主権国家が排他的に決定を行える数少ない領域であった一方で、内相法相理事会はこれらの問題を管掌する場でもあったから、当該理事会の議論は白熱した。本来なら、東欧・北欧諸国は地理的に南欧から遠く、移民・難民受け入れ義務がない。東欧・北欧諸国からは反対論が強く表明される状況があったEU理事会には、各国政府の担当大臣が出席し、各国政府の立場が表明される（その賛否の分析として小山・武田2016）。この時期のポーランド政府与党は市民プラットフォームからなる政権であった。

世論の動きと2015年選挙まで

当時、市民プラットフォームからなるポーランド政府与党は、当初は経済的懸念から反対論を提示していた。当時のコパチ首相は「我々には難民を受け入れる道徳的義務はあるが、さらなる経済移民を呼び込む恐れがある」と慎重姿勢を表明し（Cienski 2015）、先述のEU理事会においても当初は分担反対論を提示していた。だが受け入れ予定者を1万2000人から7000人に減らす妥協を通じて、市民プラットフォーム政権は最終的に難民分担受け入れ賛成に回った。当時のポーランドは2015年秋（10月）の総選挙を前にしており、ライバルである法と正義にとっては格好の攻撃材料が与えられた。

法と正義党首のカチンスキは、2015年10月の総選挙に臨んで、難民たちが「コレラ、赤痢、様々な寄生虫を持ち込んでいる」といった主張や、「移民は私たちの法律や文化を尊重しない」といった主旨の主張を繰り返した（Smith, Alex 2015, Wiadmosci 2015）。経済的争点から慎重姿勢を見せていた市民プラットフォームとは異なり、法と正義は非経済的争点によって

47　EU理事会決定2015／1523と、EU理事会決定2015／1601。

移民分担受け入れ反対を主張した。本章冒頭で示した急速な反移民感情の高まりは、まさにこの2015年の下半期ごろから見られ始めた（図7・1参照）。別の調査を見ると、当時、難民受け入れ反対を示した者にその理由を聞いた世論調査では、44％が恐怖や社会秩序への懸念を理由として挙げるようになっており、法と正義の提示するストーリーは広く受け入れられていた（CBOS 2015）。

さらに法と正義は市民プラットフォームに対して、EUの決定に追随するのではなくEUの中でポーランドの国益を主張するべきだといった旨の主張も展開した（Szczerbiak 2015）。移民受け入れ分担の決定を下した時期の欧州理事会議長は、先述の通り市民プラットフォームのトゥスクであった。急いで付け加えるとEU理事会（閣僚理事会）と欧州理事会はどちらもEUの組織であるが別物であるので、トゥスクはこのEU理事会決定には直接関与していない。むしろトゥスクや欧州理事会は義務的な難民受け入れではなく、各国の自発的協力を提案していた（中坂2019）から、難民を受け入れたくないポーランド側政治勢力の意向を側面支援している側面すらあった。

だがこの記述を読んで多くの読者が混乱したであろうことと同様、ポーランド国内にあってもこの欧州理事会とEU理事会を区別できる人はさほど多くない（それぞれポーランド語でもRada Unii EuropejskiejとRada Europejskaで非常に似通っている）。2012年に行われたユーロバロメーターでは、なじみのあるEUの機関を列挙させる質問が行われているが、そこで

EU理事会と欧州理事会双方を挙げた回答者――すなわち双方が別組織であることを理解している回答者――はポーランドでは8・6％しかいない（Eurobarometer 77.4）。法と正義がこのような有権者の誤解や無知を利用したのか、法と正義の執行部自体が本当に誤解していたのかは不明であるものの、法と正義やカチンスキはトゥスクと市民プラットフォームが、EUを通じた義務的難民受け入れの責任者であるかのように攻撃した。

10月下旬に行われた総選挙では、法と正義が議席率51・1％で勝利を収めた。これは下院選挙としてはポーランド民主化以降初めての単独過半数勝利であった（同日行われた上院選でも法と正義が第一党となった）。市民プラットフォームの議席率は30％に留まり、下野するに至った。

もう一つ、この期間に着目すべき点がある。法と正義よりさらに右の陣営である「クキス15」が、新たな極右勢力として支持を伸ばしてきていた。クキス15は、市民プラットフォームが政権にあった際に、その硬直的政治への異議申し立てとして、ロックスターのパヴェウ・クキスを代表に形成されたポピュリスト政治勢力である（Marcinkiewicz & Stegmaier 2016）。その政治的志向は必ずしも自明ではなかったが、ともかく重要であったのは、議会選を前にしてこのクキス15が、極右勢力の「国民運動」と手を結んだことにあった。国民運動は、その結党時からハンガリー極右のヨッビクとの協力関係があり、つまり第4章でも確認したような「フィデス―ヨッビク」と「法と正義―国民運動」の対応関係（中道右派と極右の競争）は、偶然ではなく有機的なものでもあった（英のＵＫＩＰとヨッビクの近親性については Thorleifsson 2019）。その基盤組織は極右ネオナチ組織の全ポーランド青年団で、かつては前出の「ポーランド家族同盟」の支持基盤でもあった。

つまり、法と正義は２０００年代と同様、自勢力よりナショナリスティックな新興勢力への対応と（事実クキス15はこの後の選挙で第3党となる）、中道左派市民プラットフォームからの権力奪還の双方を、同時に行わなければならなかった。中道に寄れば市民プラットフォームから票を奪えるかもしれないが、自党を支持している保守的な有権者は極右に流れてしまうだろう。反対に剝き出しの極右路線をとれば自党を支持している中道寄りの有権者の離心を招く。このジレンマの中で、市民プラットフォームを攻撃しつつ、かつ新興ナショナリストのポピュリスティックなアピールを無効化させるにあたっては、既存ＥＵエリート（と市民プラットフォーム）への攻撃は一挙両得のアピールであった。もちろん、このような戦略的決定が自覚的になされたか否かは外部からはわからないが、少なくともそのような構造的状況に置かれていたということは指摘できる。事実、同年選挙の有権者の行動を分析した研究からは、既存政党であった法と正義の方が新興ポピュリスト政党のクキス15よりも、よりポピュリスティックな有権者からの支持調達に成功していたことが明らかになっている（Stanley 2018）

だから、もちろん、反移民感情を主軸として法と正義の支持が伸びたわけではない。前述したように法と正義に対する支持率はいわゆる欧州難民危機が発生する２０１５年の夏より前から高止まりしている（仙石２０１８）。政党側が展開する選挙戦も、多くは経済的争点をめぐって争われた[48]。反移民感情が高まってきたから法と正義の支持が高まったというよりは、法と正義の支持層とその支配戦略であるところの反ＥＵ感情が堅固に存在している中に、反移民感情が関連づけられて論じられ、醸成されるようになったというのが正確である。議論が低調だったからこそ、ステレオタイプレベルの言説がまかり通っていたという興味深い指摘もある（Segeš Frelak 2018: 11）。有権者の多くに届く程度には法と正義の主張は知れ渡ったが、正面切って論駁《ろんばく》されるほどの主たる争点にならなかったことが、人々の世論を片方に大きく動かしたのかもしれない。

２０１５年選挙以降の動き

法と正義ナンバー2として新たな政権を担ったシドヴォは、その就任演説において早々に移民・難民問題についてＥＵからの「押し付け」見直しを求める言及を行った（Szczerbiak 2015）。先述したように、移民・難民への忌避感は、選挙後もさらに高まり続けていた（図７・１）。選挙後にパリでイスラム過激派によるテロが発生したことも、中東・北アフリカ圏から

48　ただし有権者の投票先決定で経済と文化のどちらが重視されていたかは指摘のわかれるところである（Sengoku 2017, Stanley 2018）。

図7.5

w Sieci誌168号の表紙（現物を筆者撮影、2016年）

の移民を警戒する世論情勢を後押しした。

また、法と正義系のメディアもこのようなキャンペーンを大々的に側面支援した。一例が週刊誌・ネットポータルの「w Sieci」誌である。同誌については、のちの2016年1月に、中東・北アフリカ圏からの庇護希望者を含意する褐色の男性の手がEU旗をまとった白人女性を襲う様子とともに「イスラム教徒がヨーロッパを強姦する」と示した表紙を採用し、大きな国際的反感を呼び起こして、当時は日本でも広く報道された。（図7・5）（*w Sieci*, nr7［168］2016, 20–26）。本特集号では、本文でも「地獄のヨーロッパ」「ヨーロッパは自殺するのか」と題した記事を掲載し、その後には、トゥスク批判とスモレンスク事件についての記事を併せて掲載しており、ここまで論じてきた意味連関を象徴している。

同誌はその号だけに（なぜか）国際的耳目が集まったが、それ前後の号においても様々な過激な恐怖の煽動と、法と正義の支援を行っている。ニカブを着たポーランド系女性がダイナマイトを抱えている様子や、中東圏をイメージさせる男性がポーランドの国章を抱えている様子（文化的乗っ取りを想起させる表現）、あるいは救国の英雄のようにカチンスキや法と正義上層部を表紙に飾ることが散見されていた。

本章で繰り返し述べてきた通り、ポーランド国内政治をこれまで大きく規定してきた分断の一つは、ＥＵに対する態度であり、反ＥＵ的な人々からの支持を集約していたのが法と正義であった。そこには、法と正義が伝統的に支持戦略として用いてきた、伝統の重視、そしてポーランドの伝統と「真のヨーロッパ的価値観」を破壊しようとするＥＵおよび国内リベラル勢力への反感、という結びつきがあった。先述のように、法と正義の基本戦略は、反移民やイスラモフォビアではなく、反ＥＵ感情にあった。それこそが政敵の市民プラットフォームへの攻撃と最も重複する次元であったからだ。この時期を分析した研究も、「メディアは反移民感情を人種差別や経済的懸念の観点から語りがちであるが、実際はもう少し複雑である。急速に激しさを増してきたポーランドの政治言説の背後では、より大きな反ＥＵ傾向に基づく計算がある」と看破している（Bachman 2016）。

政府もＥＵも市民プラットフォームの影響下にあったとみなす、法と正義の支持層から見れば、難民受け入れの決定は、市民プラットフォームが決定して市民プラットフォームが受け入れるという欺瞞以外の何物でもなく映ったことだろう。法と正義のキャンペーンは、そのようなストーリーへの信念形成を強化した。「欺瞞」への反発は、それに依拠してやってくる、難民・移民に対して向けられた。反ＥＵ感情と与野党対立の構造の中で、急速に移民・難民問題の意味付けの変更がなされていった。移民・難民を忌避するのは、彼らそのものに対する忌避感というよりも、彼らをポーランドに呼び寄せたEU＝市民プラットフォームへの反発としての意味付けを深めていった。

第5節　多層的な意思決定環境下で移民問題が語られるとき

ポーランドで見られたのは、移民・難民に対する意味付けの急速な変化である。反EU感情や右翼政党（法と正義）支持率といったものは、この間大きく変化しておらず、変わったのは移民についての観念連想の在り方であった。本章で扱ったポーランドの分析のうち、国土がかつて複数の国々に分割されたこと（それ故に社会構造に地理的分断があること）、政府首班がEU大統領になったこと、スモレンスク事件が発生したことなどは、ポーランドにしか見られない極めて固有性の高い現象である。そういった意味では特殊なポーランド的側面があることは否定しない。

だが、その根本にあったのは、強い反EU感情がある中で、EUによって難民・移民受け入れが決定されたがゆえに、難民・移民への反感も醸成された、ということである。この結論は、他のヨーロッパ諸国においても共通して見られる一面であり、さらに抽象度を上げるならば、信頼度の低い政治的決定組織から移民受け入れを推奨されたことが、反移民感情の醸成に一役買っていたということである。この構造は、原理的にはあらゆる民主国家で見られうる現象であろう。

また同国の二大政党的競争構造もこれをさらに加速させた。多党制であれば、その後の連立交渉を念頭に多くの政党が様々な争点に対して是々非々の態度をとるところ、二大政党的な競争構造の中では、現職陣営に対する対抗から、その政策を批判することが企図される。与党（当時）の市民プラットフォームが親EU的な立場からその受け入れに賛成しているのであれば、対立する野党たる法と正義としては反対せざるを得ない。実際に法と正義は、移民・難民がポーランドの文化や治安の破壊者となる恐怖を煽る宣伝を選挙戦略で用い、またその勝利後もそれを推し進めてその政権運営の一助とした。極右サイドからよりナショナリスティックな新興ポピュリスト勢力が続々と現れることも、法と正義の戦略的右傾化と、既存エリート批判としてのEU批判を強めさせた。このような政党間競争の構造が反移民感情の変化に与える影響のメカニズムもまた、ポーランドに限らず一般化可能な現象であると言えるだろう。

さらにポーランドではこのような与野党競争構造と反EU感情が重複した。ヨーロッパの多層的な意思決定環境の中、EUレベルにおいては、市民プラットフォームと元首相トゥスクが枢要な位置を占め、法と正義はそれに対する挑戦者としての顔を持つようになった。市民プラットフォームか法と正義かという国内二大勢力の競争は、同時に、EUかポーランドかという競争にもなった。

類似のことは、日本やアメリカのようにEUという超国家的組織を有さない場合でも起こりうるだろう。抽象的に言うならば、異なる政策決定レベルで、それぞれ民主的正当性を持つ代表グループが異なる党派間から選出されている場合、政策決定レベル間の対立と党派間対立が混同されて受容されることによって起こるのである。たとえば日本でも、中央政府の基盤政党と地方政府（知事）の基盤政党が対立している場合、中央と地方の間で対立している争点が、党派間対立に回収されていく、あるいは中央政府内での党派間対立が中央政府対地方政府の対立構造に変換されていく、という現象は散見されるように思われる。

こういった政党間競争下で人々が政策に対する態度を形成するときには、その政策に対する理解よりも、従前の支持政党がどのような態度を有しているかが重要だということは、政治心理学の文脈では多く先行研究のある分野でもあって、人は政策ではなく政党を見てその政策に対する態度を決定している（e.g. Cohen 2003）。自身が支持している政治家や政党がどのような態度をとっているかが重要で、それがその人の当該政策に対する態度を形成しており、それは時に政策内容に対する理解よりも重要となる（Bullock 2011）。さらに、政策の中身や本質に対する理解よりも、誰がそれに賛成しているかという要素の重要度は、政党間の距離が二党間で分極化するほど重要になっていく（Druckman et al. 2013）。

ポーランドで起きた政治現象は、個別具体的にはポーランド固有の人名や現象名によってしか説明できないように見えるかもしれない。だがその内容を丁寧に見ていくならば、政党間競争が二大勢力間（と極右の胎動下）で起こり、かつ重層的な意思決定環境が進展する中で、移民・難民問題が語られるようになった場合には、どこでも起きうる現象を示しているとも言える。歴史的にマイノリティに対し寛容な国・実証的に反移民感情が低かった国（すなわちかつてのポーランドのことである）であっても、急激な反移民感情の流布と主流政党の右傾化は発生したのだ。ならば、同じことが発生しない国など、どこにも現実には存在しないということを、このポーランドの事例は我々に教えてくれているだろう。

第8章

非経済的信念と排外主義

かつてあったことはこれからもあり、
かつて起こったことはこれからも起こる。
太陽の下、新しいものは何一つない

ペンコフ『西欧の東』または「コヘレト書」

第1節　本書全体が明らかにしたこと

本書を通じて明らかになったことを改めて整理する。まず、今日のヨーロッパでは、人々の移民に対する認識は、欧州難民危機などを経験する前の2000年代初頭と比べても特に排外的になっておらず、むしろわずかに受容的にすらなっている。だがそれとは一致しない形で、排外的主張を唱える右翼政党への支持率が明らかに高まってきている。

これは、人々の排外主義の高まりが政党支持に反映されたからというよりも、そもそも政治的競争において重視される争点が経済や分配をめぐる問題から、共同体の在り方をめぐって争われる、ナショナリズムや移民問題を含む非経済的次元の争点へと徐々にシフトしてきたからであることが示唆される（第1章）。

実際にそれは、ヨーロッパ全体を覆う世論調査でも確かめられた。しばしば右翼政党への支持は、貧困などによって追い詰められた社会的弱者の怒りの表明と理解されがちであったが、右翼政党支持を規定しているのはそういった個々人の所得・学歴・職業・生活への満足度、政治への満足度といったものではなかった。それは伝統を重視する態度やEUへの不信感、そして何よりも移民流入が自国文化を毀損するという主観的認識にあった。重要なのは経済より文化であって、移民が自国経済を悪化させるという主観的認識は右翼支持を高めはしても、自国文化を破壊するという認識ほどには右翼政党支持の説明力を持ってはいなかった（第2章）。重要なのは移民が自分たちの「文化を破壊する」という恐れから来る排外主義的な感情であった。ではそれは何によって最も強く規定されていたかと言えば、同じくヨーロッパ大の世論調査の分析から明らかになったのは、主にEU統合への不満（と学歴の低さ）であった。移民に対する態度においては、個人の生活上の不満や政治不信が一定の説明力を有してはいたものの、EU統合への不満（と学歴の低さ）ほどの説明力は持たなかった。移民集団を、文化的に遠い移民のみへの反感と、移民一般への反感にわけて行った分析も、同様の結果を傍証した（第3章）。

ここまでの結果は、これまで研究者によってなされてきた知的蓄積とも整合的なものだ。序章でも述べた通り、本書がそこに付け加えた知見はさほど大きなものではない。過去の研究から得られた知見が、人の移動と情報共有が活発化した21世紀においても有効か否かは自明ではなかったから、その点を本書は研究し、検証したと言える。私たち人間が時に排外的になる理由は、今も過去も変わらないし、きっと将来も変わらないのだろう。

とはいえ、ヨーロッパ大の研究は各国ごとに異なる政治的文脈や社会的背景を捨象してしまう。右翼政党支持・文化的反移民感情・反EU統合という3つの関係性は、必ずしもすべての国で同じように起こるわけでもないし、原因と結果の関係性も違うかもしれない。そのため本書では一国ごとの分析も行った。そこからわかったことは、ヨーロッパ全体でおそらく3つのパターンに区別できるという点である。前述の3要素が相互に強固に結びつき、ナショナリズムによる政治的挑戦がポピュリスティックな主張として一本化されているケース、ナショナリスト政党が伝統的に既存政治勢力となっており、反移民と反EUという態度がオポチュニスティック（機会主義的）に結びつくケース、反EUと右翼支持の結節が特に強く、欧州統合をめぐる政党間対立がその他の争点にまで拡張されてしまうケース、である。ポピュリスト型は西欧諸国に多く、オポチュニスト型は東欧諸国に多かった。背景には、EU圏内での域内移民として東欧からの移民も受け入れている西欧と、自分たちも一定程度は移民として流出している東欧という差異、既存政党の影響力が強く右翼政党が新興の異議申し立て勢力としての顔も持っていた西欧と、比較的に政党と有権者の紐帯が流動的で右翼政党がポピュリスト的な顔を必ずしも有していない東欧という構造的差異も存在していた（第4章）。

誰もがナショナルで時に排外的主張に賛意を抱く

3つの事例に即した本書後半の分析からは、排外主義的な人々の態度の結節について、より深い知見も明らかになった。西欧・ポピュリスト型の代表例たるフランス国民戦線（現・国民連合）に関連して、その反移民態度を実験的手法を通じて明らかにしたところ、国民戦線支持者たちは巷間言われているほどには反移民感情を有しているわけではなく、むしろ他の政党支持者が内心に秘めたままにしている反移民感情を、単に率直に言葉にして伝えているだけにすぎない可能性が示唆された。我々の実験からは、安定した職にある者や高学歴層も、その他の層と同じ程度には反移民的であることが明らかになった（大学院修了者のみは例外であったが）。排外主義とは、決して経済的弱者だけの逃避的行為などではないのだ（第5章）。

東欧・ラトビアでは、その歴史的背景から、ナショナリズムに関する争点や態度形成が社会的に重要であったので、非常に安定的（かつ愛国的な）態度が形成されていた。そのような国ですら、選挙の際に一部政党が反移民的言辞を提示することによって、市民の反移民感情がやや強められることが明らかになった。ナショナリズムに関する強固な信念形成がすでになされている国でも、選挙時に反移民感情が高まるということは、他の国においても同様の効果が見られることが示唆される。しかも、その際に反移民感情を高めるのは、低学歴層や政治的関心の低い者たちや右翼政党の支持者たちではなく、政治的関心は高いが特定の政党支持を持たない層であった。すなわち、高い政治意識を持って選挙に臨み、是々非々の判断で投票先を決めようとするような、ある種の理想的政治市民こそが、選挙時に排外主義を高揚させていた（第6章）。

なぜ高い社会経済的地位や政治関心をもってしても、排外主義の手からは逃れられないのか。それは排外主義が世界認識に対するフレーミングと密接に関連しているからであろう。ポーランドの例は、そのような認識変化が急速に激しく起こりうることを示していた。元来、移民に対する排外主義的態度がヨーロッパの中でも非常に低かったポーランドであったが、中道右派政党たる法と正義の右傾化と、反EU感情が結節したのである。同国の二大政党間の与野党対立が、ポーランドvsEUという次元とも重複する中で、EU主導により難民受け入れが決定されたことは、難民・移民がポーランドを破壊するという言説の流布と浸透に貢献した。このような認識の更新や変更には、一定の政治的知識や社会的現実への理解が必要なのだろう（第7章）。

一連の知見を総合すると、排外主義の担い手を悪魔化したり、無知の帰結だとレッテル貼りするような議論が、実証的に根拠がなく無意味な議論であることがわかる。岡部（2020）が言うように、現代人はなぜ多くの人々が移民・難民として流出しているか知っており、反移民の思想や政治的主張に共鳴する人は、不見識や不道徳ゆえにそれらの思想に共鳴しているわけではないのだ。本書後半でなされた個別の分析結果をやや乱暴に総合してみれば、そういった態度は、学歴や職歴の差に関係なくまんべんなく存在しており（ただしそれを隠すか否かに差が表れる）、政治の季節にあってはむしろ「意識の高い」有権者像こそが排外主義高揚の担い手になっている可能性すら存在している。それはおそらく「認知能力が優れている人ほど、情報を合理化して都合の良いように解釈する能力も高く」（シャーロット2019：32）、移民への態度や政党への態度を、それ単独で評価するわけではなく、その他様々な争点との関連の中で意味付け解釈し正当化することができるからであろう。この本を手にしたような社会的関心の高いあなたですら、排外主義の陥穽《かんせい》からは自由ではないかもしれない。

幅広くヨーロッパを見渡すことの重要性

本書は分析にあたって、データの許す限りにおいてすべてのヨーロッパ諸国を分析対象とした。これには様々な効用がある。なにより、ヨーロッパ全体をデータで見通すことによって、実証的な見地から、ヨーロッパにおける排外的ナショナリズムの位相を明らかにすることができた。全体をまとめてデータで分析した結果は、特定の国に精通した読者から見て、一致していない見解を示しているかもしれない。だがそれは、まさにその国の特殊性を浮き彫りにしているということでもある。全体を大きく見ることによって、個別の事例の位置づけの理解を深める効用もある。第4章では、ヨーロッパ内部にある差異や多様性も検討したが、それでもなお足りない要素などが見つかったのであれば、それは本書の分析の欠点というよりは、各国が持つ重要な差異や特徴を明らかにする本書の分析の効用であると言えるだろう。

また、ヨーロッパ全土を広く見通すことによって、従来この問題を検討するにあたって例外視されたり、そもそも分析外に置かれたりしていた、EU新規加盟国を中心とした国々を含めたヨーロッパ政治の全体像を明らかにすることができた。EU加盟国は執筆時点で27あり、周辺の関係性の強い国々も含めれば30を超える。イギリスや、スウェーデンや、ドイツやフランスだけがヨーロッパなのではないし、ましてそれら数カ国の分析だけで「ヨーロッパ」政治を語ることは、東京や関東地方の政治を見ただけで日本政治全体を語るようなものである。右翼政治・ナショナリズム政治の検討にあって、特に東欧諸国が分析対象外とされることの問題は学術的にもよく指摘されるところであり（cf. Minkenberg 2015, 2017）、「近年までこの地域は無視されてきた」（Muis & Immerzeel 2017: 911）。そういった国々も含めて分析して初めて、「ヨーロッパ」の政治が理解できると言っても過言ではないだろう。

本書はヨーロッパにおけるナショナリズムと排外主義をめぐる諸政治の一部に過ぎないが、重要な一部についての検討を行った。２００４年にあって種々のナショナリズムの在り方を予見していたチェルゲー（Csergő）らは、（彼女らの言葉で）保護主義型ナショナリズムというものが台頭するであろうこと、そしてそれらの「その根源的ゴールは、すでに確立されている国民文化を、移民への恐怖と急速な社会変化から守ることにある」（前掲中井訳：１６４）と定義・喝破していた。彼女のこの正確な予言は、彼女自身が東欧政治の専門家として、多くの研究者が等閑視していた地域の政治をつぶさに観察していたからこそ導かれたのである。より幅広い地域の政治を分析対象に含めることは、現時点では現前しておらず、可能性としてのみ開かれている政治の在り方についての、洞察や推論の精度を高める効用がある。

さて、前出の彼女の言葉を借りるならば、人々が守りたいのは国民文化であり自身の生活ではない。この予言と本書の結論は一致している。しかし、なぜ人々は自身の生活といった経済的要素よりも、国民文化といった一見曖昧模糊としたものを守ろうとして、そこまで他者に対して排外的・排斥的になれるのだろうか。この問題を次に考える。

第2節　なぜ経済はそこまで重要ではないのか

本書は全体的に、ヨーロッパにおいて、右翼政党支持や移民忌避という排外的ナショナリズムが、個々人の経済的困窮によってはほとんど規定されておらず、非経済的で社会的な要因（文化的懸念とEU政治不信）による効果の方が強かったことを明らかにした。データの制約により、治安懸念の効果は見ることができなかったが、いずれにしても経済的要因よりも非経済的要因の方こそが重要だということは明らかにできた。

だとすれば、移民と排外主義をめぐる議論のコンテクストで、移民が経済に与える影響を議論することは、あまり意味のないことなのだろうか。移民流入が経済にポジティブな影響を与えるのかネガティブな影響を与えるのかについては、長年の蓄積がある研究領域であり、たとえばボージャス（2017）の実証的データに基づいた研究は刺激的な議論を惹起しているところである。この問題と、本書の結論を整合的に理解するヒントは、すでにエンツェンスベルガーが数十年前に指摘している。

「大規模な人口移動の動きはかならず、分配をめぐっての闘争をともなう。この不可避な抗争の意味を、国民感情は、好んでわざと間違って解釈する。争われる対象は物質的な資

源であるよりも以上に、幻想的・精神的な資産だ、とするのだ。」(エンツェンスベルガー1993:29)

本書はあくまで一般の人々の主観に根差した世論の規定要因を扱っている。移民をめぐる問題には、客観的事実として、経済と分配をめぐる争点が含まれているかもしれない。移民の受け入れの在り方は、実際にその国の実体経済に何かしらの影響を与えるのかもしれない。それは為政者や一定の政治エリート層にとっては考慮すべきことだとしても、一般の人々には関係のないことなのである。もう少し正確に言えば、一般の人々にも経済的変動の影響はむろん及ぶのだが、かといってそのことを気にして排外主義的態度を形成しているわけではほとんどないことを本書は示した。

あくまで本書が扱ったのは、人々がどう認識して、どのように行動しているのかに関する、実証的分析だ。人々がどう認識しているかの理解なしに、人々の行動を実証的に分析することはありえない。だが、人々がどう認識しているかの理解とは無関係に、事実関係がどうなっているか実証的に分析することもまた必要であるし、両者は両立する。本書は社会現象の分析として前者を行ったと言うことができる。

経済ではなく規範や文化で動くのが人の本性？

しかし、なぜ経済的動機ではなく非経済的心性が重要なのか。なぜ人々は、自己の経済的損得という「合理的」観点によってではなく、文化的懸念などの一見合理性とは無関係な動機に基づいて、排外主義的な態度を持ったり持たなかったりするのだろうか。それはエンツェンスベルガーが指摘するように、単なる「間違った解釈」なのだろうか。

この問題については、政治学の領域を超えて心理学・行動経済学・人類学などの領域になってしまうが、近年の諸研究は、ヒトはまさにそのような生き物である（あるいはそのように進化すらしてきた）ということを重視しているように思われる。人は、表層的な個々人の物質的利得よりも文化と密接に関連する規範的信念の方を重視するという観点だ。政治学の観点から勇気を持って離れ、隣接領域の知見を交えながら、本書の根本にある問題を大きく検討してみよう。

有名な実験として最後通牒ゲームというものがあり、しばしば金銭的利得より道徳的信念や文化が重要だという論旨の紹介として使われることがある。ここでは2人の実験参加者A、Bのうち、Aはたとえば1万円のうちいくらかをもう一人にわける提案を行い、Bはその提案を受け入れるか否かだけを決定できる。提案が受け入れられた場合のみ、A、B二人はそこで行われた提案通りに金銭を受け取ることができる。この際、提案を受けるBの側は、たとえ10円だけの提案であっても、それを拒否して1円ももらえないよりはそれを受け入れて10円だけを受け取った方が得なのは自明なのだが、このような提案に対して、Bが拒否を行うことが広く見られている。つまり、明らかに自分が損をする選択をとるのである。これはゲーム参加者が自身の経済的便益を理解していないからではない。わかってやっているのである。また、分配を提案するAの側が、このような非経済的動機や行動の存在を見越して、あらかじめ多めの額の分配を提案することも知られている。

つまり我々人間は、自身の狭い金銭的利益よりも、平等意識や公平性に関する規範意識に依拠する反応をとっている。規範意識であるところの、何を平等や公平とみなすか、何が受け入れられ何が受け入れられない営為なのか、これを規定するのがまさしく文化である。実際に規範意識と文化は高度に密接しており、最後通牒ゲームの結果も、文化圏によってかなり異なった結果となる（cf.ジーグフリード2008）。ここまでの知見は、政治学においても比較的よく知られていたように思われる。

近年の研究の知見が興味深いのは、人がこういった規範に基づく選択を行うのが、それが単に文化だからというだけではなく、そのような文化≒規範コードを、個人的経済合理性よりも優先することで人類が生存してきたという適応上の進化的合理性があると指摘する点にある。もう少し正確に言うと、表面的な個人的利害に流されず、社会全体のソシオトロピックな観点から適切な反応を直感的にとることのできる個体集団がサバイブしてきた結果、我々人間の行動原理が向社会的に内面化されてきたと主張することである（ヘンリック２０１９）。規範逸脱者を罰することができなければ、フリーライダー問題を解決できず、集団的営為はうまくやっていけない。だからこそ、個人的経済合理性を超えて向社会的な反応をとる、ソシオトロピックな情動を内面化（あるいは本能化）させてきたのが私たち人間なのだという主張である。人類学等で議論されている、いわゆる「自己家畜化」の論点である。

実際、この手の経済学実験（公共財ゲーム）をしながら脳内反応を調べた研究によると、自身の経済的メリットをとらずとも、規範逸脱者を罰する行動をとった場合には快を感じる脳内物質が分泌されている（cf. de Quervain et al. 2004）。そういった意味で、個々人は（脳内物質レベルで）合理的な行動をとっている。[49] もちろん、そのような処罰行動をとる人に理由を聞いても、「快楽を感じるから」などと答えるものは一人もおらず、何かしらの規範的理由や感情に基づいて処罰行動を説明するだろう。ただそのような規範意識や直感的反応に、生物レベ

49　余談ではあるが、そのような強固な社会性を進化上身につけなかったチンパンジーの方が、ヒトの大学生と比べて、相互関係の中での経済合理性ゲームで良い得点を出すし回答速度も速く（Martin et al. 2014）、最後通牒ゲームでも「拒否」行動をとらず利得を得る行動をするそうだ（Jensen et al. 2007）。チンパンジーが冷徹に選択肢を選べるのに対し、ヒトはうっかり同調したり規範を優先したりするためである（ヘンリック２０１９）。つまり我々人類より、チンパンジーの方が狭い意味での経済的合理性の推定能力においては優れている。合理的経済人にならんとする者は彼らを師と仰がねばなるまい。

ルでの基盤があるということである。近現代的な法も執行機関もない文明誕生以前の長い歴史の期間にあっても、そのような規範意識や直感的反応を内面化できたからこそ、フリーライダー問題を超えて社会における協力的行動をとることができてきた面がある（正確に言えば内面化できた者たちが今の私たちに連なっている）。

だが、そのような生物的なミクロ基礎に基づいて、規範を直感的に内面化できたとしても、どのような行動が許容されるか、どのような振る舞いが規範とされるのかについては、無限にも近い多様なパターンと組み合わせがある。まさにその組み合わせの違いこそが文化的差異である。ナショナリズムは文化的単位と政治的単位を一致させようとする動きである。ナショナルな共同体が違えば、個人間の規範が異なるだけではなく、共同体内部での配分や優先される事項も変わってくる（ミラー2007：4章）。ある人が、自分の属する集団の文化的侵蝕を恐れているのは、何かシンボリックな象徴が損なわれ、自身のアイデンティティが毀損されるといったこと以上に、自分の属する社会における規範体系に変動が加えられることによって、自分の人生の不確実性が高まることを（自覚しているか否かとは無関係に）恐れていることの表出であるのかもしれない。

また、人類の歴史と排外性という観点として、感染症に対する脆弱性が、集団主義的態度や排外主義と結びついていることも指摘されてきた。本書冒頭で何度か参照したイングルハートも、このような前提をスタート地点として彼なりの排外主義研究を進めている（イングルハート２０１９：14)。感染症リスクをもたらす他者を警戒する者は、そうでない者に比べて生存する可能性が高かっただろう。だから、異質なる者への鋭敏さは、排外主義的な感情と結びつくというのだ。近年の研究によると、人々の排外主義的態度や右派性は、味覚における敏感さ(Ruisch et al. 2020)、虫を口に入れるような画像を見せたときの嫌悪感への敏感さ(Smith et al. 2011)、潔癖などで測られる行動免疫システム上の鋭敏さ(Aarøe et al. 2017)といった要素とも結びついていること(しかも場合によってはイデオロギーの効果より強い説明力を持っていること)が明らかになっている。こういった研究は何も、壮大だが珍奇で異端の学説などではない。最後の論文は政治学において最も権威ある国際査読誌(American Political Science Review誌)に厳しい審査をへて掲載されている。こういった無意識レベルの人類史学的・生物学的背景を持つ要素についても、政治学は取り扱わなければならない。政治は私たち人間の相互作用・利益調整を扱うが、私たち人間がどういった生き物なのかについて、私たちはまだ多くのことを知らない。

そこで急いで付け加えなければならないことがある。このような資質が仮に(部分的にせよ)ヒトの進化的適応の結果であったとしても、それが現代社会の原理として正当化されることは意味しないということである。人間の本能が、進化のいずれかの時点で有用な性質であったのだとしても、現代社会で人々が本能のまま振る舞えば、多くの社会的破綻が発生するのは何も排外主義的な感情や態度に限ったことではない。では、どのような対応が可能なのか、その論点については、いったん本書の議論の限界を押さえたうえで、最後に現実社会への含意として言及することとしよう。

第3節　本書の結論の限界

右翼政党支持のインパクトについて

本書は、どのような人々が排外主義的な態度を有するのかを分析してきたが、実際にそこで持たれる排外主義的な態度が、どの程度まで社会に悪い（もしくは良い）インパクトを与えるのかについては、直接に実証的な知見を示すことはできていない。特に、政治権力へ作用しうるという意味で、右翼政党が多く支持されているということが、いかなる意味を持つのかは重要な論点の一つである。

一部の研究は、ポピュリスト政党の文脈で、仮に右翼政党が台頭しても政治への影響には限界があるとする。たとえばミュデは、反移民の右翼政党が政権についても、実際の移民政策はほとんど変わることがないことを明らかにしたうえで、その理由として、野党にあってはどのようなことでも語ることができても、いざ政権につけば現実政治のリアリティとの間に妥協を余儀なくされるからであると論じている（Mudde 2013）。新興ポピュリスト右翼に限らず、すでに多くの右翼政党が既存政党として政権についている東欧諸国でも、それら右翼政党の台頭によって社会に排外主義や暴力の嵐が吹き荒れたかといえば、答えは否である。先行研究もこの論点においては見解がわかれており、極右政党が支持されるほど（ある種のガス抜きとして作用して）外国人に対する暴力が減るという指摘も見られる（Braun & Koopmans 2010）。

それと関連する点として、本書では誰が排外的な右翼政党を支持するかは明らかにできたが、「どの」右翼政党が支持されるかについては明らかにできていない。ポーランドの事例のように、消滅する右翼政党もあれば成功する右翼政党もある。本書の知見に基づけば、フレーミング戦略に成功した政党が成功する、ということは言えるが、ではなぜある政党はそのような戦略をうまくとることができ、他の政党はそうではないのかということについては、本書の知見からは語ることができない。これはおそらく各国の既存政党政治の在り方や、各政党の政党組織論への研究が必要な領域となる[50]。

もちろん、何かしらの排外主義勢力が支持されることが、暴力の増加や、政治権力を通じた排除につながらないからといって、まったく問題なしというわけではないだろう。もしそういった勢力が、社会の一部マイノリティに対してあからさまな排外主義的言辞を弄することがあれば、そのような言葉による攻撃自体が、社会の成員の一部を傷つけることになる。暴力や政治権力を用いずとも、言葉だけでも人は死まで追いやられうる。排外主義的な政党支持が増え

50 そのような分析を求める読者は譚（2017）を見よ。

ることや、反移民感情の発露が争点として（副次的にせよ）着目されることになれば、それによって損失や侵害を被《こうむ》る者が間違いなく増える。ラトビアの事例では、そういった言説が流布することで若者が国を捨てている面もあった。同国では、そういった排外的言説が主流であることにより、単にマイノリティや移民だけではなく実はマジョリティ集団もまた、自国政治状況への失望を強めていることを、私たちは別の研究において明らかにしている（Agarin and Nakai, forthcoming）。排外主義勢力が支持を集めることによって、直接的な悪影響が少なかったとしても、種々の間接的で（時に意図せざる）副次的な効果が発生している可能性は多々あり、これらも別の研究が必要な点となるだろう。

欧州懐疑主義について

本書の前半では、右翼政党支持の主たる原因の一つとして、移民が自国文化を毀損するという懸念感情が重要であることを示し、その自国文化毀損懸念感情は、人々のＥＵ政治への不信感――欧州懐疑主義や反ＥＵ感情――によって規定されていることを明らかにした。

だが、そもそもその反ＥＵ感情が何に根差しているのかということについては、本書は深く検討しなかった。実は、この点についてはデータ上の分析を行ってもはっきりとした結果が出なかったためである。実際には反ＥＵ感情も反移民感情に強く規定されており、両者がお互いに規定しあっていた。反移民感情と反ＥＵ感情は相互強化的な側面がある。

この際注意しなければならないのは、実際には欧州懐疑主義も様々な側面があるということだ。本書では反EU感情として一義的にはEU統合への反感という形で計測しつつ、頑健性チェックとして欧州議会への不信感でも計測し、結果に大きなブレが出なかったことを確認している。だが欧州懐疑の在り方は一様ではない。統合という概念そのものへの反感と、EUから提示される個別具体的な対応への反感は同様ではない（Di Mauro & Memoli 2016）。

ポーランドの章では、EUへの反感と自らを真のヨーロッパとみなす認識枠組みが見られた。これは他の事例でも見られ、チェコの右翼政党「自由と直接民主主義」代表（オカムラ）は極右グループIDの理念について「我々は『親ヨーロッパ派』ですが『親EU派』ではありません」（宮下2019：191）と要約して、その裏返しとして排外主義を正当化している。イギリスのファラージも「UKIPはヨーロッパを愛しているが、EUを嫌っているだけだ」と述べながら反移民的言辞を呈していた（小堀2013：152）。

つまり、不信感を持たれているのは欧州統合というプロジェクトそのものや、ヨーロッパという広範なアイデンティティではなく、むしろ個別具体的な制度の運用にある。欧州懐疑主義と反EU感情は実は同じものではないのだ。

諸国民がつながり、ヨーロッパというより大きなアイデンティティ体系を持つこと（その過程で既存の国民・民族意識がおそらくは背景化するであろうこと）自体は、必ずしも排外主義の抑制と直接結びついているわけではない。少数派への排斥を減ずるには、より上位の帰属意識が重要だという見解はよく見られるが、そういった上位のアイデンティティ保有を促進するだけでは排外主義抑制にはあまり関係がないのだろう。排外主義が台頭するか否かは、地域統合やグローバル化の進展そのものによってではなく、その進め方や担い手の在り方によって規定されている部分もあるのかもしれない。

第4節　本書の知見は(日本)社会にどのような含意を持つのか

経済的な困窮こそが、排外主義の原因だとする「ゾンビ理論」がたびたび息を吹き返すのは、実証的分析を行おうとする態度の欠如ではなく、そうあってほしいという願望の表れなのかもしれない。排外主義の台頭を好ましからざるものと見ている者にとって、その原因が貧困等に見出せるならば、これほど希望に満ちた結論はないであろう。より社会を発展させて人々を豊かにし、あるいは再分配を行って貧困を減らしさえすれば、この世から排外主義はいずれ消滅すると見込むことができるからだ。反対に、排外主義に依って立つ立場の者も、そのような原因を主張することで、自らの主張は打ち捨てられた弱者の正当な意見表明であり、一定の正当性や義があると示すことができる。

だが残念な知らせとして、本書の結論が示した通り、そしてこれまでの実証的な先行研究が示してきた通り、それはおそらく排外主義的な態度を規定する本当の主たる要因ではない。

人々は、文化的な紐帯を維持しようという観念に基づいて移民を忌避し右翼政党を支持している。そのような主張や運動の担い手には社会経済的に恵まれた人々も貧しい人々と同じ程度に含まれている。そもそもこのような心性は、場合によってはヒトが持つ不可避の天性かもしれないという、いささかショッキングな研究も先述のように出始めている。

グローバル化の進展に伴い、非経済的な争点が各国の政治的対立に現れてくるのは不可逆な潮流のようにも思われる。だからこそミュデは、欧州における右翼政党の台頭を「よくある病理ではなく病理的な日常」と表現した（Mudde 2010）。私たちは、社会の中には排外主義が厳然と存在してきて、存在し、存在し続けるという事実を認める必要があるのだろう。

だが、排外性が社会の中で存在し続けるであろうこと、それを有する人々がいることは不可避であるということを認めることと、それが持つ現代社会へのネガティブな影響に対して諦観することは同義ではない。いくらかでもその害悪を弱め減らす努力は必要である。特に暴力の抑制は最重要課題であろう。それは本書が直接に対象としたヨーロッパ社会に限らず、北米であろうと、日本であろうと、同様である。特に日本においては、今後にこそ反移民感情と反移民右翼政党の台頭が想定されるのであって、その際に、1周遅れ2週遅れの議論をしないためにも、実証的な知見に基づいた対策の検討が重要である。

意味のあることとないこと ―説得・教育・制度設計―

序章でも確認した通り、ナショナリズムへの評価は多義的である。ナショナルな連帯や一体感は民主主義や福祉的相互扶助が成立する前提として、私たちの政治経済的な自由を維持し強化するための基礎を提供している面もある（cf.ミラー2007）。安直な「ナショナリズムを乗り越える」式の題目を唱えるだけでは、実効性はないし、また実効性が発揮されたときにも思わぬ負の影響をもたらすかもしれない。重要なのは、ナショナリズムが持つ様々な側面のうち、最も他者の自由や権利を侵害する側面、排外主義的な側面（やその暴発としての暴力）を可能な限り抑制することにある。この問題に取り組むにあたり、本書の知見や周辺の研究を総合して、説得・教育・制度という3つの論点を提示したい。排外主義を支持する人に対して、直接的説得は無意味か逆効果であり、教育等の間接的介入か、制度的抑制を企図するのが好ましいと考えられることを以下論じる。

まず、排外主義を唱道し支持している人に対して、直接的にその非を問うて説得しようとしてもおそらく効果はないし、場合によっては逆効果になるかもしれない。特に、移民はあなたの仕事を奪わない、といったような説得はまったく嚙み合っていない。本書が示した通り、右翼政党支持者や反移民感情保有者は、個人的な経済的動機に基づいてそうしているわけではないからである（皆無とは言わないが周辺的な理由や名目的な理由でしかない）。勿論、排外主義的な主張を展開する政治家の中には、明示的に、自国民の経済的利得が損なわれているというロジックをもって排外主義的言辞を展開する者もいる。だが本書の結果に基づけば、それはある種の方便にすぎず、当の有権者はそのような経済的理由では別に当該政党を支持しておらず、有権者なりに抱く別の理由でそういった政党に支持を寄せていることがわかる。

またそもそも、本書の第6章、第7章で明らかにしたように、多くの人々は排外主義的な態度形成を、何かしらの事実認識に基づいて行っているというよりは、信頼するアクターが提示する議論なので好意を持つというメカニズムで行っている面も大きい（Bullock 2011）。そのため、事実認識の誤りを指摘してもあまり意味はない。

もっと広義の文脈として、人は自ら信ずるところの政治的信念に対して事実をもって反論されると、たとえその反論材料が論理的・科学的なものだとしても、その信念を改めることはないことが多いし、場合によってはむしろ当初の信念を強化することもあることがわかっている（三村・山崎2014、シャーロット2019）。排外主義的な態度を有する人物に対して、直接、反論を提示することはその弱体化に資することなく、むしろ強化する可能性さえあるという意味で、実は排外主義の炎に水ではなく燃料をくべるような行為である可能性がある。ファクトチェックなどを繰り返して排外主義的言辞を支持している者の認識を叩き潰そうとすることが、もし排外主義政治をより助長してしまうのならば、これほど皮肉なことはない。

直接反論するのではなく、青少年期からの教育を充実させるのはどうだろうか。本書の発見からは、どちらとも言えない。学歴の長短は、右翼政党支持に対しては影響を与えていなかったが、移民が自国文化を毀損するという主観的認識については、各国横断的に効果を有していた。しかし、この学歴長短の効果については、第5章で確認した通り、単に表立った反移民感情を隠すようになっただけで、実際のところ、各人はその排外主義のレベルをほとんど変えていない可能性もある。実は民族間紛争の実証研究においては、教育が充実する（＝教育期間が長くなる）ほど、民族紛争リスクはむしろ増すという分析結果も出ており（Lange 2011）、単純な教育歴の長期化は根本的な部分ではあまり意味がないように思われる。[51]

教育の長さ（高学歴・低学歴）という量的側面ではなく、その教育におけるコンテンツの中身という質的要素については話が別になるだろう。この点については本書は直接の含意を持たない。周辺研究を見ると、端的に平等の重要性などを説くだけでは反発としてのリバウンド効果でかえって差別感情を醸成するという指摘がある（Macrae et al. 1994）。一方で、外国人や移民という他者と自国民との属性的差異を意識させたうえでの接触やそれを促進するプログラムは、排外主義的な偏見感情の軽減に資するということが示されつつある（Brown & Hewstone 2005）。つまり、「私もあの人も同じ人間」方式の教育にはあまり効果がなく、むしろ違う文化に属する人間だということを理解させたうえでの教育が重要ということである。自国民と少数派の地位を交換させる単純なロールプレイを行わせるだけでも、マイノリティに対する反感や右翼政党への投票企図が減ることもハンガリーでの実験でわかっている。非差別エスニックグループであるところのロマの役割を一度担当した被験者グループは、それ以外の被験者グループと比して、極右ヨッビクへの投票企図を11・9パーセンテージポイントも下げるという結果が出た（Simonovits et al. 2018）。これも、我々は同じ人間なのだということを教育するよりは、作為的に役割交換を体験させることを通じて、それぞれの違う文化や社会的文脈があるということを実感させるタイプの介入と言える。

自分自身が、外国人や移民との地位交換の可能性を想起しなくとも、単に自分の親しい内集団メンバーが、外国人や移民などの外集団メンバーと、親しい関係にあるということを知るだけで、当該外集団への好感が増すこともわかっている（「拡張接触」）（池上２０１４）。本書の分析から明らかになった、都市部に比べて農村部居住者が、単に田舎に住んでいるというだけの理由でより排外主義的になっていた理由の一つでもあろう（自分が外国人と接点を持っていなくても、自分の知り合いが外国人と接点と持っているという蓋然性は、都市部においてより高まるからである）。直接の単純接触については、コンテクストや程度に応じて移民への好感・反感どちらにも影響するので注意が必要である（cf. Karreth et al. 2015）が、おおむね制

51　ただし、根本的な部分で意味がなくとも、表層的にでも隠すようになることが大事なのである、という立論は可能である。

度的媒介を通じた接触によって排外的見解が抑制されることが言われている（Pettigrew & Tropp 2006、永吉2008）。「人はそれぞれ違う」ということを制度的補助や緩やかなつながりから示唆することは、排外主義の抑制には効果的なのかもしれない。

排外主義の信念を持ち続ける人がいるということを前提にすれば、それをいかに悪い方向に発露させないか制度的統制を検討することも重要である。最もわかりやすく、ヨーロッパ諸国でも実際に導入が見られているのが、ヘイトスピーチの違法化であろう。人々の中には、内心において排外主義を抱えている人が一定数いるという事実を受け入れたうえで、それでもその発露について抑制しようとすれば、そのような法的・制度的抑制に頼るしかない。我々は、人間の心を変えることはできなくても、制度を変えることはできる。そういった制度や法規範を導入することは、それが好ましくないことなのだというシグナルを社会全体に送ることになり、「社会的望ましさ」を特定の方向に誘導する効果もある。仮に本音の部分では排外主義を抱えている人であっても、「社会的望ましさバイアス」によってそういった意見の表明が抑制されるのであれば、それによって救われる人々は相当数に上る。

ただし、そのような排外主義的な主張を繰り広げる政党の存在までも禁ずるべきかどうかは、慎重に判断する必要がある。このことは、日本において今後、反移民感情や排外主義政党が台頭してくるだろう際に論点になることが予想される。日本は、政党政治の歴史的文脈が西欧に近く、また既存の保守派の大政党などが概ね移民受け入れに肯定的であり、自由貿易圏拡大にも積極的であることからして、移民排斥を訴えるような排外主義右翼政党は、既存政治の外からそれにチャレンジするポピュリズム型として現れるだろう（その際に地方議会・地方首長選などが踏み台になる可能性もある）。排外主義的な政治勢力を暴発させないためには、既存の利益媒介システムの中に取り込むことも重要であると考えると、そういった政治組織が存在すること自体にまで強い規制をかけることについては慎重であるべきかもしれない。「議場がだめなら、路上に出る」（Przeworski 2019: 169）となり、ひとたび極右勢力が移民・難民への直接的行動（暴力や殺害）に出てしまえば、それ自体が悲劇であるし、またそれが被害者集団へのさらなるネガティブ視を加速させることにもつながる。難民集団への暴力が発生した場合、彼／彼女らへの同情ではなく敵視がむしろ強化されてしまうこともわかっている（Igarashi 2020）。実行犯を刑事的に罰することができても、そこで残された否定的影響を消すことはできない。

排外主義の暴走の極致とも言える民族間紛争が行われた地域にあって、その後の平和と安定を取り戻すために最も重要なのは、そのような暴力に関わったナショナリスティックな勢力を罰し、消滅させ、公共空間から排除することではなく、それらを政治権力の利益媒介経路に取り込み、かつ権力を分有させることにあることも、徐々にわかってきている（cf. McCulloch & McGarry eds. 2017）。これは直感的には承服しがたい面を持っているし、実際の導入時には様々な反発が起きるが、現に人の命や身体が損なわれないことを重視する限りにおいては、一定の実効性があることが、学術・実務双方においてコンセンサスになりつつある。究極的には、排外主義的な「言論」の抑制か、「暴力」の抑制か、どちらを重視するかで制度的対応は異なるのかもしれない。

いずれにしても、今日まで大丈夫であったことが、明日以降も大丈夫であるとは限らない。説得や教育の論点が、実験サーベイによる調査や実証実験を経ることによってエビデンスを収集蓄積しやすいのに対し、最後の制度的統制の問題は実験することができないし、観察数を人為的に増やすこともできない。どこまでいっても個別の事例に対する熱心かつ丁寧な事例研究（とそれに基づくコーディングを経たデータ分析）が必要な領域である。政治学にできることはまだまだ残されているだろう。

おわりに

ヨーロッパの人々の排外的ナショナリズム（右翼政党支持や反移民感情）は、経済的弱者の怒りの爆発などではなく、文化的紐帯をめぐる態度であり、富や学のある者たちもその担い手となっている。排外主義は、民主主義という意見形成と競争の体系の中において、社会の周辺的な存在が一時的に罹患する流行病のようなものなのではなく、むしろその担い手の中に普遍的に存在する生まれつきの傷のようなものだ。その傷の原因が本当は何なのかきちんと認識しておくことは、その傷とともに生きていくために重要である。そこで違う原因をでっちあげて、ああすれば治るはずだ、こうしないから良くないのだと言うことは、何ら役に立たないし、場合によっては治療の妨げにもなる。また、その傷を直接叩いても傷は消えないし、かえって腫れがひどくなるかもしれない。排外的ナショナリズムをめぐる言説状況は、どうもそのような状況にあるように見えることもある。

もし、貧困が排外主義の原因であったのならば、救いはあったかもしれない。経済的発展を進めていけば、いずれ排外主義は地上から雲散霧消すると夢想することができたからである。しかし、排外主義の担い手は、階級横断的に存在していることが本書の分析から明らかになった。さらに、第1章で論じたように、経済的発展が進んでいるからこそ、人々は経済的争点を気にしなくなり、より脱物質的で非経済的な争点・動機に基づいて政治的・社会的態度を形成している面が強まってきている。あえて経済を崩壊させて、自国の外国人問題よりも明日のパンを気にしなければいけない世界に戻りたい、と思う人はおそらく（あまり）いないだろう。悲観的なことを言うと思われるかもしれないが、きっとこの争点は今後もずっと我々の民主主義社会が抱える問題として残り続ける。現代社会にあって人々が非経済的争点をますます気にするようになること、そのうえで排外主義的な反発を抱く者がいるであろうという可能性を完全に消滅させることはおそらく不可能である。

大事なのは、この傷はおそらく消えないのだろうと理解したうえで、ではそれが体の負担にならないようにするには、どのような体の使い方をすればよいのかを知り、その傷とうまくやっていくことにある。つまり、排外主義という不可避の問題を抱えつつも、自由な言論と政治的競争による民主主義という母体を健康なまま維持するためには、どのように運用していくかということが問われているとも言える。筆者は藪医者ゆえ、その先の具体的な体の使い方についてまでは本書で示すことができなかった。ただ、偽の原因を指摘して無意味な希望を与えるよりは、不都合な事実であってもそれと向きあうことの必要性を説くべきであろう、と述べて本書を終えることにする。

筆者自身もその先の問題を検討することは諦めていない。本書が、同じ地平に立つ読者諸賢の思弁を促し議論を惹起し、新たな知識・知見・反論・修正の発露を促進することを通じて、自由な社会を維持・構築するための建材に混ぜられる、砂利の一粒になれば幸いである。

補遺表 2.1　欧州諸国における「極右」政党支持のロジスティック回帰分析の結果

従属変数＝極右政党支持	モデル 1		モデル 2		モデル 3	
分析対象	全有権者		全有権者		支持政党ありの有権者のみ	
	OR	StdOR	OR	StdOR	OR	StdOR
属性						
年齢	0.990	0.832**	0.989	0.818**	**0.976**	**0.653****
性差（女性ダミー）	0.661	0.813**	0.653	0.808**	**0.705**	**0.840****
収入 (10)	1.011	1.030	1.026	1.073	1.005	1.013
学歴 (8)	**0.820**	**0.684****	0.908	0.834**	**0.856**	**0.739****
就労状況（参照＝常勤）						
学生	**0.319**	**0.746****	0.590	0.874*	0.429	0.819**
失業・求職中	0.735	0.942	0.774	0.952	0.707	0.939
退職・年金受給者	0.982	0.992	1.026	1.011	1.038	1.017
主婦・主夫	1.002	1.000	1.154	1.036	1.193	1.044^
都市居住 (k/km^2)	0.873	0.904*	0.978	0.983	0.963	0.972
地域失業率 (%)	0.976	0.872	0.950	0.757	0.952	0.758
態度						
自身の生活状況への不満 (11)			0.987	0.974	**0.969**	**0.940****
自国の経済状況への不満 (11)			0.978	0.948	0.995	0.988
自国の民主政治への不満 (11)			1.083	1.217	1.163	1.453^
EU 統合への反対 (11)			**1.124**	**1.374****	**1.139**	**1.437****
伝統の重視 (6)			1.071	1.103**	1.063	1.092*
規則の重視 (6)			1.010	1.014	1.011	1.016
国家への愛着 (11)			**1.064**	**1.140***	1.005	1.011
自由の重視 (6)			1.184	1.205**	1.163	1.180**
移民による経済悪化認識 (11)			1.071	1.184**	**1.109**	**1.293****
移民による文化侵蝕認識 (11)			**1.272**	**1.878****	**1.278**	**1.916****
N	45358		40446		19763	
Pseudo R2	.0823		.1923		.2828	

^ p<0.10, * p<.05, ** p<.01
注：定数項・国別ダミー変数の効果は報告省略。各変数後の括弧内数字は何点尺度かの表記である。OR ＝オッズ比，StdOR= 標準化オッズ比，係数が太字 : p<.05 & (StdOR >1.250 or < 0.800)，灰色セル：p<.05 & (StdOR >1.500 or < 0.666)

補遺表 2.2　欧州諸国における右翼政党支持のロジスティック回帰分析の結果［職種別］

従属変数＝右翼政党支持	モデル1		モデル2	
	OR	StdOR	OR	StdOR
属性				
年齢	1.012	1.235	1.006	1.101
性差（女性ダミー）	0.764	0.874**	0.827	0.909*
収入 (10)	1.057	1.166^	1.059	1.170*
学歴 (8)	0.906	0.826**	0.947	0.901**
職業（参照＝管理職）				
軍・警察	1.492	1.023	1.574	1.026
専門職	0.812	0.921*	0.891	0.955^
技師・准専門職	0.928	0.973	0.932	0.974
事務補助員	0.795	0.936^	0.781	0.931*
販売従業者	1.003	1.001	0.974	0.991
農林漁業従事者	1.268	1.040*	1.175	1.026
技能工	1.012	1.004	0.958	0.987
機械運転・組立工	0.944	0.985	0.813	0.949^
単純作業従事者	0.751	0.920*	0.764	0.928^
都市居住（K/Km^2）	0.919	0.927**	0.959	0.962*
地域失業率（%）	0.969	0.854	0.949	0.773^
態度				
自身の生活状況への不満 (11)			1.013	1.026
自国の経済状況への不満 (11)			**0.901**	**0.781****
自国の民主政治への不満 (11)			0.947	0.873
EU 統合への反対 (11)			**1.178**	**1.556****
伝統の重視 (6)			1.099	1.145**
規則の重視 (6)			1.021	1.030
国家への愛着 (11)			1.098	1.225**
自由の重視 (6)			1.090	1.100**
移民による経済悪化認識 (11)			1.062	1.158*
移民による文化侵蝕認識 (11)			**1.197**	**1.594****
N	57113		51354	
Pseudo R2	.1159		.2006	

^ p<0.10, * p<.05, ** p<.01

注：定数項・国別ダミー変数の効果は報告省略。各変数後の括弧内数字は何点尺度かの表記である。OR＝オッズ比, StdOR= 標準化オッズ比；係数が太字：p<.05 & (StdOR >1.250 or < 0.800), 灰色セル：p<.05 & (StdOR >1.500 or < 0.666)

補遺表 3　欧州諸国における文化的反移民感情のロジスティック回帰分析の結果（職種別）

従属変数＝文化的反移民感情	モデル 1		モデル 2	
	OR	StdOR	OR	StdOR
属性				
年齢	1.006	1.107**	1.003	1.053
性差（女性ダミー）	0.948	0.974	0.913	0.955^
収入 (10)	0.987	0.965*	1.009	1.024
学歴 (8)	**0.833**	**0.702****	**0.864**	**0.754****
職業（参照＝管理職）				
軍・警察	1.114	1.006	1.166	1.009
専門職	0.774	0.902**	0.813	0.919**
技師・准専門職	0.865	0.948	0.859	0.945^
事務補助員	0.924	0.977	0.958	0.988
販売従業者	1.135	1.048	1.087	1.031
農林漁業従事者	1.376	1.053**	1.325	1.046*
技能工	1.263	1.075**	1.173	1.051**
機械運転・組立工	1.288	1.066*	1.158	1.038
単純作業従事者	1.169	1.046	1.112	1.030
都市居住 (k/km^2)	0.840	0.855**	0.861	0.872**
地域失業率 (%)	1.023	1.120*	1.010	1.049
態度				
自身の生活状況への不満 (11)			1.025	1.051**
自国の経済状況への不満 (11)			1.051	1.125**
自国の民主政治への不満 (11)			**1.145**	**1.398****
EU 統合への反対 (11)			**1.225**	**1.733****
伝統の重視 (6)			1.111	1.162**
規則の重視 (6)			1.093	1.137**
国家への愛着 (11)			1.018	1.040
自由の重視 (6)			0.973	0.971*
N	61323		56555	
Pseudo R2	.0843		.1602	

^ p<0.10, * p<.05, ** p<.01
注：定数項・国別ダミー変数の効果は報告省略。各変数後の括弧内数字は何点尺度かの表記である。OR ＝オッズ比, StdOR= 標準化オッズ比。係数が太字 : p<.05 & (StdOR >1.250 or < 0.800), 灰色セル : p<.05 & (StdOR >1.500 or < 0.666)

補遺 4　変数の相関係数（スピアマン順位相関）と統計的有意性

オーストリア (N=4262)	反欧州統合	反移民
反移民	.5343**	
右翼支持	.3717**	.4874**

クロアチア (N=1587)	反欧州統合	反移民
反移民	.3068**	
右翼支持	.3094^	.0070

ベルギー (N=3467)	反欧州統合	反移民
反移民	.3603**	
右翼支持	.1105**	.2499**

ハンガリー (N=2826)	反欧州統合	反移民
反移民	.4766**	
右翼支持	.1784**	.1355**

ブルガリア (N=1469)	反欧州統合	反移民
反移民	.4081**	
右翼支持	.0831	.0695

アイスランド (N=811)	反欧州統合	反移民
反移民	.2728**	
右翼支持	.1959	.1366

キプロス (N=675)	反欧州統合	反移民
反移民	.3153**	
右翼支持	.2640^	.0717

イタリア (N=4944)	反欧州統合	反移民
反移民	.6795**	
右翼支持	.3027**	.3535**

スイス (N=2879)	反欧州統合	反移民
反移民	.3984**	
右翼支持	.4477**	.4500**

リトアニア (N=3340)	反欧州統合	反移民
反移民	.2917**	
右翼支持	.1064^	.1295*

チェコ (N=4368)	反欧州統合	反移民
反移民	.4305**	
右翼支持	.0658^	.0061

ラトビア (N=719)	反欧州統合	反移民
反移民	.4273**	
右翼支持	-.1723^	.0334

ドイツ (N=5063)	反欧州統合	反移民
反移民	.4644**	
右翼支持	.4822**	.5512**

オランダ (N=3173)	反欧州統合	反移民
反移民	.3743**	
右翼支持	.3724**	.4489**

エストニア (N=3730)	反欧州統合	反移民
反移民	.3969**	
右翼支持	.2041**	.2981**

ノルウェー (N=2718)	反欧州統合	反移民
反移民	.3189**	
右翼支持	.2753**	.5002**

スペイン (N=3101)	反欧州統合	反移民
反移民	.4396**	
右翼支持	.2471**	.3670**

ポーランド (N=2769)	反欧州統合	反移民
反移民	.2818**	
右翼支持	.2708**	.1378**

フィンランド (N=3599)	反欧州統合	反移民
反移民	.4426**	
右翼支持	.3850**	.3551**

スウェーデン (N=2891)	反欧州統合	反移民
反移民	.3206**	
右翼支持	.3487**	.5553**

フランス (N=3854)	反欧州統合	反移民
反移民	.4019**	
右翼支持	.3185**	.5380**

スロベニア (N=2384)	反欧州統合	反移民
反移民	.2495**	
右翼支持	-.0749	.2660**

イギリス (N=3839)	反欧州統合	反移民
反移民	.3925**	
右翼支持	.3955**	.1785**

スロバキア (N=993)	反欧州統合	反移民
反移民	.4399**	
右翼支持	-.0714	-.2262**

注：** $p < .01$, * $p < .05$, ^ $p < .10$; 統計的有意性 5% 水準を満たさず係数が 0.40 未満のものは灰色表記にした

参考文献［ABC順］

Aarøe, Lene, Michael B. Petersen, and Kevin Arceneaux (2017) "The Behavioral Immune System Shapes Political Intuitions: Why and How Individual Differences in Disgust Sensitivity Underlie Opposition to Immigration," *American Political Science Review*, 111(2): 277–294. doi:10.1017/S0003055416000770

Agarin, Timofey (2010) *A Cat's Lick: Democratisation and Minority Communities in the Post-Soviet Baltic*, Rodopi

Agarin, Timofey and Ryo Nakai (forthcoming) "Political Dejection in Divided Society: A Challenge for Latvia's Democracy?" *Journal of Baltic Studies*.

Alba, Richard, Rubén G. Rumbaut, and Karen Marotz. (2005) "A Distorted Nation: Perceptions of Racial/Ethnic Group Sizes and Attitudes Toward Immigrants and Other Minorities," *Social Forces*, 84(2): 901–919. doi:10.1353/sof.2006.0002

An, Brian P. (2015) "The Role of Social Desirability Bias and Racial/Ethnic Composition on the Relation between Education and Attitude toward Immigration Restrictionism," *The Social Science Journal*, 52(4): 459–467. doi:10.1016/j.soscij.2014.09.005

Anderson, Benedict (1983). *Imagined Communities*. London: Verso.

Ariely, Gal. (2019) "How People View Patriotism: The Evidences from Cross-National Survey," in Mitja Sardoč ed. *Handbook of Patriotism*, Springer, doi:10.1007/978-3-319-30534-9_55-1

Arzheimer, Kai (2009) "Contextual Factors and the Extreme Right Vote in Western Europe, 1980–2002", *American Journal of Political Science*, 53(2): 259–275. doi:10.1111/j.1540-5907.2009.00369.x

Arzheimer, Kai (2018a) "The Extreme / Radical Right network of co-citations: evidence for 2 different schools? (Part 1)" Kai Arzheimer webpage, December 8th 2018, https://www.kai-arzheimer.com/extreme-radical-right-network-of-co-citations-part-1/

Arzheimer, Kai (2018b) "Explaining Electoral Support for the Radical Right." in Jens Rydgren ed., *The Oxford Handbook of the Radical Right*, Oxford University Press: 143–165. doi:10.1093/oxfordhb/9780190274559.013.8

Arzheimer, Kai and Elisabeth Carter (2006) "Political Opportunity Structures and Right-Wing Extremist Party Success," *European Journal of Political Research*, 45: 419–443. doi:10.1111/j.1475-6765.2006.00304.x

朝日新聞（２０１８）「反移民・反ＥＵ、圧勝　ハンガリー総選挙」『朝日新聞』２０１８年４月10日、朝刊、２面

Auers, Daunis (2015) *Comparative Politics and Government of the Baltic States: Estonia, Latvia and Lithuania in the 21st Century*, Palgrave

Auers, Daunis and Andres Kasekamp (2015) "The Impact of Radical Right Parties in the Baltic States," in Michael Minkenberg ed. *Transforming the Transformation? The East European Radical Right in the Political Parties*, Routledge: 137–154.

Ayers, John W. C. Richard Hofstetter, Keith Schnakenberg, and Bohdan Kolody (2009) "Is Immigration a Racial Issue? Anglo Attitudes on Immigration Policies in a Border County", *Social Science Quarterly*, 90(3): 593–610. doi:10.1111/j.1540-6237.2009.00633.x

Bachman, Bart. (2016) "Diminishing solidarity: Polish attitudes toward the European migration and refugee crisis,"

Migration Information Source, 16/6/2016.

Bakker, Ryan, Liesbet Hooghe, Seth Jolly, Gary Marks, Jonathan Polk, Jan Rovny, Marco Steenbergen, and Milada A. Vachudova (2020) "Who Opposes the EU? Continuity and Change in Party Euroscepticism between 2014 and 2019," LSE Europp blog, June 1st, 2020. https://blogs.lse.ac.uk/europpblog/2020/06/01/who-opposes-the-eu-continuity-and-change-in-party-euroscepticism-between-2014-and-2019/#Author

Beauzamy, Brigitte (2013) "Explaining the Rise of the Front National to Electoral Prominence: Multi-Faceted or Contradictory Models?" in Ruth Wodak, Majid KhosraviNik, and Brigitte Mral eds. *Right-Wing Populism in Europe: Politics and Discourse*, Bloomsbury: 177–189.

Bieber, Florian (2020) *Debating Nationalism: The Global Spread of Nations*, Bloomsbury Academic.

BISS (2004) *Ethnic Tolerance and Integration of the Latvian Society*, Baltic Institute of Social Sciences.

ブルーム、ポール（Bloom, Paul）著、高橋洋訳（２０１８）『反共感論：社会はいかに判断を誤るか』白揚社

BNS (2015) "VIDEO: "Vienotība" klipā aicina atbalstīt bēgļu uzņemšanu," *Latvijas Avīze*, 2 Oktobris 2015, https://www.la.lv/video-vienotiba-klipa-aicina-atbalstit-beglu-uznemsanu?replytocom=8690468

ボグミウ、ズザンナ（Bogmił, Zuzanna）著、福元健之訳（２０１８）「二〇世紀の困難な過去をめぐるポーランド人と隣人との紛争と対話」橋本伸也編『紛争化させられる過去―アジアとヨーロッパにおける歴史の政治化』岩波書店、133－161

ボージャス、ジョージ、（Borjas, George J.）著、岩本正明訳（２０１７）『移民の政治経済学』白水社

Boone, Catherine (2009) "Electoral Populism Where Property Rights Are Weak: Land Politics in Contemporary Sub-Saharan Africa." *Comparative Politics*, 41(2): 183–201. doi:10.5129/001041509X12911362971990

Brader, Ted, Nicholas A. Valentino, and Elizabeth Suhay (2008) "What Triggers Public Opposition to Immigration? Anxiety, Group Cues, and Immigration Threat," *American Journal of Political Science*, 52(4): 959–978. doi:10.1111/j.1540-5907.2008.00353.x

ブレイディみかこ（Brady, Mikako）（２０１６）『ヨーロッパ・コーリング―地べたからのポリティカル・レポート』岩波書店

Brass, Paul R. (1997) *Theft of an Idol.* Princeton University Press.

Braun, Robert, and Ruud Koopmans (2010) "The Diffusion of Ethnic Violence in Germany: The Role of Social Similarity," *European Sociological Review*, 26(1): 111–123. doi:10.1093/esr/jcp056

Brown, Rupert and Miles Hewstone (2005) "An integrative theory of intergroup contact." *Advances in Experimental Social Psychology*, 37: 255–343. doi:10.1016/S0065-2601(05)37005-5

Brubaker, Roger (2017) "Why Populism?," *Theory and Society*, 46: 357–385. doi:10.1007/s11186-017-9301-7

Bullock, John G. (2011) "Elite Influence on Public Opinion in an Information Electorate," *American Political Science Review*, 105(3): 496–515. doi:10.1017/S0003055411000165

Bustikova, Lenka (2015) "The Democratization of Hostility: Minorities and Radical Right Actors after the Fall of Communism", in Michael Minkenberg *Transforming the Transformation? The East European Radical Rights in the Political Political Parties*, Routledge: 57–79.

CBOS (2015) "O Uchodźcach w Przededniu Unijnego Szczytu Poświęconego Kryzysowi Imigracyjnemu," *Komunikat z Badań*, Nr.133/2015.

CBOS (2018) "Stosunek Polaków I Czechów do Przyjmowania Uchodźców," *Komunikat Z Badań*, Nr.82/2018.

Cederman, Lars-Erik., and Luc Girardin (2007) "Beyond Fractionalization: Mapping Ethnicity onto Nationalist Insurgencies." *American Political Science Review*, 101(1): 173–185. doi:10.1017/S0003055407070086

Cederman, Lars-Erik, Kristian S. Gleditsch, and Simon Hug (2011) "Elections and Ethnic Civil War." *Comparative Political Studies*, 46(3): 387–417. doi:10.1177/0010414012453697

Ceobanu, Alin M. and Xavier Escandell (2010) "Comparative Analyses of Public Attitude Toward Immigrants and Immigration Using Multinational Survey Data: A Review of Theories and Research," *Annual Review of Sociology*, 36: 309–328. doi: 10.1146/annurev.soc.012809.102651

Chandler, Charles R. and Yung-mei Tsai (2001) "Social factors influencing immigration attitudes: an analysis of data from the General Social Survey" *The Social Science Journal*, 38(2): 177–188. doi:10.1016/S0362-3319(01)00106-9

Chandra, Kanchan (2004) *Why Ethnic Parties Succeed: Patronage and Ethnic Head Counts in India*. Cambridge University Press.

Chandra, Kanchan (2005) "Ethnic Parties and Democratic Stability." *Perspectives on Politics*, 3(2): 235–252. doi:10.1017/S1537592705050188

Chandra, Kanchan (2012) *Constructivist Theories of Ethnic Politics*. Oxford University Press.

Cianetti, Licia (2014) "Granting local voting rights to non-citizens in Estonia and Latvia: The conundrum of minority representation in two divided democracies" *Journal on Ethnopolitics and Minority Issues in Europe*, 13(1): 86–112.

Cienski, Jan. (2015) "Poland to Aid Refugees, not Economic Migrants," *Politico*, 9/4/2015. https://www.politico.

eu/article/poland-migrants-asylum-refugees-crisis-commission-kopacz-trzaskowski/

Clarke, Kevin A. and David M. Primo (2012) *A Model Discipline: Political Science and the Logic of Representations*, Oxford University Press.

Cohen, Geoffrey L. (2003). "Party Over Policy: The Dominating Impact of Group Influence on Political Beliefs" *Journal of Personality and Social Psychology*, 85(5): 808–822. doi:10.1037/0022-3514.85.5.808

Colantone, Italo and Piero Stanig (2019) "The Surge of Economic Nationalism in Western Europe," *Journal of Economic Perspectives*, 33(4): 128–151.

Collier, Paul, and Anke Hoeffler (1998) "On the Economic Causes of Civil War." *Oxford Economic Papers*, 50: 563–573.

Collier, Paul, Anke Hoeffler, and Nicholas Sambanis (2005) "The Collier-Hoeffler Model of Civil War Onset and the Case Study Project Research Design." in Paul Collier and Nicholas Sambanis. *Understanding Civil War: Evidence and Analysis*. World Bank: 1–33.

Csergő, Zsuzsa, and James M. Goldgeier (2004) "Nationalist Strategies and European Integration" *Perspectives on Politics*, 2(1): 21–37. doi: 10.1017/S153759270400060X [ジュジャ・チェルゲー、ジェームス・M・ゴーリアー著、中井遼訳（２０１９）「ナショナリストの諸戦略とヨーロッパ統合」『北九州市立大学法政論集』46巻3／4号、137–184 http://id.nii.ac.jp/1077/00000669]

Dancygier, Rafaela and Yotam Margalit (2020) "The Evolution of the Immigration Debate: Evidence from a New Dataset of Party Positions Over the Last Half-Century," *Comparative Political Studies*, 53(5): 734–774. doi: 10.1177/0010414019858936 de Figueiredo Jr., Rui J. P. and Zachary Elkins (2003) "Are Patriots Bigots? An Inquiry into the Vices of In-Group Pride," *American Journal of Political Science*, 47(1): 171–188. doi:10.2307/3186100

de Koster, Willem, Peter Achterberg, Jeroen Van der Waal, Samira Van Bohemen, and Roy Kemmers (2014) "Progressiveness and the New Right: The Electoral Relevance of Culturally Progressive Values in the Netherlands" *West European Politics*, 37(3): 584–604. doi:10.1080/01402382.2013.814963

de Lange, Sarah L. (2007) "A New Winning Formula? The Programmatic Appeal of Radical Right," *Party Politics*, 13(4): 411–435. doi:10.1177/1354068807075943

de Quervain, Dominique J–F, Urs Fischbacher, Valerie Treyer, Melanie Schellhammer, Ulrich Schnyder, Alfred Buck, and Ernst Fehr (2004) "The neural basis of altruistic punishment," *Science*, 305(5688): 1254–8. doi:10.1126/science.1100735

Dennison, James and Andrew Geddes (2019) "A Rising Tide? The Salience of Immigration and the Rise of Anti-Immigration Political Parties in Western Europe," *Political Quarterly*, 90(1): 107–116. doi:10.1111/1467–923X.12620

Di Mauro, Danilo and Vincenzo Memoli (2016) *Attitude Towards Europe Beyond Euroscepticism: Supporting the European Union through the Crisis*, Palgrave.

Dragiļeva, Olga (2019) "Nacionālās apvienības birojā pirms četriem gadiem viesojies britu neonacistu organizācijas dibinātājs" LSM. LV (Public Broadcasting of Latvia, official website), 24 Nov. 2019. https://www.lsm.lv/raksts/zinas/latvija/nacionalas-apvienibas-biroja-pirms-cetriem-gadiem-viesojies-britu-neonacistu-organizacijas-dibinatajs.a339446/

Druckman, James, N., Erik Peterson, and Rune Slothuus (2013) "How Elites Partisan Polarization Affects Public Opinion Formation" *American Political Science Review*, 107(1): 57–79. doi:10.1017/S0003055412000500

Economist (2018) "Imperial borders still shape politics in Poland and Romania" *Economist* November 21st 2018. https://www.economist.com/graphic-detail/2018/11/21/imperial-borders-still-shape-politics-in-poland-and-romania

Eifert, Benn, Edward Miguel, and Daniel N. Posner (2010) "Political Competition and Ethnic Identification in Africa." *American Journal of Political Science* 54(2): 494–510. doi:10.1111/j.1540-5907.2010.00443.x

遠藤晶久、ウィリー・ジョウ（２０１９）『イデオロギーと日本政治――世代で異なる「保守」と「革新」』新泉社

エンツェンスベルガー、ハンス・M．(Enzensberger, Hans M.) 著、野村修訳（１９９２）『国際大移動』晶文社

Eriksen, H. Thomas. (2010). *Ethnicity and Nationalism: Anthropological Perspectives, third edition*. Pluto Press.

Evans, Jocelyn A. (2005) "The Dynamics of Social Change in Radical Right-Wing Populist Party Support," *Comparative European Politics*, 3: 76–101. doi:10.1057/palgrave.cep.6110050

Facchini, Giovanni and Anna M. Mayda. (2009) "Does the Welfare State Affect Individual Attitudes toward Immigrants? Evidence across Countries." *Review of Economics and Statistics*, 91(2): 295–314. doi:10.1162/rest.91.2.295

Facchini, Giovanni and Anna M. Mayda (2012) "Individual Attitudes Towards Skilled Migration: An Empirical Analysis Across Countries", *The World Economy*, 35(2): 183–196. doi:10.1111/j.1467–9701.2011.01427.x

Fitzgerald, Jennifer (2018) *Close to Home: Local Ties and Voting Radical Right in Europe*, Cambridge University

Press.
Fresken, Anaïd (2018) "Ethnic Parties, Ethnic Tensions? Results of an Original Election Panel Study," *American Journal of Political Science* 62(4), 967–981. doi:10.1111/ajps.12385
フクヤマ、フランシス（Fukuyama, Francis）著、山田文訳（２０１９）『IDENTITY—尊厳の欲求と憤りの政治』朝日新聞出版
古谷経衡（２０１３）『ネット右翼の逆襲—「嫌韓」思想と新保守論』総和社
Galbreath, David (2005) *Nation-Building and Minority Politics in Post-Socialist States: Interests, Influence, and Identities in Estonia and Latvia*, Ibidem
Gellner, Ernest (1983) *Nations and Nationalism*. Blackwell Publishers.
Georgiadou, Vasilki, Lamprini Rori, and Costas Roumanias (2018) "Mapping the European far right in the 21st century: A meso-level analysis" *Electoral Studies*, 54: 103–115. doi:10.1016/j.electstud.2018.05.004
ゲスト、ジャスティン（Gest, Justin）著、吉田徹・西山隆行・石神圭子・河村真実訳（２０１９）『新たなマイノリティの誕生—声を奪われた白人労働者たち』弘文堂
GIS–Expert.pl (2018) Dominicantes: Percentage of catholics who attend church. https://gis–expert.pl/iskk2018/
Glaser, James M. and Martin Gilens (1997) "Interregional Migration and Political Resocialization: A Study of Racial Attitudes Under Pressure," *The Public Opinion Quarterly*, 61(1): 72–86. doi:10.1086/297787
Golder, Matt (2016) "Far Right Parties in Europe" *Annual Review of Politcal Science*, 19: 477–497. doi:10.1146/annurev-polisci-042814-012441
Gomez-Reino, Margarita, and Iván Llamazares (2013) "The Populist Radical Right and European Integration: A

Comparative Analysis of Party-Voter Links," *West European Politics*, 36(4): 789–816. doi:10.1080/01402382.2013.783354

Grosfeld, Irena, and Ekaterina Zhuravskaya (2015) "Cultural vs. economic legacies of empires: Evidence from the partition of Poland," *Journal of Comparative Economics*, 43: 55–75. doi:10.1016/j.jce.2014.11.004

Groves, Robert M., Floyd J. Fowler, Mick P. Couper, James M. Lepkowski, Eleanor Singer, and Roger Tourangeau. (2009) *Survey Methodology (second edition)*, Wiley.

Guelke, A., and J. Smyth (1992) "The Ballot Bomb: Terrorism and the Electoral Process in Northern Ireland." *Terrorism and Political Violence*, 4(2): 103–124. doi:10.1080/09546559208427151

ハイト、ジョナサン（Haidt, Jonathan）著、高橋洋訳（２０１４）『社会はなぜ左と右にわかれるのか―対立を超えるための道徳心理学』紀伊國屋書店

Hainmueller, Jens and Michael J. Hiscox (2010) "Attitudes toward Highly Skilled and Low-skilled Immigration: Evidence from a Survey Experiment," *American Political Science Review*, 104(1): 61–84. doi:10.1017/S0003055409990372

Hainmueller, Jens and Daniel J. Hopkins (2014) "Public Attitudes Toward Immigration," *Annual Review of Political Science*, 17(1), 225–249. doi:10.1146/annurev-polisci-102512-194818

Hainmueller, Jens, Michael J. Hiscox, and Yotam Margalit (2015) "Do concerns about labor market competition shape attitudes toward immigration? New evidence," *Journal of International Economics*, 97: 193–207. doi:10.1016/j.jinteco.2014.12.010

Hainmueller, Jens and Daniel J. Hopkins (2015) "The Hidden American Immigration Consensus: A Conjoint

Analysis of Attitudes toward Immigrants," *American Journal of Political Science*, 59(3): 529–548. doi:10.1111/ajps.12138
Hale, Henry E. (2008) *The Foundations of Ethnic Politics: Separatism of States and Nations in Eurasia and the World*. Cambridge University Press.
濱田国佑（２０１９）「「移民」の影響認知――外国人増加の影響はどう考えられているか」田辺俊介編『日本人は右傾化したのか―データ分析で実像を読み解く』勁草書房、67－93
Han, Kyung-Joon (2013) "Income Inequality, International Migration, and National Pride: A Test of Social Identification Theory." *International Journal of Public Opinion Research*, 25(4): 502–521. doi:10.1093/ijpor/edt011
秦正樹・中井遼（２０１９）「共生社会を阻む「ホンネ」と「タテマエ」―日本・フランス・エストニアにおけるリスト実験の比較分析」大賀哲・仁平典宏・山本圭編『共生社会の再構築Ⅱ―デモクラシーと境界線の再定位』法律文化社、141－158
畑山敏夫（２０１３）「マリーヌ・ルペンと新しい国民戦線―「右翼ポピュリズム」とフランスのデモクラシー」高橋進・石田徹編『ポピュリズム時代のデモクラシー―ヨーロッパからの考察』法律文化社、95－115
Heath, Anthony and Lindsay Richards (2016) *Attitudes toward Immigration and Their Antecedents: Topline Results from Round 7 of the European Social Survey*, European Social Survey
Helbling, Marc and Hanspeter Kriesi (2014) "Why citizens prefer high-over low-skilled immigrants. Labor market competition, welfare state, and deservingness" *European Sociological Review*, 30(5): 595–614. doi:10.1093/esr/jcu061

ヘンリック、ジョセフ（Henrich, Joseph）著、今西康子訳（２０１９）『文化がヒトを進化させた―人類の繁栄と〈文化―遺伝子革命〉』白揚社

稗田健志（２０１９）「西欧諸国におけるポピュリスト政党支持の職業階層的基盤」『年報政治学』２０１９―Ⅱ号：109-142.

Higashijima, Masaaki, and Ryo Nakai (2015) "Elections, Ethnic Parties, and Ethnic Identification in New Democracies: Evidence from the Baltic States." *Studies in Comparative International Development*, 51(2): 124–146. doi:10.1007/s12116-015-9187-1

Higashijima, Masaaki, and Yu Jin Woo (2020) "Political Regimes and Refugee Entries: Motivations behind Refugees and Host Governments" University of Gothenburg, Varieties of Democracy Institute: Users' Working Paper No. 34. August 2020.

樋口直人（２０１４）『日本型排外主義―在特会・外国人参政権・東アジア地政学』名古屋大学出版会

樋口直人（２０１７）「排外主義の台頭―市民社会の負の側面」坂本治也編『市民社会論―理論と実証の最前線』、法律文化社、278-296

樋口直人、永吉希久子、松谷満、倉橋耕平、ファビアン・シェーファー、山口智美（２０１９）『ネット右翼とは何か』青弓社

Hino, Airo (2012) *New challenger parties in Western Europe: a comparative analysis*, Routledge.

ハーシュマン、アルバート・O.（Hirschman, Albert O.）著、矢野修一訳（２００５）『離脱・発言・忠誠：企業・組織・国家における衰退への反応』ミネルヴァ書房（原著１９７０刊）

Hjerm, Mikael (1998) "National Identities, National Pride and Xenophobia: A comparison of Four Western

countries." *Acta Sociologica*, 41: 335–347. doi:10.1177/000169939804100403
Hjerm, Mikael (2001) "Education, Xenophobia and Nationalism: A Comparative Analysis" *Journal of Ethnic and Migration Studies*, 27(1): 37–60. doi:10.1080/13691830124482
Hooghe, Liesbet, Ryan Bakker, Anna Brigevich, Catherine de Vries, Erica Edwards, Gary Marks, Jan Rovny, Marco Steenbergen, and Milada Vachudova (2010). "Reliability and Validity of Measuring Party Positions: The Chapel Hill Expert Surveys of 2002 and 2006," *European Journal of Political Research*, 49(5): 687–703. doi:10.1111/j.1475-6765.2009.01912.x
Horowitz, Donald L. (1985) *Ethnic Groups in Conflict*. University of California Press.
市川顕（２０１９）「ポーランド」松尾秀哉他編『教養としてのヨーロッパ政治』ミネルヴァ書房、333-356
市川顕（２０２０）「人の国際移動とポーランド―社会的危機を煽動する概念上の移民?―」『上智ヨーロッパ研究』12号、77-98
五十嵐彰（２０１９）「排外主義――外国人増加はその源泉となるか」田辺俊介編『日本人は右傾化したのか―データ分析で実像を読み解く』勁草書房
Igarashi, Akira (2019) "Till multiculturalism do us part: Multicultural policies and the national identification of immigrants in European countries", *Social Science Research*, 77, 88–100. doi:10.1016/j.ssresearch.2018.10.005
Igarashi, Akira (2020) "Hate begets hate: anti-refugee violence increases anti-refugee attitudes in Germany" *Ethnic and Racial Studies*, doi:10.1080/01419870.2020.1802499
Ignazi, Piero (1992) "The silent counter-revolution Hypotheses on the emergence of extreme right-wing parties in Europe" *European Journal of Political Research*, 22(1): 3–34. doi:10.1111/j.1475-6765.1992.tb00303.x

飯田健（２０２０）「〔研究レポート〕２０１６年大統領選挙に関する実証研究の知見と２０２０年大統領選挙」日本国際問題研究所ウェブページ　https://www.jiia.or.jp/column/post-16.html?fbclid=IwAR2FOIlbRLbD5LUwWPPYm4j5ikgx5xOR8aojZsVX2zCuEH3KTWNUsLkzhVo

池上知子（２０１４）「差別・偏見研究の変遷と新たな展開―悲観論から楽観論へ」『教育心理学年報』第53集、133-146　doi:10.5926/arepj.53.133

Imai, Kosuke (2011) "Multivariate Regression Analysis for the Item Count Technique" *Journal of the American Statistical Association*, 106(494): 407–416. doi:10.1198/jasa.2011.ap10415

Imielski, Roman (2016) "Smoleńsk - cel Kaczyńskiego" Wyborcza.pl February 5th 2016 https://wyborcza.pl/1,75968,19584272,smolensk-cel-kaczynskiego.html?fbclid=IwAR1K28ubQ8tMQ2U4POqeMAhh0ckRvQ3-DE9Y7dABlZ5-TGtjMkltcgj0APQ（伊東孝之訳［２０１６］*Facebook.* ２０１６年2月15日　https://www.facebook.com/tito41jp/posts/1083882484967444）

Inglehart, Ronald and Pippa Norris (2017) "Trump and the Populist Authoritarian Parties: The Silent Revolution in Reverse," *Perspectives on Politics*, 15(2), 443–454. doi:10.1017/S1537592717000111

イングルハート、ロナルド（Inglehart, Ronald F.）著、山﨑聖子訳（２０１９）『文化的進化論―人びとの価値観と行動が世界をつくりかえる』勁草書房

石田徹（２０１３）「新しい右翼の台頭とポピュリズム―ヨーロッパにおける論議の考察」高橋進・石田徹編『ポピュリズム時代のデモクラシー―ヨーロッパからの考察』法律文化社、44-69

伊東孝之（２０２０）筆者との私信、２０２０年8月30日.

Jańczak Jarosław (2015) "Phantom Borders and Electoral Behaviour in Poland: Historical Legacies, Political Culture, and Their Influence on Contemporary Politics," *Erdkunde*, 69(2), 125–137. doi:10.3112/erdkunde.2015.02.03

Janus, Alexander L. (2010) "The Influence of Social Desirability Pressures on Expressed Immigration Attitude," *Social Science Quarterly*, 91(4): 928–946. doi:10.1111/j.1540-6237.2010.00742.x

Jaunā Konservatīvā Partija (2018) "JKP Sistēmas Maiņas Plāns 4000 Zīmēsk," Jaunā Konservatīvā Partija official website, 24.07.2018. https://konservativie.lv/2018/07/24/jkp-sistemas-mainas-plans-4000-zimes/

Jensen, Keith, Josep Call, Michael Tomasello (2007) "Chimpanzees Are Rational Maximizers in an Ultimatum Game," *Science*, 318(5847): 107–109. doi:10.1126/science.1145850

Jurkāne-Hobein, Iveta, and Evija Kļave (2015) "Krievvalodīgo latvijiešu1 Lielbritānijā un Zviedrijā transnacionālā piederība", Inta Mieriņa (red.) *Latvijas Emigrantu Kopienas: Cerību Diaspora*, Latvijas Universitātes Filozofijas un Socioloģijas Institūts, 180–193.

鹿毛利枝子、田中世紀、フランシス・ローゼンブルース（２０１８）「外国人労働者に対する態度―コンジョイント分析による研究―」『レヴァイアサン』62号、71‐95

Karreth, Johannes, Shane P. Singh, and Szymon M. Stojek (2015) "Explaining Atittude toward Immigration: The Role of Regional Context and Individual Predisposition," *West European Politics*, 38(6), 1174–1202. doi:10.1080/01402382.2015.1022039

Kasprowicz, Dominika (2015) "The Radical Right in Poland - From the Mainstream to the Margins: A Case of Interconnectivity," in Michael Minkenberg ed. *Transforming the Transformation? The East European Radical Right in the Political Parties*, Routledge: 157–182.

Kaufmann, Eric (2016) "It's NOT the Economy, Stupid: Brexit as a Story of Personal Values," LSE Blog British

Politics and Policy, July 7th, 2016 https://blogs.lse.ac.uk/politicsandpolicy/personal-values-brexit-vote/
Kieńć, Witold (2017): Share of the workers in the 'Agriculture, forestry, hunting and fishery section' in Poland 2013. figshare. Figure. doi:10.6084/m9.figshare.5091181.v1
木村俊道（２０１０）『文明の作法―初期近代イングランドにおける政治と社交』ミネルヴァ書房
Kinder, Donald R. and Roderick Kiewiet (1981) "Sociotropic Politics: The American Case," *British Journal of Political Science*, 11(2): 129–161. doi:10.1017/S0007123400002544
鬼室黎（２０１９）「新宿の新成人、半数が外国人　日本語学校の留学生多く」『朝日新聞』２０１９年１月14日
Kitschelt, Herbert and Anthony J. McGann (1995) *The Radical Right in Western Europe: A Comparative Analysis*, University of Michigan Press.
Kitschelt, Herbert (2001) "Divergent Paths of Postcommunist Democracies," Larry Diamond and Richard Gunther eds. *Political Parties and Democracy*, The Johns Hopkins University Press, 299–323.
Knigge, Pia (1998) "The Ecological Correlates of Right-Wing Extremism in Western Europe." *European Journal of Political Research*, 34: 249–279. doi:10.1023/A:1006953714624
Knoll, Benjamin R. (2013) "Assessing the effect of social desirability on nativism attitude responses," *Social Science Research*, 42(6): 1587–1598. doi:10.1016/j.ssresearch.2013.07.012
小林哲郎（２０１８）「ナショナリズムの浮上」池田謙一編『「日本人」は変化しているのか―価値観・ソーシャルネットワーク・民主主義』勁草書房、235‐257
小堀眞裕（２０１３）「イギリスのポピュリズム―新自由主義から反移民・反ＥＵへ」高橋進・石田徹編『ポ

ピュリズム時代のデモクラシー―ヨーロッパからの考察』法律文化社、141-164

古賀光生（2014）「新自由主義から福祉排外主義へ―西欧の右翼ポピュリスト政党における政策転換―」『選挙研究』30巻1号、143-158 doi:10.14854/jaes.30.1_143

古賀光生（2019）「西欧の右翼ポピュリスト政党の台頭は、「文化的な反動」によるものであるのか？――政策の比較分析から検討する」『年報政治学』2019-Ⅱ、84-108

Kohn, Hans (1967) *The Idea Of Nationalism: A Study In Its Origins And Background*, Routledge.

Koleva, Spassena P., Jesse Graham, Ravi Iyer, Peter H. Ditto, and Jonathan Haidt (2012) "Tracing the threads: How five moral concerns (especially Purity) help explain culture war attitudes" *Journal of Research in Personality*, 46(2): 184–194. doi:10.1016/j.jrp.2012.01.006

Konieczna–Salamatin, Joanna and Maja Sawicka (2020) "The East of the West, or the West of the East? Attitudes toward the European Union and European Integration in Poland after 2008" *East European Politics and Societies and Culture*, online first. doi:10.1177/0888325420926633

Kovalenko, Julia. Peter Mensah, Tadas. Leončikas, and Karolis Žibas (2010) *New Immigrants in Estonia, Latvia and Lithuania*, Legal Information Center for Human Rights.

クラステフ、イワン（Krastev, Ivan）著、庄司克宏監訳（2018）『アフター・ヨーロッパ―ポピュリズムという妖怪にどう向きあうか』岩波書店

Kuklinski, James H., Michael D. Cobb, and Martin Gilens. (1997) "Racial Attitudes and the 'New South,'" *Journal of Politics*, 59(2): 323–349. doi:10.1017/S0022381600053470

国末憲人（2016）『ポピュリズム化する世界―なぜポピュリストは物事に白黒をつけたがるのか？』プレ

ジデント社

Kunovich, Robert. M. (2009) "The Source and Consequence of National Identification." *American Sociological Review*, 74(4): 573–593. doi:10.1177/000312240907400404

キムリッカ、ウィル（Kymlicka, Will）著、岡﨑晴輝他訳（２０１２）『土着語の政治―ナショナリズム・多文化主義・シティズンシップ』法政大学出版局

Lancaster, Caroline M. (2020). "Not So Radical After All: Ideological Diversity Among Radical Right Supporters and Its Implications," *Political Studies*, 68(3): 600–616. doi:10.1177/0032321719870468

Lange, Matthew (2011) *Educations in Ethnic Violence: Identity, Educational Bubbles, and Resource Mobilization*, Cambridge University Press.

Larsen, Erik Gahner, David Cutts, and Matthew J. Goodwin (2019) "Do terrorist attacks feed populist Eurosceptics? Evidence from two comparative quasi-experiments," *European Journal of Political Research*, 59(1): 182–205. doi:10.1111/1475-6765.12342

Latvijas Avīze (2018), Jautājam partijām: Cik stingrai jābūt migrācijas politikai? Latvijas Avīze webcite, 25th September, 2018. https://www.la.lv/jautajam-partijam-cik-stingrai-jabut-migracijas-politikai

Latvijas Televīzija (2018) "VIDEO. « Partija fokusā »: Jaunā konservatīvā partija," LSM.lv 26.septembris, 2018. https://www.lsm.lv/raksts/zinas/latvija/video-partija-fokusa-jauna-konservativa-partija.a293729/

Lecours, André and Luis Moreno eds. (2014) *Nationalism and Democracy*, Routledge.

Lieven, Anatol (1994) *The Baltic Revolution: Estonia, Latvia, Lithuania and the Path to Independence (revised and updated second edition)*, Yale University Press.

Linz, Juan J. and Alfred C. Stepan (1996) *Problems of Democratic Transition and Consolidation: Southern Europe, South America, and Post-Communist Europe*, Johns Hopkins University Press.

Lipinski, Lukasz. (2014) "No political fuel for Poland's far-right," Euobserver, 27/2/2014. https://euobserver.com/eu-election/123049

Lubbers, Marcel, Mérove Gijsberts, and Peers Scheepers, (2002) "Extreme right-wing voting in Western Europe," *European Journal of Political Research*, 41: 345–378. doi:10.1111/1475–6765.00015

Lubbers, Marcel, and Marcel Coenders, (2017) "Nationalistic attitudes and voting for the radical right in Europe," *European Union Politics*, 18(1): 98–118. doi:10.1177/1465116516678932

Luedtke, Adam. (2005). "European integration, public opinion and immigration policies," *European Union Politics* 6(1): 83–112. doi:10.1177/0020715210377154

Macrae, C. Neil, Galen V. Bodenhausen, Alan B. Milne, and Joland Jetten. (1994) "Out of mind but back in sight: Stereotypes on the rebound." *Journal of Personality and Social Psychology*, 67, 808–817. doi:10.1037/0022-3514.67.5.808

Marcinkiewicz, Kamil and Mary Stegmaier (2016) "The Parliamentary Election in Poland, October 2015," *Electoral Studies*, 41: 221–224. doi:10.1016/j.electstud.2016.01.004

Marks, Gary, Liesbet Hooghe, Moira Nelson, and Erica Edwards (2006) "Party Competition and European Integration in the East and West: Different Structure, Same Causality", *Comparative Political Studies*, 39(2): 155–175

Margalit, Yotam (2019) "Economic Insecurity and the Cause of Populism, Reconsidered," *Journal of Economic*

Perspectives, 33(4): 152–170. doi:10.1257/jep.33.4.152

Martin, Christopher Flynn, Rahul Bhui, Peter Bossaerts, Tetsuro Matsuzawa and Colin Camerer (2014) "Chimpanzee choice rates in competitive games match equilibrium game theory predictions," *Scientific Report*, 4(5182): 1–6. doi:10.1038/srep05182

松谷満（２０１９ａ）「ネット右翼活動家の「リアル」な支持基盤――誰がなぜ桜井誠に投票したのか」樋口直人他『ネット右翼とは何か』青弓社、44-72

松谷満（２０１９ｂ）「若者――右傾化の内実はどのようなものか」田辺俊介編『日本人は右傾化したのか―データ分析で実像を読み解く』勁草書房、227-246

McCulloch, Allison and John McGarry eds. (2017) *Power Sharing: Empirical and Normative Challenges*, Routledge.

McLaren, Lauren. (2013). "Cross-national and cross-time views of immigration," in Gary P. Freeman., Randall Hansen, and David L. Leal eds. *Immigration and Public Opinion in Liberal Democracies*, Routledge.

Meguid, Bonnie M. (2005) "Competition Between Unequals: The Role of Mainstream Party Strategy in Niche Party Success", *American Political Science Review*, 99(3): 347–359. doi:10.1017/S0003055405051701

Meguid, Bonnie M. (2010) *Party Competition between Unequals: Strategies and Electoral Fortunes in Western Europe*, Cambridge University Press.

Michelitch, Kristin (2015) "Does Electoral Competition Exacerbate Interethnic or Interpartisan Economic Discrimination? Evidence from a Field Experiment in Market Price Bargaining," *American Political Science Review*, 109(1): 43–61. doi:10.1017/S0003055414000628

Middleton, Karen L. and Jeri Lynn Jones (2000) "Socially desirable response sets: The impact of country culture,"

Psychology & Marketing, 17(2): 149–163. doi: 10.1002/(SICI)1520-6793(200002)17:2〈149::AID-MAR6〉3.0.CO;2-L

ミル、ジョン・スチュアート（Mill, John Stuart）著、関口正司訳（２０１９）『代議制統治論』岩波書店（原著１８６１刊）

ミラー、デイビッド（Miller, David）著、富沢克、長谷川一年、施光恒、竹島博之訳（２００７）『ナショナリティについて』風行社

Miller, Mark J. (1994). "International Migration and Security: Towards Transatlantic Convergence?" *In Defense of the Alien*, 17, 199–210

三村憲弘・山崎新（２０１４）「反論提示による態度変化―熟議の政治的メカニズム―」『選挙研究』30巻1号、68-80　doi:10.14854/jaes.30.1_68

Minkenberg, Michael (2015) "Profiles, Patterns, Process: Studying the East European Radical Right in its Political Environment," in Michael Minkenberg ed. *Transforming the Transformation? The East European Radical Right in the Political Parties*, Routledge: 27–56.

Minkenberg, Michael (2017) *The Radical Right in Eastern Europe: Democracy under Siege?* Palgrave Macmillan

MIPEX (2015) *Migrant Integration Policy Index*.

宮島喬（２０１０）『一にして多のヨーロッパ：統合のゆくえを問う』勁草書房

宮島喬・佐藤成基（２０１９）「「移民・難民問題」とヨーロッパの現在」宮島喬・佐藤成基編『包摂・共生の政治か、排除の政治か―移民・難民と向き合うヨーロッパ』明石書店、13-35

宮下洋一（２０１９）「欧州一のEU懐疑国・チェコ」『Voice』8月号、184-195

三輪洋文（２０１８）『信念体系の形成過程――右翼的権威主義・社会的支配傾向・政治的社会化』科学研究費助成事業研究成果報告書、日本学術振興会

水島治郎（２０１６）『ポピュリズムとは何か―民主主義の敵か、改革の希望か』中公新書

望月優大（２０１９）『ふたつの日本―「移民国家」の建前と現実』講談社

ムーア Jr.、バリントン（Moore Jr., Barrington）著、宮崎隆次・森山茂徳・高橋直樹訳（２０１９）『独裁と民主政治の社会的起源―近代世界形成過程における領主と農民（上・下）』岩波書店（原著１９６６刊）

森千香子（２０１３）「「人権の国」で許容されるレイシズムとは何か？――フランスにおける極右、反移民政策、イスラモフォビア」小林真生編『レイシズムと外国人嫌悪』明石書店、148 - 159

森千香子（２０１６）『排除と抵抗の郊外―フランス〈移民〉集住地域の形成と変容』東京大学出版会

Mudde, Cas (1996) "The War of Words Defining the Extreme Right Party Family," *West European Politics*, 19(2): 225–248. doi:10.1080/01402389608425132

Mudde, Cas (2004). "The Populist Zeitgeist." *Government and Opposition*, 39 (4): 542–563. doi:10.1111/j.1477–7053.2004.00135.x

Mudde, Cas (2007) *Populist Radical Right Parties in Europe*, Cambridge University Press.

Mudde, Cas (2010) "The Populist Radical Right: A Pathological Normalcy" *West European Politics*, 33: 1167–1186. doi:10.1080/01402382.2010.508901

Mudde, Cas (2013) "The 2012 Stein Rokkan Lecture - Three Decades of Populist Radical Right Parties in Western Europe: So What?" *European Journal of Political Research*, 52(1): 1–19. doi:10.1111/j.1475-6765.2012.02065.x

Muis, Jasper and Tim Immerzeel (2017) "Causes and Consequences of the Rise of Populist Radical Right Parties and Movements in Europe," *Current Sociology Review*, 65(6): 909–930. doi:10.1177/0011392117717294

Nacionālā apvienība (2018) "Nacionālā apvienība ir vienīgā partija, kas konsekventi ir sargājusi Latviju no nepārdomātas imigrācijas nestā posta! Mēs arī turpmāk būsim garants tam, lai Latvija saglabātu savu latvisko identitāti." Facebook post, 3 October 2018, https://www.facebook.com/NacionalaApvieniba/posts/1044549782336218

永田大輔（２０１３）「日本型雇用と「職の競合」をめぐる排外感情――「外国人労働者に関する意識調査アンケート」を素材として」小林真生編『レイシズムと外国人嫌悪』明石書店、182-198

永吉希久子（２００８）「排外意識に対する接触と脅威認知の効果―JGSS-2003の分析から」『日本版 General Social Surveys 研究論文集』7号、259-70

Nagayoshi, Kikuko (2011) "Support of Multiculturalism, But For Whom? Effects of Ethno-National Identity on the Endorsement of Multiculturalism in Japan," *Journal of Ethnic and Migration Studies*, 37(4): 561–578. doi:10.1080/1369183X.2011.545272

永吉希久子（２０１９ａ）「「移民」の権利――誰が外国籍者の社会的権利を拒否するのか」田辺俊介編『日本人は右傾化したのか―データ分析で実像を読み解く』勁草書房

永吉希久子（２０１９ｂ）「ネット右翼とは誰か――ネット右翼の規定要因」樋口直人他『ネット右翼とは何か』青弓社、13-43

永吉希久子（２０２０）『移民と日本社会―データで読み解く実態と将来像』中央公論新社

中田瑞穂（２００５）「民主化過程における政党のリンケージ戦略と政党システムの「固定化」――東中欧の

事例から――」『立教法学』第68号、158－206　doi/10.14992/00004706
中田瑞穂（2019）「〈難民問題〉を争点化する東中欧諸国の政治――チェコの政党政治を中心に」宮島喬・佐藤成基編『包摂・共生の政治か、排除の政治か―移民・難民と向き合うヨーロッパ』明石書店、111－134
Nakai, Ryo (2014) "The Influence of Party Competition on Minority Politics: A Comparison of Latvia and Estonia" *Journal on Ethnopolitics and Minority Issues in Europe*, 13(1): 57–85.
中井遼（2015）『デモクラシーと民族問題：中東欧・バルト諸国の比較政治分析』勁草書房
中井遼（2016）「リトアニア・ラトヴィア――東欧のE（Im）migration問題の極端例として」岡部みどり編『人の国際移動とEU―地域統合は「国境」をどのように変えるのか』法律文化社、132－143
Nakai, Ryo (2018) "Does Electoral Proximity Enhance National Pride? Evidence from Monthly Surveys in a Multi-ethnic Society - Latvia" *Studies in Ethnicity and Nationalism*, 18(3): 198–219. doi:10.1111/sena.12285
中井遼（2018）「ヨーロッパにおける2つの反移民感情―人種差別と外国人忌避の規定要因分析」『レヴァイアサン』62号、48－70
中井遼（2019）「選挙と政党政治はどのようなナショナリズムを強めるのか――ラトヴィア総選挙前後サーベイ調査から」『日本比較政治学会年報』21号、107－134
中井遼（2020）「欧州におけるポスト難民危機期の排外意識分析：右翼政党支持・反移民態度・反欧州統合」『北九州大学国際論集』18号、43－72
中井遼、東島雅昌（2012）「新興民主主義国におけるナショナル・アイデンティティの変化―選挙と民族政党による効果」『アジア経済』53巻4号、69－93
中井遼、武田健（2018）「難民の分担をめぐる欧州諸国の世論分析―欧州懐疑要因の検討」『国際政治』1

９０号、49-64 doi:10.11375/kokusaiseiji.190_49

中野裕二（２０１８）「〈共和国的統合〉とフランス――包摂と排除の政治」宮島喬・木畑洋一・小川有美編『ヨーロッパ・デモクラシー――危機と転換』岩波書店、73-97

中坂恵美子（２０１９）「問われる欧州共通庇護政策における「連帯」――二〇一五年九月のリロケーション決定をめぐって」宮島喬・佐藤成基編『包摂・共生の政治か、排除の政治か――移民・難民と向かうヨーロッパ』明石書店、285-313

Newman, Lindsay S. (2013) "Do terrorist Attacks Increase Closer to Elections?" *Terrorism and Political Violence*, 25(1): 8–28. doi:10.1080/09546553.2013.733247

Niepewnesondaże (2015) "W tygodniu przed wyborami" Niepewne sondaże blog, 2015 October, 23, http://niepewnesondaze.blogspot.com/2015/10/w-tygodniu-przed-wyborami-4.html [２０２０年8月18日アクセス]

野村真理（２０１３）『隣人が敵国人になる日――第一次世界大戦と東中欧の諸民族』人文書院

Norris, Pippa and Ronald Inglehart (2019) *Cultural Backlash: Trump, Brexit, and Authoritarian Populism*, Cambridge University Press.

荻野晃（２０１９）「ハンガリーにおける総選挙（２０１８）と欧州議会選挙（２０１９）：政党システムの変化を中心に」『法と政治』70巻3号、1-30.

岡部みどり（２０２０）「「欧州難民・移民危機」再考――ＥＵにおける人の移動研究への問題提起」『上智ヨーロッパ研究』12号、3-16.

O'Rourke, Kevin H. and Richard Sinnott (2006). "The determinants of individual attitudes towards immigration," *European Journal of Political Economy*, 22(4): 838–861. doi:10.1016/j.ejpoleco.2005.10.005

大嶋えり子（２０１５）「国民戦線の勢力拡大と言説の変化」中野裕二他編『排外主義を問いなおす―フランスにおける排除・差別・参加』勁草書房、60‐62
小山晶子・武田健（２０１６）「ヨーロッパへの避難民の分担受け入れをめぐる問題：なぜＥＵ諸国で立場がわかれたのか」『産研論集』43号、17‐27
Pankowski, Rafal and Marcin Kornak (2005) "Poland," in Cas Mudde ed *Racist Extremism in Central and Eastern Europe*, Routledge: 159–161
Pettai, Eva-Clarita and Vello Pettai (2014) *Transitional and Retrospective Justice in the Baltic States*, Cambridge University Press.
Pettigrew, Thomas F. and Linda R. Tropp (2006) "A meta–analytic test of intergroup contact theory." *Journal of Personality and Social Psychology*, 90(5): 751–783. doi:10.1037/0022-3514.90.5.751
ピンカー、スティーブン（Pinker, Steven）著、橘明美・坂田雪子訳（２０１９）『21世紀の啓蒙（上・下）―理性、科学、ヒューマニズム、進歩』草思社
Posner, Daniel N. (2004) "Measuring Ethnic Fractionalization in Africa." *American Journal of Political Science*, 48(4): 849–863. doi:10.1111/j.0092-5853.2004.00105.x
Posner, Daniel N. (2005) *Institutions and Ethnic Politics in Africa*. Cambridge University Press.
Przeworski, Adam (2019) *Crises of Democracy*, Cambridge University Press.
Pytlas, Bartek (2016) *Radical Right Parties in Central and Eastern Europe: Mainstream Party Competition and Electoral Fortune*, Routledge.
Pytlas, Bartek, and Oliver Kossack (2015) "Lighting the Fuse: The Impact of Radical Right Parties on Party

Competition in Central and Eastern Europe," in Michael Minkenberg ed. *Transforming the Transformation? The East European Radical Right in the Political Parties*, Routledge: 105–136.

Quillian, Lincoln (1995) "Prejudice as a Response to Perceived Group Threat: Population Composition and Anti-Immigrant and Racial Prejudice in Europe," *American Sociological Review*, 60(4): 586–611. doi:10.2307/2096296

Rahman, Minnie (2019) "By dragging their feet on the Immigration Bill, Corbyn and Abbott pandered to anti-migrant sentiment," *Independent*, 29 January 2019. https://www.independent.co.uk/voices/immigration-bill-corbyn-abbott-labour-anti-migrant-sentiment-a8752541.html

Rodriguez-Pose, Andres, (2018, May 30) History matters! The roots of Polish #populism were already in evidence in the 2003 #EU referendum (and can be traced back to the 18th and 20th century territorial divisions of #Poland.) #placesthatdontmatter https://doi.org/10.1093/cjres/rsx024 Map courtesy of M. Dolata and P. Churski" retrieved from, https://twitter.com/rodriguez_pose/status/1001693280491524096

ロドリック、ダニ（Rodrik, Dani）著、柴山桂太・大川良文訳（２０１４）『グローバリゼーション・パラドクス―世界経済の未来を決める三つの道』白水社

Rohrschneider, Robert, and Stephen Whitefield (2009) "Understanding Cleavages in Party System: Issue Position and Issue Salience in 13 Post-Communist Democracies." *Comparative Political Studies*, 42(2): 280–313. doi:10.1177/0010414008325285

Rose, Richard, and Neil Munro (2009) *Parties and Elections in New European Democracies*, ECPR Press.

Ruisch, Benjamin C., Rajen A. Anderson, Yoel Inbar, and David A. Pizarro. (2020). A matter of taste: Gustatory sensitivity predicts political ideology. *Journal of Personality and Social Psychology*. Advance online publication. doi:10.1037/pspp0000365

Santana, Andres, Piotr Zagorski, and Jose Rama (2020) "At Odds with Europe: Explaining Populist Radical Right Voting in Central and Eastern Europe," *East European Politics*, 36(2): 288–309. doi:10.1080/21599165.2020.1737523

Scheve, Kenneth F. and Matthew J. Slaughter (2001) "Labor Market Competition And Individual Preferences Over Immigration Policy," *The Review of Economics and Statistics*, 83(1): 133–145. doi:10.1162/003465301750160108

Schminke, Tobias G. (2020) "I wonder what this tells us? My initial thought: Ideologically, ECR and ID are pretty similar. ECR integrates just a wider range of ideological diversity. Based on the ideological indicators featured in this study's methodology, they could be one group." Twitter Jun. 4. 2020. https://twitter.com/TobiasSchminke/status/1268222239863902211

Schulze, Jennie L. (2018) *Strategic Frames: Europe, Russia, and Minority Inclusion in Estonia and Latvia*, University of Pittsburgh Press.

Segeš Frelak, Justyna (2018) "Migration to Poland: numbers, debates, perception," Beata Łaciak and Justyna Segeš Frelak eds. *The Wages of Fear: Attitudes towards Refugees and Migrants in Poland*, Foundation Institute of Public Affairs. 4–12,

昔農英明（２０１９）「リベラルな価値に基づく難民保護のパラドックス－ドイツの「歓迎文化」が内包する排除の論理」宮島喬・佐藤成基編『包摂・共生の政治か、排除の政治か－移民・難民と向かうヨーロッ

パ』明石書店、37‐57

Selenko, Eva and Hans De Witte (2020) "How Job Insecurity Affects Political Attitudes: Identity Threat Plays a Role" *Applied Psychology*, doi:10.1111/apps.12275

仙石学（2004）「ポーランドにおける執政の変容：権力分担のシステムから効率的統治のシステムへ」『西南学院大学法学論集』37巻1号、49‐69

仙石学（2017）「ポーランド政治の変容―リベラルからポピュリズムへ？」『西南学院大学法学論集』49巻（2／3号）、271‐302

Sengoku, Manabu (2018) "2015 parliamentary election in Poland: Does the migrant/refugee issue matter?" *Journal of the Graduate School of Letters*, 13, 35–47.

芹澤健介（2018）『コンビニ外国人』新潮社

シャーロット、ターリ（Sharot, Tali）著、上原直子訳（2019）『事実はなぜ人の意見を変えられないのか―説得力と影響力の科学』白揚社

Shayo, Moses (2009) "A Model of Social Identity with an Application to Political Economy: Nation, Class, and Redistribution." *American Political Science Review*, 103(2): 147–174. doi:10.1017/S0003055409090194

下地ローレンス吉孝（2019）「「日本人」と「外国人」の二分法を今改めて問い直す」『現代思想』47巻5号、177‐186

新川敏光編（2017）『国民再統合の政治：福祉国家とリベラル・ナショナリズムの間』ナカニシヤ出版

塩川伸明（2008）『民族とネイション――ナショナリズムという難問』岩波書店

塩川伸明（2015）『ナショナリズムの受け止め方―言語・エスニシティ・ネイション』三元社

ジーグフリード、トム（Siegfried, Tom）著、冨永星訳（２００８）『もっとも美しい数学 ゲーム理論』文藝春秋

Sides, John and Jack Citrin (2007) "European Opinion About Immigration: The Role of Identities, Interests and Information," *British Journal of Political Science*, 37(3): 477–502. doi:10.1017/S0007123407000257

Simon, Gerhard (1991) *Nationalism and Policy Toward the Nationalities in the Soviet Union: From Totalitarian Dictatorship to Post-Stalinist Society*, Westview Press.

Simonovits, Gábor, Gábor Kézdi, and Péter Kardos (2018) "Seeing the World Through the Other's Eye: An Online Intervention Reducing Ethnic Prejudice," *American Political Science Review*, 112(1): 186–193. doi:10.1017/S0003055417000478

Smith, Alex D. (2015) "Poland Lurches to Right with Election of Law and Justice Party," *The Guardian*, 26 Oct. 2015. https://www.theguardian.com/world/2015/oct/25/poland-lurches-to-right-with-election-of-law-and-justice-party

Smith, Anthony D. (1983) *The Ethnic Origins of Nations*. Wiley.

スミス、アントニー・D（Smith, Anthony D.）著、庄司信訳（２０１８）『ナショナリズムとは何か』筑摩書房

Smith, Graham (1996) "The Ethnic Democracy Thesis and the Citizenship Question in Estonia and Latvia," *Nationalities Papers*, 24(2): 199–216. doi:10.1080/00905999608408438

Smith, Kevin B., Douglas Oxley, Matthew V. Hibbing, John R. Alford, and John R. Hibbing (2011) "Disgust Sensitivity and the Neurophysiology of Left-Right Political Orientations," *PLoS ONE*, 6(10): e25552. doi:10.1371/journal.pone.0025552

Smith, Tom W., and Seokho Kim (2006) "National Pride in Comparative Perspective: 1995/96 and 2003/04."

International Journal of Public Opinion Research, 18(1): 127–136. doi:10.1093/ijpor/edk007

Snyder, Jack L. (2000) *From Voting to Violence: Democratization and Nationalist Conflict*. W. W. Norton.

Solt, Frederick (2011) "Diversionary Nationalism: Economic Inequality and the Formation of National Pride." *Journal of Politics*, 73(3): 821–830. doi:10.1017/S002238161100048X

Spektrs (2015) "Tēvijas sargi un Nacionālā Apvienība aicina piedalīties protesta akcijā pret bēgļu uzņemšanu Latvijā", http://spektrs.com/visas-zinas/tevijas-sargi-un-nacionala-apvieniba-aicina-piedalities-protesta-akcija-pret-beglu-uznemsanu-latvija/

Stanley, Ben (2013), "Poland", in Sten Berglund, Joakim Ekman, Kevin Deegan-Krause and Terje Knutsen (eds.), *The Handbook of Political Change in Eastern Europe, 3rd edition*, Edward Elgar Publishing Limited: 167–215.

Stanley, Ben (2018) "A New Populist Divide? Correspondences of Supply and Demand in the 2015 Polish Parliamentary Elections," *East European Politics and Societies: and Cultures*, 33(1): 17–43. doi:10.1177/0888325418783056

Stanley, Ben and Mikołaj Cześnik (2019) "Populism in Poland," in Daniel Stockemer ed. *Populism Around the World: A Comparative Perspective*, Springer: 67–87.

Stockemer, Daniel (2014) "Who are the Members of the French National Front? Evidence from Interview Research," *French Politics*, 12(1), 36–58. doi:10.1057/fp.2014.1

Stoyanov, Dragomir (2017) Central and East European Euroscepticism in 2014: "Domestic Politics Matter!" in Julie Hassing Nielsen and Mark N. Franklin eds. *The Eurosceptic 2014 European Parliament Elections: Second Order or Second Rate?* Palgrave: 103–124.

Šulmane, Ilze (2010) "Mediji un integrācija". Nils Muižnieks. red. *Cik Integrēta ir Latvijas Sabiedrība? Sasniegumu, Neveiksmju un Izaicinājumu Audits*. Latvijas Universitātes Akadēmiskais Apgāds: 225–253.
砂原庸介、稗田健志、多湖淳（２０２０）『政治学の第一歩［新版］』有斐閣
Sutcliffe, John B. (2000). "The 1999 reform of the structural fund regulations: multi-level governance or renationalization?" *Journal of European Public Policy*, 7(2): 290–309. doi:10.1080/135017600343205
Szczerbiak, Aleks (2015) "How will the European migration crisis affect the Polish election?," *The Polish Politics Blog*, 26/9/2015.
Szczerbiak, Aleks (2015) "Why Poland's New Government is a Problem for Migrants to the EU," *The Conversation*, 24 November 2015 https://theconversation.com/why-polands-new-government-is-a-problem-for-migrants-to-the-eu-51005 ［２０２０年8月21日アクセス］
高畠通敏（１９８６）『地方の王国』潮出版社
高橋進・石田徹（２０１６）『「再国民化」に揺らぐヨーロッパ—新たなナショナリズムの隆盛と移民排斥のゆくえ』法律文化社
竹沢尚一郎（２０１１）「移民のヨーロッパ—国際比較の視点から」竹沢尚一郎編『移民のヨーロッパ——国際比較の視点から』明石書店、7-29
譚天（２０１７）「西欧における急進右翼ポピュリスト政党と左派政党の競争関係に関する一考察——一九八〇年代中葉以降の墺、仏、独及び伊を中心に」『法學』81巻4号、2-74
田辺俊介（２００１）「日本のナショナル・アイデンティティの概念構造——1995ISSP: National Identityデータの実証的検討から—」『社会学評論』52号、398-412

田辺俊介（２０１１）「ナショナリズム—その多元性と多様性」田辺俊介編『外国人へのまなざしと政治意識』勁草書房
田中理（２０１５）「［欧州］増える移民、難民の流入　経済困窮で「反ＥＵ」勢力が拡大」『エコノミスト』93巻31号
Thorleifsson, Cathrine (2019) "In Pursuit of Purity: Populist Nationalism and the Racialization of Difference," *Identities: Global Studies in Culture and Power*, doi:10.1080/1070289X.2019.1635767
Tokfm (2013) "Kolej w PRL i dzisiaj - te mapy stały się hitem sieci. Zapytaliśmy o nie eksperta. Co powiedział?" TOKFM, 30.01.2013, https://www.tokfm.pl/Tokfm/1,103085,13323452,Kolej_w_PRL_i_dzisiaj__te_mapy_staly_sie_hitem_sieci_.html
富沢克編（２０１２）『「リベラル・ナショナリズム」の再検討—国際比較の観点から見た新しい秩序像』ミネルヴァ書房
UN (United Nations) (2018) "Internet Milestone Reached, as More than 50 per cent Go Online: UN Telecoms Agency," *UN News*, 7 December 2018. https://news.un.org/en/story/2018/12/1027991
Valentino, Nicholas A., Stuart N. Soroka, Shanto Iyengar, Toril Aalberg, Raymond Duch, Marta Fraile, Kyu S. Hahn, Kasper M. Hasnsen, Allison Harell, Marc Helbling, Simon D. Jackman, and Tetsuro Kobayashi (2017) "Economic and Cultural Drivers of Immigrant Support Worldwide," *British Journal of Political Science*, 49(4): 1201–1226. doi:10.1017/S000712341700031X
Van der Brug, Wouter, Meindert Fennema, and Jean Tillie (2000) "Anti–immigrant parties in Europe: Ideological or protest vote?" *European Journal of Political Research*, 37(1), 77–102. doi:10.1111/1475-6765.00505

Vasilopoulou, Sofia (2019) *Far Right Parties and Euroscepticism: Patterns of Opposition*, ECPR Press.

Verhofstadt, Guy M. M. L. (2008) "The spectre of nationalism is haunting Europe, our values and our future. I say we fight back for a united Europe and a reformed Union! #IamEuropean" Oct 11, 2018, Twitter. https://twitter.com/guyverhofstadt/status/1050334235402358784

Vienotība (2015) "Atbildība. Līdzcietība. Gods" Youtube.com, October 2, 2015. https://www.youtube.com/watch?v=KVXve7nLtIU&feature=emb_title

Vlandas, Tim and Daphne Halikiopoulou (2019) "Does Unemployment Matter? Economic Insecurity, Labour Market Policies and the Far-right Vote in Europe," *European Political Science*, 18(2): 421–438. doi:10.1057/s41304-018-0161-z

Wasserstein, Ronald L. and Nicole A. Lazar (2016) "Editorial: The ASA's statement on p-values: Context, process, and purpose" *The American Statistician*, 70(2): 129–133. doi:10.1080/00031305.2016.1154108

Werts Han, Peer Scheepers, and Marcel Lubbers (2013) "Euro-scepticism and radical right-wing voting in Europe, 2002–2008: Social cleavages, socio-political attitudes and contextual characteristics determining voting for the radical right" *European Union Politics*, 14(2): 183–205. doi:10.1177/1465116512469287

Whitaker, Beth Elise and Jason Giersch (2015) "Political Competition and Attitudes towards Immigration in Africa," *Journal of Ethnic and Migration Studies*, 41(10): 1536–1557. doi:10.1080/1369183X.2014.996534

Wiadmosci (2015) "Mocne wystąpienie Kaczyńskiego ws. imigrantów. Ambasada Szwecji odpowiada" *Onet Wiadmosci*, 17 September 2015. https://wiadomosci.onet.pl/kraj/mocne-wystapienie-kaczynskiego-ws-imigrantow-ambasada-szwecji-odpowiada/zdnmqn ［２０２０年８月21日アクセス］

Wilkinson, Steven (2004) *Votes and Violence: Electoral Competition and Ethnic Riots in India*, Cambridge University Press.

Winnetou14 (2015) Poland rail map.svg, https://commons.wikimedia.org/wiki/File:poland_rail_map.svg

ヴォダック、ルート（Wodak, Ruth）著、石部尚登・野呂香代子・神田靖子訳（２０１９）『右翼ポピュリズムのディスコース：恐怖をあおる政治はどのようにつくられるのか』明石書店

山田文比古（２０１２）「フランス」森井裕一編『ヨーロッパの政治経済・入門』有斐閣、11-32

吉田徹（２０１６）「先進国で政治がラディカルになっている理由を考える」情報・知識&オピニオンimidasウェブサイト、２０１６年３月18日https://imidas.jp/jijikaitai/d-40-108-16-03-g452

Zakharov, Alexei V. (2015) "The Importance of Economic Issues in Politics: A Cross-country Analysis," woring paper at Higher Schoool of Economics. February 27. https://www.hse.ru/mirror/pubs/share/219394677

Zakrisson, Ingrid. (2005). "Construction of a short version of the Right-Wing Authoritarianism (RWA) Scale," *Personality and Individual Differences*, 39(5): 863–872. doi:10.1016/j.paid.2005.02.026

Zepa, Brigita., and Evija Kļave, red. (2011) *Latvia Pārskats par Tautas Attīstību, 2010/2011: Nacionālā Identitāte, Mobilitāte un Rīcībspēja*. LU Socialo un Politisko Pētījumu Institūts.

Ziller, Conrad and Thomas Schübel (2015) ""The Pure People" versus "the Corrupt Elite"? Political Corruption, Political Trust and the Success of Radical Right Parties in Europe," *Journal of Elections, Public Opinion and Parties*, 25(3): 368–386. doi:10.1080/17457289.2014.1002792

謝辞

本書は、様々な研究上の交流や助力が反映されたものである。その全てを網羅することは残念ながら現実的ではなく、本成果に直接つながる手助けを特に明記してその代わりとしたい。はじめに、本書全体の草稿を読んだうえで詳細なコメントを返してくれた、大澤津、隠岐理貴、上條諒貴、東島雅昌の各先生、第7章を中心にコメントをお願いした伊東孝之と仙石学の各先生にお礼申し上げる。表現面を中心に、学生代表としてコメントくれた北九州市立大学中井ゼミの学生諸君や、元となる拙稿を読んでコメントをくれた法学部・外国語学部の学生諸君にも感謝申し上げる。一部の章は、元となる執筆・報告契機を用意してくださった方や、その過程で直接お世話になった方がいる。アガリン・ティモフェイ、飯田敬輔、大嶋えり子、粕谷祐子、ダンドワ・レジス、秦正樹、藤村直史、安井清峰の各先生のお名前を明記して感謝の気持ちを表明したい。無論、内容上のありうべき誤りの責は全て筆者一人に帰する。

中身へのコメントだけではなく、種々の財政的支援なしには本書は日の目を見なかった。直接の支援は、科学研究費助成事業（若手B：課題番号17K13676）「欧州における極右政党支持・排外主義と選挙動員の実証研究」、北九州市立大学特別研究推進費「民族マイノリティ統合政策と政治参加に関するサーベイ・実証研究」［研究代表者］（事業期間2019-2020）より得ているが、このほかにも種々の支援を経て得た知見が有形無形の形となって本書に反映されている。本出版は北九州市立大学の「学術図書刊行助成」の支援も受けている。昨今の厳しい情勢にあって相対的に手厚い財政支援をしてくれる所属先には感謝している。

本書は、科研費事業が最終年を迎えるころに、新泉社の内田朋恵氏よりお声がけいただき実現した。ご紹介くださったのは遠藤晶久先生である。まとまった成果を出さねばと憂慮していた中での渡りに舟ともいえるご提案であった。一般向けを意識しつつも安直な時事解説ではないものを、という共通了解のもと、内田さんと2人3脚で作り上げた。一般書と専門書の間を狙って書く初めての書籍であり、難儀することも多かったが、それと同じくらい学ぶことも多かった。出版社としてはある程度早く売れてほしいところだろうが、筆者としては一挙に売れずとも長く参照されればと思い、数十年後のまだ見ぬ読者を想定して執筆した。川面に浮かぶ花は人目につくが直ぐに流れていってしまう。川底に沈む石こそが目につかぬところで長く水位を押し上げる、そんな貢献ができていれば幸いである。

おもえば本書のテーマは、かつて筆者が学部生時代に触れたテーマにつながっている。種々の研究テーマを経て20年弱たって原点に戻ってきたという思い、これからようやく「2周目」に入るのだという思いを抱いている。移民と政治の問題は、偶然出会った横田正顕先生の演習テーマであった。政党政治の東西差については、図書館に偶然置いてあった中田瑞穂先生の紀要論文を読んで魅了された。欧州政治の構造的転換は、それと知らず履修した小川有美先生の講義においてすでに言及されていた。本書は無限にも近い偶然と幸運の組み合わせからなる。

今を生きる学生諸氏にも多くの偶然が与えられる契機と余裕があることを望む。

偶然という意味では、中井和子・中井清三の二人の下に生を受けたことも幸運であった。知的好奇心の追究を肯定し、今でも時に政治や社会の話題を交換する良き相手である。非定型な仕事や生活や人生のありかたに理解を寄せてくれることについて、前著に引き続き改めて感謝する。社会や人間についての良き対話相手であり助言をくれるヴィルジニー・マルモル氏、大学教職員としての範を示してくださった小野憲昭先生、意志あるところに道があることを示してくださった高濱剛先生にも感謝したい。これら各人への感謝とともに本書をささげる。

二〇二一年一月

中井　遼

索引

中井　遼（なかいりょう）
北九州市立大学法学部政策科学科准教授、博士（政治学）。日本学術振興会特別研究員、早稲田大学助手、立教大学助教等を経て2016年より現職。
主な著作に*Europeanization and Minority Political Agency: Lessons from Central and Eastern Europe*（Routledge 2018年分担執筆）、『デモクラシーと民族問題：中東欧・バルト諸国の比較政治分析』（勁草書房2015年）など。

欧州の排外主義とナショナリズム
―調査から見る世論の本質

2021年3月28日　第1版第1刷発行

著　者　中井　遼
発行者　株式会社　新泉社
東京都文京区湯島1-2-5　聖堂前ビル
TEL 03-5296-9620　FAX 03-5296-9621

印刷・製本　創栄図書印刷株式会社

ISBN 978-4-7877-2102-0　C1036